国家社会科学基金重大招标项目

《百年道家与道教研究著作提要集成》

（批准号：14ZDB118）成果

道家与道教研究著作提要集成

（1901—2017）（三）

詹石窗 总主编

国家图书馆出版社

第三辑　道家与道教文献整理研究（乙部）

本辑统稿： 杨　燕　郑志明

撰稿人（排名不分先后）：

杨　燕	李铁华	蔡觉敏	李　冀	宋野草
付腾月	屈燕飞	颜文强	何　欣	曾　勇
邓　晔	亓周瑜	杨　洁	罗　涛	褚国锋
张丽娟	舒卉卉	江　峰	石建有	范靖宜
赵怡然	亓　尹	李怀宗	蒋朝君	袁方明
张　瑾	刘　敏	孙瑞雪	张红志	黄子鉴
胡瀚霆	毛　奇	曲　丰	赖慧玲	林翠凤
赵怡然	郭正宜	熊品华		

第四辑　道家与道教思想研究

本辑统稿： 周　冶

撰稿人（排名不分先后）：

刘见成	李建德	蓝日昌	萧百芳	萧登福
何振中	林翠凤	熊品华	郭正宜	陈昭吟
石建有	袁方明	黄子鉴	李　永	寇凤凯
胡瀚霆	程敏华	杨子路	刘　恒	李海林
文光玲	刘源源	申芮夕	王少农	黄部泽
刘爱佳	韩　潇	段博雅	孙伟杰	张丽娟
郑长青	朱晟炎	李丹阳	袁名泽	周天庆
林汝达	冯静武	张芳山	李　利	赵海涛
吴靖梅	祝　涛	马　姣	李梓亭	殷国涵
彭　博	亓　尹	赵怡然	王　波	蔡觉敏
李铁华	赖慧玲			

目　录

第三辑　道家与道教文献整理研究（乙部）

第四辑　道家与道教思想研究

3. 老庄思想合论 ……………………………………………… / 287

第三辑

道家与道教文献整理研究（乙部）

（一）道家其他经典注译与研究

评注鬻子精华

《评注鬻子精华》，张谔撰。北京：国家图书馆出版社，2014年3月第1版，系方勇主编《子藏·道家部·鬻子卷》之一种，据1920年上海子学社石印《评注䢴子精华》本收录。

张谔简介详见《评注老子精华》提要。

本书是《评注䢴子精华》的第五卷。张谔认为鬻熊是周文王之师，为楚国之祖，《鬻子》是政教之体，后遭秦火，故多残缺，认为《鬻子》穷道之源，极道之流，属于道家之书。本书攫取《鬻子》的部分内容，主要援引王凤洲、陈眉公、袁了凡的评注，对《鬻子》的"仁信和道，帝王之器""五帝之治天下""治在得人""五帝三皇之政事""量权揣情为说法""以外摩得内符""用说依其人""因情得中正"等内容进行评剖，再加上张谔本人的评语。

如序文所言，张谔的评注"幽深玄远"，"耐人寻味"，具有一定的学术参考价值。然而，与传世本《鬻子》相比照，本书的部分内容，如"量权""揣情""外摩""内符""握权""制命"等并不见于传世本，似为《鬼谷子》的内容，不知所据何在。（袁方明）

鬻子书

《鬻子书》，刘咸炘著。北京：国家图书馆出版社，2014年3月第1版，系方勇主编《子藏·道家部·鬻子卷》之一种，据1927年尚友书塾刊《推十书·子疏》本收录。

刘咸炘简介详见《庄子释滞》提要。

本书为《推十书·子疏》部分内容。本书考辨《鬻子》的来源，首先从刘向《七略》入手，复从《列子》、《汉书·艺文志》、《意林》、《〈鬻子〉逢行珪注》、《全上古三代秦汉三国六朝文》、《群书治要》、贾谊《新书》等古代文献对《鬻子》的援引情况、《鬻子》的不同版本以及谭献、陆心源等后世学者的评述来进行辨章考镜，认为《鬻子》是上古之书，是后人追述辑录而成，而非鬻熊本人亲著。作者认为《鬻子》总体属于道家之书，而非小说家之书，其思想类似于老聃的《道德经》，并于此可见道家思想之源流，同时认为《鬻子》是私书的滥觞。此外，作者推测楚国的道家肇始于鬻子，认为道家之书远托于黄帝。援引黄帝的《金人铭》进行举证，认为《金人铭》体现了原始道家的初旨。

本书对《鬻子》的来源、成书和思想倾向进行辨析，文献征引丰富，考证详实，从目录版本入手，然后查证相关论述并进行内容考辨，体现了作者深厚的校雠学和史学素养，具有一定的学术借鉴意义。（袁方明）

《鬻子》考补证

《〈鬻子〉考补证》，黄云眉著。北京：国家图书馆出版社，2014年3月第1版，系方勇主编《子藏·道家部·鬻子卷》之一种，据1932年金陵大学中国文化研究所《古今伪书考补证》排印本收录。

黄云眉（1898—1977），原名鋆鋗，字子亭，号半坡，浙江余姚人。著名历史学家。自幼家境清贫，然博览群书，自学成才。1927年执教宁波中学，披读"天一阁""伏跗室"藏书，始事考据。1929年任金陵大学文化研究所研究员和教授。1933年任上海世界书局《辞林》编辑部主任。1951年2月后历任山东大学中文系、历史系教授，校图书馆馆长等职。主要著作有《古今伪书考补证》《韩愈柳宗元文学评价》《鲒埼亭文集选注》等。

本书是《古今伪书考补证》部分内容。《古今伪书考》为清代姚际恒所著，辨伪经、史、子三部共91篇书目。《古今伪书考补证》乃以姚著为基础而作补证，目录分类亦依照姚著分为六种：伪书、有真书杂以伪者、有本非伪书而后人妄托其人之名者、有两人共此一书名今传者不知为何人作者、有书非伪而书名伪者、有未足定其著书之人者。在伪书一类中，按经类、史类、子类分别排序，《鬻子》篇在子类之中，旨在进一步考证《鬻子》的真伪；书后附《原著补证异同对照表》。

著者将姚氏对《鬻子》的考证列于前，后附补证之文。《汉志》载《鬻子》22篇，小说家中载《鬻子说》19篇，今本《鬻子》为1卷，14篇。姚氏认为按《史记·楚世家》对鬻熊的记载，其人其事之真实性皆难考证，《鬻子》乃伪作。在著者的补证中，先列举《四库总目提要》关于《鬻子》的内容，而后附上己说。按杨慎《升庵全集》卷四十六，贾谊《新书》和《文选注》所引《鬻子》皆不见于今本，故为伪书。胡应麟《四部正讹》称今本《鬻子》中未有《列子》中所引内容，推测今本恐非属于道家、小说家之作。著者称史书所载鬻子事迹不一，难以信之为真，贾谊《新书》所引之文亦由《汉书·艺文志》依傍而作。《列子》《新书》皆为伪书，不足以证今本《鬻子》为伪；《汉志》中所载内容为战国时依托之作。而今本《鬻子》，如《四库提要》之言，为唐以来之人依托所作，是否出于一人之手尚不可得知，故断《鬻子》为伪书。

本书所作补证，增加了对《鬻子》的辨伪资料。值得一提的是，作者对论证《鬻子》为伪书的文献资料的态度，即对《列子》《新书》的断伪。作者无意全然推翻姚氏所作考辨，而在于参照已有资料对其补充论证，从而求一"实"字。（付腾月）

鬻　子

《鬻子》，罗焌著。北京：国家图书馆出版社，2014年3月第1版，系方勇主编《子藏·道家部·鬻子卷》之一种，据1935年上海商务印书馆排印《诸子学述》本收录。

罗焌（1874—1932），字树棠，一字庶丹，湖南长沙人。经学家，古文字学家，自音韵、训诂、校勘，乃至儒墨，无不精通。清光绪二十八年（1902）举人，1928年为湖南大学教授。讲授诸子，颇能沟通汉宋，究极精微。主要著述有《诸子学述》《石鼓文集释》《金文隶古定》等。

本书出自《诸子学述》。正文前有《罗君事述》，为其友李肖聃执笔；后接李肖聃、杨树达为本书所书之序。本书本为上、中、下三编。上编为总论，包含诸子释名、部居、家数、书之真伪及存佚、渊源、兴废等。中编为各论，集合早期儒家、道家之论说，为分述。下篇为结论，"即周秦学说平议也"，然因著者病逝而未成稿。故今日所见《诸子学述》，实际仅存有上、中二篇之内容。

《鬻子》位于道家分类第五。"鬻"亦作"粥"，古字通用。著者罗列了《汉书·艺文志》《隋书·经籍志》《旧唐书·经籍志》和现时《鬻子》书目存佚情况，发现《列子》、贾谊所引《鬻子》皆不见于今本，且今本《鬻子》杂乱短僬不成章，故考证今本《鬻子》14篇为伪书。鬻子曾被归入儒家、道家、小说家，本书依照《列子》、贾谊《新书》的记载介绍鬻子的思想要点。先列原文，后附古人短篇评议，有时也加上著者的看法。

著者认为，鬻子的观点可以分为四种：天运、道要、治国和民生。鬻子主张天运常转，万物处于不断变化之中；为君者应敬士爱民，常胜之道在于守柔，懂得刚柔相济、顺应自然（鬻子此说与老子无名、守柔之说相类）；关于治国，则讲究合理运用道义、礼节、忠信之道，以道义事主、以礼待士、以忠信待民，为治国之要道；在民生方面，鬻子认为圣王之治关乎人民之富贵、长寿。在著者看来，鬻子的民生观点本于道家无为之治，讲究保全性命，尚未关注到国计民生。

整体来看，鬻子的思想偏于道家，曾被归于儒家之列，则与其治国学说相关。著者在介绍鬻子思想以前对今本《鬻子》断伪的谨慎态度值得借鉴与学习。（付腾月）

鬻子通考

《鬻子通考》，张心澂编撰。北京：国家图书馆出版社，2014年3月第1版，系方勇主编《子藏·道家部·鬻子卷》之一种，据1939年上海商务印书馆排印《伪书通考》本收录。

张心澂简介详见《老子通考》提要。

本书为《伪书通考》子部道家之《鬻子》篇。本书分析考辨了《鬻子》是否为存伪之作。《鬻子》一卷，殷鬻熊撰，唐逢行珪注。叶梦得认为今本或有附益；李焘称今本为后世依托所作；高似孙称文王见鬻子所谈道、和、信、仁，与太公遇文王所谈"六守"相近，《鬻子》可能是汉儒附说之作。黄震《黄氏日抄》称其为战国时人假托之辞。宋濂《诸子辨》提到《鬻子》22篇为子书之始，亡佚8篇，余今本14篇，但内容有后人增缀。王世贞认为其为伪书。姚际恒《古今伪书考》引前人之说断其为伪。《四库全书总目提要》列出《鹖子》部分内容，与贾谊《新书》所引《鹖子》无相同处，故认为六朝末期无今本《鹖子》，或为唐及以后之人附会所作，其标题篇名错乱、冗赘而不可信。崔述《丰镐考信录》称《鹖子》中鹖熊与周文王问答用言浅薄粗陋，应为后人伪托之作。谭献《复堂日记》称《鹖子》非全为伪造。在罗列前人对《鹖子》的辨伪之后，著者断《鹖子》为伪，以小字书写于《鹖子》书名之下。

本书主要是运用考据学、文献学方法对今本《鹖子》进行断伪，将前人对《鹖子》所作辨伪之文汇集于此，依照年代顺序罗列，然本篇著者的观点体现很少。但著者搜集引用大量前人和当时学人之研究，仍然为进一步研究《鹖子》提供了诸多方便。（付腾月）

鹖子校理

《鹖子校理》，钟肇鹏撰。北京：中华书局，2010年8月第1版，32开，80千字，系"新编诸子集成续编"之一种。

钟肇鹏（1925—2014），四川成都人。曾任中国社会科学院世界宗教研究所研究员，兼中国孔子研究会理事。

本书前有前言、凡例、《鹖子》校注与今译，后有《鹖子佚文校注》《鹖子逄行珪注》及附录。本书以观古堂本为底本，据《道藏》本、守山阁本、《百子全书》本、《群书治要》卷三十一及《意林》所引进行互校，并在校注中一一注明。著者将今本《鹖子》冗长的篇目及前后重复的篇次按类归纳合并，如将原"道符甲第二"和"道符甲第五"合为"道符"一篇。

前言部分主要介绍《鹖子》。著者考察了涉及《鹖子》成书的相关文献，认为鹖子本没有著作，其人只有一些传说流行。战国晚期，好事者编写《鹖子说》，本属于小说家言。著者还简要介绍了《鹖子》一书的流传，认为逄行珪的《鹖子注》是其家传抄的一本《鹖子》残书。著者认为《列子》中所引的《鹖子》，其思想与老庄一致，属于道家；今本《鹖子》则主要讲治国安民的政治思想，倾向于儒家。进而总结了《鹖子》的思想，认为包括"尊贤爱民""兴利除害""以人为正"三个方面。另外，著者发现《鹖子》以"天""地"作为最高的层次，"道"和"理"排在最后，这是《鹖子》的一大特点。

《鹖子佚文》汇集了《列子》及贾谊《新书》所引《鹖子》佚文以及前人所辑佚文，共计13条。《鹖子逢行珪注》包括《进鹖子表》《鹖子序》《鹖子》上下卷。虽然著者认为逢注水平不高，但是其注本已经流传千载，所以加以点校，附在文后。附录包含《鹖子》著录、鹖子事迹、《鹖子》序跋、《鹖子》版本、《鹖子》考辨五个部分。

本书是《鹖子》较为全面的校注版本，但是著者打乱了逢行珪注本的顺序，对《鹖子》的篇目进行重新整合，这种做法值得进一步商榷。（李冀）

评注子华子精华

《评注子华子精华》，张谔撰。北京：国家图书馆出版社，2014年3月第1版，系方勇主编《子藏·道家部·子华子卷》之一种，据1920年上海子学社石印《评注㽦子精华》本收录。

张谔简介详见《评注老子精华》提要。

本书出自《评注㽦子精华》，是对《子华子》的节选评注，其所据底本不详，似出自清人张海鹏所纂《墨海金壶》本。其文系自《子华子》原文中节取，共十则，其中《孔子赠》二则、《北宫子仕》二则、《晏子》二则、《晏子问党》一则、《神气》三则。所录文本与《墨海金壶》本基本一致，略有出入，不妨文义。唯有"人臣能致其君"一句，出自《孔子赠》篇中，而《墨海金壶》本、《道藏》本等皆为"人君能致其臣"。若非另有底本，当为失察。又"纵言于陆而发轫于川"一句，《墨海金壶》本、《道藏》本皆作"纵棹于陆而发轫于川"，考其文义，此处当以"棹"为是。

著者于每则句首之上皆有眉批，寥寥数字，赅括其意。依其眉批，其所选内容分别为"人臣能致其君""治通于精神""治家在于闻正言""蔽贤有隐戮""心术善移""善恶不欲强为""势利惛心""善不可以有为""慎所交与""人材不可毁"。每则中，出双行小注，随文注释。每则末，亦出双行小注，云其为明人王凤洲或唐荆川之言，用以发明前文旨趣。正文用圈号标点句读，右侧时有批语，多为赞叹之词。（张瑾）

《子华子》考补证

《〈子华子〉考补证》，黄云眉著。北京：国家图书馆出版社，2014年3月第1版，系方勇主编《子藏·道家部·子华子卷》之一种，据1932年金陵大学中国文化研究所《古今伪书考补证》排印本收录。

黄云眉简介详见《〈鹖子〉考补证》提要。

本书出自《古今伪书考补证》子部。就《子华子》而言，姚际恒引陈振孙、周氏《涉笔》、胡应麟、晁公武所论为据，定其为伪书。著者亦同其说，然考证之力更著。《〈子华子〉考补证》搜罗更广，除姚氏所引外，又详征王世贞《读书后》、朱熹《偶读漫记》、《四库提要》、谭献《复堂日记》诸书，荟萃各家之说，溯源考辨，定其为宋人伪撰。行文上，不同于姚氏"截用他文数语以就己说"的引用方式，引文与著者之言不相杂糅，引文先出，著者之意附缀其后，且引用多列全文，甚少删节，以保其真。

本书后于1959年经著者修订，由山东人民出版社再版发行，内容上有所增补，补充明人冯时可《雨航杂录》和焦竑《焦氏笔乘》对《子华子》的考证；文序上也略有调整，詹景凤《詹氏性理小辨》相关内容原以按语形式置于朱熹引文中，修订本将之提出，与诸家论述并列。此后他版，多以此修订本为据重排。（张瑾）

《子华子》精华

《〈子华子〉精华》，陆翔辑注。北京：国家图书馆出版社，2014年3月第1版，系方勇主编《子藏·道家部·子华子卷》之一种，据1934年上海世界书局石印《四部精华》本收录。

本书出自《四部精华》，是对《子华子》的节选注本，其所据底本不详，考其"攀龙之胡"一句中用"胡"不用"须"，似出自明万历四年（1576）周子义等刻《子汇》本或《正统道藏》本之系。共十则，其中《阳城胥渠问》二则、《晏子》一则、《执中》二则、《大道》二则、《神气》三则（篇名下书

"录两则"，实录三则）。其内容具体为"辨全生、亏生、迫生之异"，"辨黄帝鼎成升遐之事"，"论蔽贤毁才招致隐戮"，"论守中之道"，"辨忧乐之主于内感"，"论正气固守与久生之道"，"以水之五易譬养生之法"，"诫留务兹慎所交游"，"以子车氏之猥譬人之心术之善移"，"宋澄子利之惛心"。

正文为铅字排印，用圈号标点句读。出注处右侧划线，每篇文末统一出注，其注简略，多为义训，间有注音。（张瑾）

《子华子·医道篇》注

《〈子华子·医道篇〉注》，张骥撰。北京：国家图书馆出版社，2014年3月第1版，系方勇主编《子藏·道家部·子华子卷》之一种，据1935年成都义生堂刊本《医古微》收录。

张骥（？—1951），字先识，四川成都双流人。生年不详，一说生于1874年，一说为光绪年间举人，清末附生，毕业于四川法政学校。曾游宦陕西，历任凤翔、米脂、榆林、肤施等县知事。1924年回归故里，开设义生堂药号悬壶济世，又于1936年创办汲古医学塾（又称汲古书院）传道授业，同时执教于四川国医学院，并任院务委员、董事等职。张氏勤学善思，著述颇丰。其究心理学，著有《关学宗传》一书，以言"关学之兴替，大道之存亡"；又精通医药，有《汲古医学丛书》16种传世，为1923—1942年间张氏所撰著刊行医学著述之汇编，包括对《素问》《灵枢》《难经》《伤寒论》等经典医籍的考注以及《医古微》6种。著者以为"书之未经秦火，其最古而可微者莫医若也"，故选注《周礼·医师》《左传·秦和传》《史记·扁鹊仓公传》《汉书·艺文志》《后汉书·华佗传》《子华子·医道篇》6篇，爬梳剔抉，穷原竟委，以发明医学之微言大义。本书即为其中之一。

著者以史家将医书列入方技类为不妥，倡言"医者道也，非术也"，乃节取《子华子·北宫意问》篇中子华子与北宫意、公仲子师徒三人"纵言而及于医"之内容，为《医道篇》，依其文义医理，以一句或数句为一节，循次逐一注解，以阐扬其旨。所注文本自"医者理也，理者意也"始，至"二子拱而退，书以识之"终。

著者之注言必有据，其以《灵枢》《素问》为本，又旁征博引，子史经传，靡不备采。历代医家典籍，上自《黄帝内经》《难经》《伤寒杂病论》《金匮要略》《黄帝三部针灸甲乙经》，中及孙思邈之《千金方》、王冰之《素问》训注，下迨李东垣、马玄台、张介宾、徐灵胎、吴师机等诸家之言，皆一一搜罗，又辅以《淮南子》《黄庭内景经》《道枢》《云笈七籤》等道书，溯本穷源，探微索隐，以尽医理。另参以《左传》《汉书》《南史》《唐书》《诗经》《老子》《庄子》《法言》《风俗通》等经传史籍，《集韵》《唐韵》《韵会》等韵书，发明条例，通其义训。

　　著者见解精辟，指出《医道篇》多有与《内经》相合之处，《医道篇》之语可视为《灵枢》《素问》有关篇章之提纲。其注形式上虽以《灵枢》《素问》阐发《子华子》之精微，内容上实则互相发明，宣扬医理。其于注文中强调"医者意也"，主张为医者须在理法方药上运用灵活有度。又详论五脏六腑之性理神主、精神气血之生化升降、阴阳应象、五行生克之理，以定法度。继则阐述养生之理，以"和"为精义，法于天地，调于阴阳，内和七情，外和九窍，动静有度，形神相亲，以尽天年。其注立论精当，对《子华子》原文颇多阐发，可供读者研阅。（张瑾）

《亢仓子》考补证

　　《〈亢仓子〉考补证》，黄云眉著。北京：国家图书馆出版社，2014年3月第1版，系方勇主编《子藏·道家部·亢仓子卷》之一种，据1932年南京金陵大学中国文化研究所排印《古今伪书考补证》本收录。

　　黄云眉简介详见《〈鹖冠子〉考补证》提要。

　　本书在《古今伪书考》原文后的补证篇幅中首先补充了《四库全书总目提要》中关于《亢仓子》的考辨之文。著者在引文中添加按语，补充了对亢仓子其人其名的考证："俞樾《庄子人名考》曰：司马云，楚名，庚桑姓也，太史公书作亢桑。按《列子·仲尼》篇，老聃之弟子有亢仓子者，张湛注曰：音庚桑。贾逵《姓氏英览》云：吴郡有庚桑姓，称为七族。然则庚桑子吴人欤？"认为庚桑子为吴人的推断"不足据"。在《四库全书总目提要》后，著者又补充了清代方苞的考证材料。方苞认为，"以文章取士"及"被青紫章服"为隋、唐以后才出现的制度，今人不对这些明显的漏洞进行辨伪，而独质疑刘向、班固没有著录《亢仓子》相关材料，这样的辨伪思路是有问题的。著者十分赞成方苞的观点，同时认为《亢仓子》已经是王士源补亡之本，而今世所传甚至并非王本的最初形貌，由此推断其书是伪书是毋庸置疑的。（范靖宜）

《亢仓子》通考

《〈亢仓子〉通考》，张心澂编撰。北京：国家图书馆出版社，2014年3月第1版，系方勇主编《子藏·道家部·亢仓子卷》之一种，据1939年上海商务印书馆排印《伪书通考》本收录。

张心澂简介详见《老子通考》提要。

本书为《伪书通考》子部道家类《亢仓子》篇。编撰者于书题《亢仓子》下方以小一号字体注考辨结论为"伪"。唐天宝元年（742）下诏称《庚桑子》为《洞灵真经》，但《庚桑子》一直求而不得。后襄阳处士王士源杂采《庄子·庚桑楚》及诸子文意相类者编撰成为《亢仓子》，称其为先人自山中所得古本而献书。但当时学士详议后疑其不真，未将其与《道德真经》（《老子》）、《南华真经》（《庄子》）、《冲虚真经》（《列子》）、《通玄真经》（《文子》）合称"五经"令崇玄馆修习。

本书开篇引《孟浩然集》序与重序中王士源、韦滔言《亢仓子》一书问世之经过，随后以朝代顺序分别引唐柳宗元、刘肃、李肇，宋晁公武、李石、高似孙、陈振孙，宋末元初黄震，明宋濂、王世贞、胡应麟，清方苞等人以及周氏《涉笔》《四库提要》对《亢仓子》真伪的考证与分析，凡引前人言末尾皆以小字注明出处。总体上历代学者观点一致，认为《亢仓子》是以《庄子·庚桑楚》篇为本，杂以《列子》《文子》《吕氏春秋》《大戴礼记》等书中相类思想文本，由王士源顺应诏求纂辑而成。但对于"伪"的定义，各家略有出入。如胡应麟《四部正讹》认为《亢仓子》是王士源补作，为"补而非伪者"，而宋濂、王世贞等人辨其为伪书是不明其编纂过程。胡应麟的意思是，亢仓子、庚桑楚等皆"空言无事实"是无可置疑的，所以《亢仓子》肯定是王士源的补作，在这个意义上《亢仓子》并非赝书。略有遗憾的是，吴处厚《青箱杂记》"亢仓"一则以及吕南公《读亢仓子》未能被收入本篇。（范靖宜）

读关尹子

　　《读关尹子》，胡朴安著。北京：国家图书馆出版社，2014年3月第1版，系方勇主编《子藏·道家部·关尹子卷》之一种，据1924年上海国学书局排印《国学汇编》本收录。本书见《国学周刊》1923年第22期，第2—3页。《国学周刊》由国学研究社主办，每满26期即合编为《国学汇编》。因此，《读关尹子》被《国学汇编》收录，在第一集第二册第101—106页。

　　胡朴安简介详见《庄子内篇章义浅说》提要。

　　本书著者开篇即论今本《关尹子》的成书年代，认可今本为唐五代方士所作之说。他选择今本《关尹子》与《老子》相互发明者缀而述之，对《关尹子》方术丹道等内容置而不论。著者精读文本，对二书相合之处多有议论，认为"关尹之言可为老子注脚"，"《关尹子》九章，一语蔽之，阐明老子虚无之旨耳"。另一方面，他对《关尹子》累言仁义礼智信及"圣人师蜂立君臣"等言论有所批评。（褚国锋）

关尹

　　《关尹》，刘咸炘撰。北京：国家图书馆出版社，2014年3月第1版，系方勇主编《子藏·道家部·关尹子卷》之一种，据1927年尚友书塾刻本影印。另有《刘咸炘学术论集·子学编》上册，桂林：广西师范大学出版社，2007年版；《推十书（增补全本）》乙辑·壹，巴蜀书社，2009年版；《刘咸炘著述手稿汇编》第9册，国家图书馆出版社，2018年版等收录。

　　刘咸炘简介详见《庄子释滞》提要。

　　本书为《子疏（定本）》卷上"老徒裔第三"之部分内容。《关尹》全篇仅数百字，但著者讨论了若干问题。其一，《关尹子》的作者。先引《史记》，明尹喜从老子事迹；再引《汉书·艺文志》，确定尹喜即《关尹子》作者。刘向校书时曾亲见该书。其二，关尹在道家学派的序列。撰者认为道家学派依次为老子、关尹、列子和庄子。这在《子疏·学变图赞》有更为直观的显示。

其三，《关尹》主旨。撰者赞同《吕氏春秋·不二》"关尹贵清"之说。其四，存世《关尹》真伪。撰者肯定宋濂和谭献对《关尹子》的论述，认为今本《关尹子》是晚出之书，"乃以佛理衍《庄》者"。

著者之说为一家之言，后来学者对相关问题有持续讨论。不过，其"考校、专究、通论"的治学方法，于前人之说"一语不敢没"的治学态度，尤其值得认真学习。（褚国锋）

《关尹子》考补证

《〈关尹子〉考补证》，黄云眉著。北京：国家图书馆出版社，2014年3月第1版，系方勇主编《子藏·道家部·关尹子卷》之一种，据1932年金陵大学中国文化研究所《古今伪书考补证》排印本收录。

黄云眉简介详见《〈鹖子〉考补证》提要。

本书为《古今伪书考补证》子类之一。姚际恒《古今伪书考》对《关尹子》的辨伪，只引用了陈直斋的论述，并附按语："宋景濂谓其文仿释氏，良然。"内容简短，并未具体考证《关尹子》一书的流传情况和作者、内容等。

对此，著者先引用胡韫玉《读关尹子》的论述：其一，仁义礼智信是儒家所推崇而道家所摒弃的范畴，《关尹子》却多处谈论，实非道家之言，盖后人伪为、杂出儒家耳；其二，《关尹子》曰"圣人师蜂立君臣，师蜘蛛立网罟，师拱鼠制礼，师战蚁置兵"，这是由"近取诸身，远取诸物"推演而来的，但与《易序卦》和《荀子》所言不符，故知非尹喜所作。黄云眉赞同胡韫玉的这两个观点，但不同意胡氏以《关尹子》乃"阐明老子虚无之旨"的观点，认为《关尹子》书杂糅老子儒释仙技之说而成，无所谓"一家言"也。

接着，著者又引用王世贞《读书后》卷五的相关论述，与《四库全书总目提要》的内容相参证，认为刘向献《关尹子》书一事疑点重重，书前的刘向校定序不似刘向的笔法，但应该也不是孙定伪作，因为黄庭坚的诗已引用《关尹子》语，而孙定是南宋人。另外，《关尹子》一书多袭佛氏之言之理，如"厌生死心""超生死心"等语，如"蝍蛆食蛇，蛇食蛙，蛙食蝍蛆"乃袭佛教果报之理，等等。所以著者认为，《关尹子》书中所言，释多于老，可能是方士或好仙技者所托伪而作。

本书引用多位著名学者的相关论述，如胡韫玉、王世贞、俞樾、谭献、姚莹、宋濂等，并引《四库全书总目提要》相关内容，资料翔实，有理有据，从流传情况、古籍参照、词句引用等方面辨别今本《关尹子》非先秦著作，并推测可能是五代方士或好仙技者所伪作，较有说服力。但优点也是缺点，著者多引用他人成说，较少阐发个人观点，对《关尹子》的内容也少有阐发，仍有不足。（张丽娟）

关尹子考

《关尹子考》，蒋伯潜著。北京：国家图书馆出版社，2014年3月第1版，系方勇主编《子藏·道家部·关尹子卷》之一种，据1948年正中书局排印《诸子通考》本收录。

蒋伯潜简介详见《老子通考》提要。

本书为《诸子通考》下篇关尹子章，著者先分析《汉志》和《史记》的记载，指出"关尹喜"是子虚乌有之名；《庄子》《吕氏春秋》中记载列子问于关尹子之事，说明战国时关尹子已经成为传说的人物。又言《关尹子》一书不见于《隋志》《唐志》及宋敏求的《国史艺文志》，则该书亡佚已久。现在存世的《关尹子》一书，是南宋时徐藏从永嘉孙定处得到的，书前有刘向的"叙录"，后有葛洪的序，仍然是九篇。

接着，本书引用柳宗元、胡元瑞、《四库全书总目提要》的论述，并总结：《史记·老子传》记载的老子过关、为关尹著书的故事，当出于战国时《老子》已成书并且已经流行之后。关尹名喜、去吏从老子西游的故事，则是由老子过关而增益变化而成的；关尹自著《关尹子》的传说，则又是由老子为关尹著书而增益变化而成的。所以，《汉志》所录的《关尹子》就已经是秦汉间方士所撰的伪书。现在所存的《关尹子》，书前的刘向叙录亦是伪造，其中所说的此书由方士献绐淮南王刘安，没有任何证据，是不可信的；是书不见录于《隋志》，大概早已亡佚。最后，著者将今存之《关尹子》判定为伪中之伪，并推测是唐五代间方士所撰。

总的来说，本书从史料的缺失、现存《关尹子》的前言后序、历代学者的观点出发判定今本《关尹子》为伪书，对学者了解《关尹子》一书的流传情况和各家观点有所帮助。然其所用的论证方法多为主观推测，语言也颇多武断，如"则所谓'关尹喜'者，直是亡是公、乌有先生之类耳"，"其书之伪，不言可知已"等等，似乎有失偏颇。（张丽娟）

以清为贵的文化哲学
——《关尹子》及其注疏研究

《以清为贵的文化哲学——〈关尹子〉及其注疏研究》，张丽娟著。北京：人民出版社，2014年9月第1版，16开，263千字。

张丽娟，哲学博士，毕业于厦门大学哲学系，曾任四川大学道教与宗教文化研究所博士后，现任福建师范大学马克思主义学院副教授，兼任 *Frontiers of Daoist Studies* 编辑部主任。先后在 *Dao: A Journal of Comparative Philosophy*、*Religions*、《宗教学研究》、《道家文化研究》等刊物公开发表论文20余篇。

《关尹子》，又称《文始真经》或《无上妙道文始真经》，相传为春秋战国时期的关尹子所作。关尹子是先秦道家的代表人物，《汉书·艺文志》道家类著录《关尹子》九篇。但隋唐及宋初书目中均不载录此书，直至南宋时才又流行于世。因此，学者多从语词、流传等方面指其为伪书，对其成书年代仍未有定论，对《关尹子》的思想内容也未加详细阐述。本书则把《关尹子》作为一部客观存在的古籍文献，通过比较、精查与考辨现存的多种文本，阐发与探究今本《关尹子》的思想内容，一定程度上回答了今本《关尹子》产生的社会背景是什么，它有什么理论渊源，又是为何而产生的，其思想如何"复活并扩大了许多旧教义"，它对后人产生了什么样的影响等问题。由此，作者对先秦道家的重要代表关尹子和今本《关尹子》这部道教重要典籍进行了研究，对道家之书《关尹子》如何发展为道教之书《文始真经》的历史背景、社会心理和思想发展进行了揭示和阐发。

本书第二部分考察了《关尹子》的四部完整的注疏：陈显微的《文始经言外旨》、杜道坚的《关尹子阐玄》、牛道淳的《文始真经注》和王一清的《文始经释辞》。作者认为，今本《关尹子》重现于晚唐与宋朝之间，属近代之早期阶段，当时形成的思想特征深刻地影响着后来的社会。四部注疏分别是南宋、宋末元初、元朝和明朝时的作品。对于同一部作品的不同注解，一定会带上每个朝代的历史痕迹和思想烙印。通过对《关尹子》及其四部注疏的考察和研究，作者认为，它们都非常注重对心性之学进行阐述。由此，作者也探讨了当时道教与儒家、佛教之间的互动关系。《关尹子》的四部注疏虽然都是道教人士所作，各本的侧重点也有不同，但其中都有融合三教的思想，而且越是后来的作品，其三教合一的痕迹就越明显，这代表了当时哲学思想和道教思想发展的趋势和历程。

通过对今本《关尹子》及其四部注疏的探讨，作者指出：先秦关尹子已经有明显的心性论思想，这是道教心性论的渊源之一；《关尹子》的四部注疏则反映了道教在发展的过程中还吸收融合了佛教、儒家的心性思想，最终建立了三教合一、以道为宗的心性论。

总的来说，本书发现几条前人未曾注意的材料，对了解《关尹子》的成书情况有所助益。其次，以四部不同时期的注疏为切入点，以横向的社会背景探讨为纬线，以纵向的相互比较为经线，以心性问题的讨论为关注点，描绘出一幅比较详细的道教心性思想及三教融合思潮的发展图。长期以来，学者大多认为道教之讨论心性问题是因为佛教（主要是禅宗）"明心见性"思想刺激的结果，本书对这一问题则提出了不同的观点，有助于大家广开思路。（胡瀚霆）

管子

《管子》，李山译注。北京：中华书局，2009年3月第1版，32开，160千字，中华经典藏书，多次重印，有些篇章有删减。李山译注的中华经典藏书（升级版），2016年1月版，多次重印，升级版内容大致与09年版相同。

李山，1963年生，河北高碑后人。现为北京师范大学文学院教授、博士生导师。主要研究方向为中国古代文学史、中国文化史，在《诗经》研究、先秦两汉文学研究领域卓有成就。曾在《文学遗产》等核心期刊上发表过学术论文50余篇，主要著作有《诗经析读》《中国文化概论》《牟宗三传》等。

本书由译者精选篇目、注释以及翻译而成。译者在"前言"中称《管子》是一部阐述"霸道"的大书，并据此叙述此书的成书背景、主要内容，介绍此书的流传以及近代研究《管子》著作。译者认为《管子》思想的融通性是它不同于儒家、道家等诸家思想的地方，并举例说明书中蕴含的各家思想。由此出发，译者进一步认为《管子》一书的学术性质不在于思想内涵的一致，而在成就霸业目标的确定。在文献的流传方面，译者认为，《管子》一书由于与占据统治主流地位的儒家思想有异，而被学者忽视。他指出唐代国子博士尹知章为《管子》做注，但在传播的过程中既有遗失，也有讹误；即使在古籍考据较为繁盛的清代乾嘉时期，《管子》也缺少一部叫得响的整理性著作。本书为节选本，注释与翻译多采取郭沫若《管子集校》、马非百《管子轻重篇新诠》、黎翔凤《管子校注》等诸家的说法。译注每篇分为三个部分："题解"总结此篇的内容、写作风格与重要观点；原文中夹有"注释"，解释文中的名词、典故、生难词等；"译文"将文章翻译成白话文，顺畅易懂。

本书注释精准，译文通晓明畅，有利于弘扬优秀的传统文化，便于初学者了解《管子》一书的由来以及其中蕴含的富国强民等思想，是理解《管子》思想并将其思想落实到经济文化建设中的"敲门砖"。（赵怡然）

《管子》研究史（战国至宋代）

《〈管子〉研究史（战国至宋代）》，耿振东著。北京：学苑出版社，2011年10月第1版，32开，300千字，系"诸子研究丛书"之一种。

耿振东，1973年生，山东淄博人。文学博士。山西省社会科学院研究员，主要从事先秦两汉研究。

本书是著者对宋以前《管子》研究的探讨，全书分为六章，文末附上征引及参考书目，还给出了明、清、民国《管子》研究知见目录。第一章介绍管仲的生平以及《管子》一书的来历，论述《管子》的哲学、政治、法律、军事、经济思想，并对《管子》的散文艺术略作阐述。第二章论述《论语》《孟子》《荀子》《庄子》《韩非子》《吕氏春秋》等先秦诸子著作中的管仲思想。第三章论述《管子》研究在汉代的勃兴。第四章论述《管子》研究在三国两晋南北朝的发展与沉寂。第五章论述《管子》研究在唐代的勃兴。第六章论述《管子》研究在宋代的繁荣。结语对宋以前的《管子》研究进行总结，指出《管子》研究虽有波折但整体上升的历史轨迹。在结语的最后一段，作者还对宋以后的《管子》研究进行简要的概括，指出《管子》文句的称引和辑录贯穿了自西汉至南宋的整个历史，《管子》的辨伪主要集中于西汉、西晋、唐、宋。在对《管子》的辨伪中，学者们认识到这一著作与稷下文化的联系以及融汇百家思想的性质。

本书以时间顺序为线索，分章阐述《管子》思想在不同时期的研究，并结合当时的时代背景指出学者们的侧重点，深入分析各家对《管子》评价，总结《管子》一书的时代特征，肯定《管子》一书的历史文化内涵，促进《管子》一书的传播。著者扩大了《管子》的受益群体，益于学界对该书的进一步研究。（赵怡然）

管子译注

《管子译注》，耿振东译注。上海：三联书店，2014年4月第1版，16开，139千字。2018年9月第2版。

耿振东简介详见《〈管子〉研究史（战国至宋代）》提要。

《管子》一书是托名春秋前期齐国政治家管仲的一部著作，学界多数人认为《管子》是管仲学派的著作。汉成帝时，刘向在广泛搜集管仲学派著作的基础上，删复存异，《管子》一书有了定本。《管子》总计86篇，分别是"经言"9篇、"外言"8篇、"内言"9篇、"短语"18篇、"枢言"5篇、"杂篇"13篇、"管子解"5篇、"轻重"19篇。有10篇已经亡佚，仅余76篇。《管子》一书囊括有儒家、法家、道家、兵家、阴阳家等诸家思想。著者认为，"经言""内言"比较接近管仲思想，其他篇章多是管仲学派对管仲思想的发展。

本书以上海涵芬楼影宋刊杨忱本为底本。因为篇幅、体例的限制，著者只选取其中最有代表性的篇章。著者的译注每篇分为"题解""注释""译文"三个部分："题解"对每一篇的篇名进行解释，有些篇章的"题解"还简要地介绍学界对篇名的解释，并简要地概括此篇的内容；"注释"解释文中的一些名词、典故以及生难字；"译文"将文章翻译成白话文。

著者在译注《管子》的过程中，参考了历代学者的诸多研究成果，如《韩非子》、叶适《习学记言》、梁启超《管子评传》、罗根泽《〈管子〉探源》

等，上至先秦，下至民国，较为全面地介绍《管子》一书以及后人对这本书的评价。本书可以使读者无障碍地了解管子学派的思想，方便后学对于《管子》的研究。（赵怡然）

列子语法探究

《列子语法探究》，余若昭撰。台北：文史哲出版社，1972年8月版，精装，32开。

余若昭，1972年毕业于台湾师范大学国文研究所，本书即其从师于许世瑛教授（1910—1972）门下而完成的硕士学位论文。

本书除对前贤研究成果加以回顾的前言以及揭示撰作依据之凡例外，共分五篇。首篇为指称词，下列九章，依次为三身、特定、护指、疑问、无定、数量、单位、总括指称词及"者""焉""然"三字之称代作用。第二篇为限制词，下列二章，依次为否定与禁止限制词，指称词转变而为限制词。第三篇为关系词，下列二章，依次为介进起词止词、受词及其他补词之关系词以及联系各类复句中之关系词。第四篇为语气词，下列四章，依次为独主、句肯、句中、句末语气词。第五篇为构词法和造句法，下列二章，依次为构词法、造句法。各章时有再区分为数节者，如第五篇第二章"造句法"，即区分为叙事简句与繁句、致使句与意谓句、表态句、判断句、准判断句、有无句、复句、使成式与被动式用法及意动用法等八节，其中，第七节"复句"之下，更细分为联合、加合、平行、补充、对待、转折、时间、因果、目的、条件、纵予、推论、论断、递系等14种关系复句。

通过由西方引进的学科"语法""文法"，对古籍行文进行成书年代之判读研究，在此之前，杨伯峻曾撰有《从汉语史的角度来鉴定中国古籍写作年代的一个实例——〈列子〉著述年代考》，但对20世纪70年代的中文学科而言，仍是一种较为崭新的尝试。本书虽非传统的道家思想或文学层面的研究著作，但著者不厌其烦地对《列子》文句语法进行分析，并从另一途径得到列子研究之成果，也能彰显道家研究的新方法运用，具有一定程度之学术价值，同样有其重要性存在。（李建德）

列子集释

《列子集释》，杨伯峻撰。北京：中华书局，1979年10月第1版，32开，260千字。本书由撰者在1929—1932年完成，经增订后1958年由龙门联合书局首次排印出版。2013年8月，中华书局再版此书，但基本内容未作改动。2016年又有精装本发行。

杨伯峻（1909—1992），原名杨德崇，湖南长沙人。著名语言学家。1932年毕业于北京大学中文系，曾任中华书局编审、北京大学历史系教授、中国语言学会理事等。在学术研究方面擅长古籍的整理和译注，在古汉语语法和虚词的研究方面也颇有建树。杨伯峻一生著述丰富，在古籍整理与译注方面的著作，尚有《论语译注》《孟子译注》《春秋左传注》等书。

本书在体例上首先是《列子》正文，然后列出四类注释考证，依次排列：（甲）晋人张湛之注；（乙）唐人卢重玄之解；（丙）有关《列子》本文以及张注、卢解之校勘、训诂与考据；（丁）唐人殷敬顺所纂与宋人陈景元所补之释文以及有关释文之考证。除张注、卢解外，各说皆冠以"○"。正文为大字，注释考证为小字，层次清晰而不相混淆。对于撰者需要解释说明的问题，加按语后，给以批注或说明。附录一《张湛事迹辑略》收录相关文献中张湛之事迹并加以校勘和说明；附录二《重要序论汇录》收录刘向、张湛、卢重玄等人所写序论，是研究《列子》的重要材料，也是研究《列子》流传的重要依据。

《列子》一书虽影响颇大，然其书真伪乃至列子其人是否存在，历来有所争议。本书把这个问题作为一个重点进行了讨论。前言以《庄子》的记载进行分析，首先肯定了列子其人的存在，但却认为《列子》一书并非其本人所写，应为伪书，并断定《列子》为晋人所伪。为此，本书附录三《辨伪文字辑略》收录了从唐柳宗元、宋朱熹到近现代梁启超、吕思勉等24人对《列子》真伪的考证篇章或段落。其中最后一篇著者的《〈列子〉著述年代考》试图从汉语史的角度来鉴定《列子》作伪的年代。他虽断定《列子》为伪书，但对许多人认为的张湛是该书伪造者的观点并不完全认同。本书参校版本之广、征引文献之多可谓前无古人，但其在校释过程中始终保持文有所据的精神。

本书初稿是著者在20余岁的青年时代完成，但并不妨碍其成为研究《列子》的一部经典著作。他认为《列子》为伪书的结论，至今仍有争议，但其严谨治学的态度和文献研究功力在书中显露无遗。本书学术价值颇高，已是当今研究《列子》必备之书目。（李铁华）

列子辩诬及其中心思想

《列子辩诬及其中心思想》，严灵峰著。台北：时报文化出版事业有限公司，1983年10月初版，系"时报书系"之一种。另有台北：文史哲出版社，1994年版，32开。

严灵峰简介详见《老子宋注丛残》提要。

本书共分七章：一、列子成书年代及其流传；二、辩诬；三、"列子书"大归同于老庄——列子的中心思想；四、刘向列子新书叙录校注；五、张湛列子校注；六、张湛事迹辑略；七、附录。其中辩诬与列子中心思想是为全书之要。

辩诬一章乃全书用心最力之处，著者有感于历来学界对于《列子》一书误解太深，实有彻底加以澄清之必要，乃从现存本文与张注作严密之解析与考证，以还其本来面目，此"辩诬"之所由作也。本章计分七节各就张注对原书文字之校定、张注标明有关典故、张注对列子书中文义之存疑、张注引庄子本文、张注引向秀及崔譔庄子注、张注引郭象庄子注、列子书与庄子书中雷同文字之比较与分析等七大方向予以详实的考证辨析，所得结论有五：

（一）此书非列御寇所自著，可能由其及门弟子及其后学所辑集而成。

（二）其成书当在战国三家分晋之后，并羼杂有后人文字及其他残卷和错简。

（三）现存本乃刘向所著《新序》之残阙者，经由张湛辑录并加以校注而成。

（四）其书非有人"存心"所伪造，更非张湛一人之所为。

（五）此书的中心思想大归同于老庄。

第三章即著者在严密考证之基础上阐发列子一书的中心思想作有系统的论述，依宇宙起源论及其演化过程、宇宙之无限性、运动变化之无间性与消长规律、自然本性及其生化原理、生死之命定论、梦觉异境之感受、守气全神、贵虚、持后守柔、治道等议题阐明列子思想之本源与要义。

综览列子全书，其说大抵本于黄帝之书与老聃、关尹之言，张湛自序所称"大归同于老庄"，其判甚切。

本书于列子辩诬，考证精详、说理充分、确有纠谬校正之功，于学术研究上有其重要的参考价值。（刘见成）

列子探微

《列子探微》，萧登福著。台北：文津出版社，1990年3月版。

萧登福简介详见《周秦两汉早期道教》提要。

列子其人，著者考察其年世先庄子，其书《汉志》有载，刘向曾为校订。唐、宋尊崇道教，玄宗天宝元年以庄子、文子、列子、庚桑子为真人，四子之书为真经。其中列子为"冲虚真人"，《列子》书为《冲虚真经》。至宋世，于冲虚称号之下又加入了"至德"二字，于是《列子》书成为《冲虚至德真经》。徽宗宣和元年复诏封列子为"致虚观妙真君"。

本书认为列子之学风，较近于老聃、关尹。贵清虚，守自然。《列子》一书今存者八篇，与《汉志》所载相符。然自其内容而言，杨朱篇纵欲贪生之思想，与列子视死生如梦、苦逸相循者相反。则八篇之内容，当非成于一人一时之手。其中有列子门人及列子后学而兼习杨朱者之所撰，亦有少部分为后人增入者。然书中多古字、假借义，大抵尚存先秦风貌，非是六朝人所伪撰。

列子认为有万物，必有创生万物者。著者研究指出，物属于现象，创生者为本体。本体运转而后生万象。而一切的生化现象都是"自生"，即是自然而然且不得不然。列子曰太易、太初、太始、太素并配以形、气、质来解说万物生成的过程。列子在天道思想上以为道生物，物变灭复返于道，此道物相循环的观念与老庄相似。列子以为"人"乃是天地阴阳冲和之气所成，身与天地万物原为一体，不可妄认为己有，万物并没有真正的生死可言。人生有生、壮、老、死四阶段，都是道体生化的必然过程，为人只得因任自然，不必好生壮、恶老死。

列子的人生观，著者从处事态度上归纳为四点：重柔弱贵持后、寡欲知足、人生如梦不必太认真、顺自然安于命。在心灵涵养上，则要求先去机心与自高心。若要达到任我两忘、外物不伤的境界，可循两条修养途径：一是泯是非、对待相、差别相，和同于物；一是专心一志，心无杂虑，使外物不入。

本书推崇列子是先秦诸子中最能与神仙沾上边的人，他对道教的影响不容忽视。他的御风而行，每令人遐想。著者研究指出：道教重要的天界说，即承袭自列子。以天为积气所成，以太易、太初、太始、太素为世界万物生成的步骤，此说即出自《列子》。《列子·天瑞》书中所说的方壶、瀛洲、蓬莱三岛，《史记》袭取之，《汉武帝内传》始以扶桑代瀛洲，并增列十洲，后世道流便以方丈、扶桑、蓬莱为三岛。《列子》三岛说所述神仙不死药，秦皇、汉武皆曾耽迷其说。至唐代杜光庭又把三岛十洲与三十六洞天、七十二福地等并列。这些洲岛洞府，便成为道教地仙的居所。而《列子·周穆王篇》的清都、紫微，则成为道教天帝的所在。（林翠凤）

虚静人生——列子

《虚静人生——列子》，应涵编著。台北：正展出版公司，2000年10月版，精装，25开。本书原题《虚静人生——列子寓言梦道》，应涵编译，北京：宗教文化出版社，1998年2月第1版，32开，300千字。

应涵，著有《忍耐生存大法》等"传统生存大法"系列，《诸葛亮神算兵法》等"历代帝王国师神算兵法"系列，出版之年代多为1997—2000年前后，并在中国台湾发行。就内容而言，如"历代帝王国师神算兵法"系列书籍，即属于对《六韬》《鬼谷子》《将苑》《百战奇略》等军事战略古籍的注解与翻译。

本书由总序、概述及《列子》八卷各节之原文、译文、注解构成。总序由童笙于1997年撰写，其内容同见于《五行人生——黄帝观天之道》《淡泊人生——老子出关论道》《逍遥人生——庄子蒙山悟道》等三种著作，旨在说明透过阅读哲人著作，借鉴其生命历程，从而创造自我人生之发展；概述由宏毅于1997年撰写，对于列子之生平、师友、版本、著作真伪、内容要旨、思想体系等方面，做了较为简单的叙述。

本书对于《列子》全书之处理，系先对各卷标题以内容做简明易懂的概述，《天瑞》为"道的符号，天的信物"，《黄帝》为"元神专一，纯心虚静"，《周穆王》为"形、化、梦、觉"，《仲尼》为"体神独运，忘情任理"，《汤问》为"想象奇诡，寓言寓理"，《力命》为"人力与天命的抗争"，《杨朱》为"厚味、美服、好色、音声'，《说符》为"思想言行的验证之符"。而各卷原文，再就其内容意旨，再次系以简单文句，如《天瑞》说"太易、太初、太始、太素、浑沦"等"五太"之原典，即被著者称为"列子说'浑沦'"；《说符》公子锄谏晋文公伐卫之典，则被系以"提防螳螂在后"。惟此处称"螳螂在后"，似乎略有不妥，与大众约定俗成的惯用语"螳螂捕蝉，黄雀在后"不同，未知其语之出典。

与1998年版相比，2000年版缺少了附录一《重要序录汇录》与附录二《辨伪文字编辑》，使学术研究之价值略显不足，但是，著者采取"原文、译文、注解"的呈现方式，方便大众对《列子》的阅读，亦有功于道家古籍的推广，值得肯定。（李建德）

《列子》真伪考辨

《〈列子〉真伪考辨》，马达著。北京：北京出版社，2000年12月第1版，32开，371千字。

马达（1928—2015），原名胡昌五，笔名力牧、俞延，湖南华容人。1952年毕业于北京大学文学院教育系。曾任中国作协天津分会创委会第一届委员兼诗歌组长、中国寓言文学研究会副会长、中国屈原学会理事。

本书于序言和前言之后是四编正文。第一编真与伪，是对《列子》真伪问题的直接考辨。该编分为三章，著者以大量文献资料为依据，对马叙伦《〈列子〉伪书考》和杨伯峻《列子集释》附录《列子》"辨伪文字辑略"等内容进行检核与辨析，认定《列子》为先秦古籍，绝非张湛之伪作。第二编源与流，从源流着眼，对《列子》真伪问题进行考辨。该编分为两章，分别从《列子》与先秦著作、《列子》与秦汉魏晋著作两个方面展开考察与分析。第三编史与论，着眼于历史的发展对《列子》真伪问题的进一步考辨。该编分为三章，分别从思想史、文学史、汉语史等多学科的综合方面，论证《列子》非魏晋人伪作。第四编人与书，该编分为两章，分别讨论先秦诸子写作及成书的特点，以及对《列子》真伪考辨的结论。书末有后记，并附有马叙伦《〈列子〉伪书考》一文。

关于《列子》的真伪问题，自19世纪末至今，已聚讼有百余年。著者对古今"《列子》伪书说"的主要观点逐一进行了检核和反驳，最后的结论是：《列子》定本非列御寇一人之作，而是列御寇、列子弟子、列子学派著作的汇编，其整理汇集成书时间大约在战国后期，约公元前255年左右，距列子卒年约120年。西汉刘向著录《列子》八篇，后班固将《列子》著录在《汉书·艺文志》中，但流传不广，直到张湛注本问世后，才逐渐流传开来。现在应该还《列子》以本来面目，恢复《列子》应有的地位。

本书是著者前后耗费20年时间，以乾嘉学派的考证方法研究古籍文献的成果。著者观点鲜明、持之有故，并有所创见，对《列子》的成书和流传进行了宏观考察和具体分析。在此基础上，提出了《列子》真伪考辨问题的结论。本书也是在《列子》被认为伪书几成定论的学术氛围下，反对"《列子》伪书说"的一篇力作。全书运用资料丰富，文风朴实，深入浅出，是近年来学术领域里研究《列子》较为深入的成果之一。（李铁华）

冲虚至德真经注译

《冲虚至德真经注译》，曾传辉注译。北京：中国社会科学出版社，2004年9月第2版，16开，243千字，系"道学经典注译"之一种。

曾传辉，哲学博士，研究方向为道教养生和当代宗教，多年在国家宗教事务局宗教研究中心和中国社会科学院世界宗教研究所工作，主要著作有《元代参同学》等。

本书是著者从道教角度解读和注译《列子》，以《列子》在《道藏》中的名称为书名，保持了与其他道学经典名称的一致性（如《庄子》注译为《南华真经注译》），客观上来说，能够使得《列子》中强调的"虚"更为鲜明。该书主要以《冲虚至德真经四解》和杨伯峻的《列子集释》为蓝本，同时参考了其他诸家的成果。

本书之首，是"道学经典注释"丛书序言。此后是《列子》的导言，著者将《列子》思想轮廓归纳为几条：一是发展了《老子》的道论；二是《列子》的人生观是齐生死、等贵贱，但与强调此生皆苦的佛教轮回观不同，列子主张生死之间不应有所偏重，应不违自然之所好；三是用神话传说丰富了道家无为之治的政治理想；四是主张守一养生的摄生方法论；五是将寓言故事的艺术水平推上新的高度。从这一点看，该书确实更为强调《列子》作为"道教"典籍的一面，从宇宙观、人生观、政治观、养生术方面突出其与作为哲学的玄学和另一种宗教即佛教的不同。

与其他《列子》注本相比，本书的特出之处在于更为强调其道教性质的一面。如书首之序不太长，文不甚深，但是将《列子》置于道家与道教的复杂关系间，比从哲学角度出发的《列子》概述更突出其宗教性的一面。再如对历史上的道教的陈述，繁浩的道教史中，著者选出了寥寥几人，而这几人均能够体现道教在中国历史舞台尤其是中国政治中发挥的巨大作用，以点带面地揭示了道教曾在中国历史上占有重要地位这一事实，使人们跳出由道家精神之"出世"而形成的"道教"疏离政治这一误解；再如，著者提出道教之"术"更强调养生之术，而道教对个体的意义，确实以养生之术影响为最大。如果说"宗教"的精神在于实现对社会和个体"救赎"的话，本书即是确实把握了该书的"道教"性质，但不失其学术性，比如吸纳最新研究成果，引入陈鼓应、许抗生等对《列子》一书真伪的研究。（蔡觉敏）

列子

《列子》，景中译注。北京：中华书局，2007年12月第1版，32开，150千字。

景中，原名陈秉才。

本书分为前言、目录及对《列子》八卷的译注三个部分。

著者在前言中对《列子》一书的主要内容和思想进行了评述，他不同意众多学者将《列子》定为伪书的观点，而赞成岑仲勉、李养正、陈鼓应等学者的意见，认为《列子》为伪书应予改判。同时，著者认为列子实有其人。著者对《列子》在中国哲学发展史上的重要贡献做了总结：1.《列子》从世界本体、宇宙生成和物种转化角度阐明了"道"的性质，形成了独特的天道观；2.其辩证法思想达到前所未有的水平；3.提出的自然命运决定论，比天帝决定命运的宿命论更为进步；4.在阐明贵虚、内观、生死、幻梦诸问题上皆有新意。本书以《诸子集成》本为底本，参阅相关重要著作及论文，参以己见。译注部分于每卷卷首先作题解，用数百字归纳本卷主旨大意和主要内容，并稍作评议；之后为原文及对原文的注释、译文三个部分。注释部分对疑难字词做了解释，偏僻生字加以注音；译文部分采用现代白话文直译。

本书作为中华书局"中华经典藏书"分册之一，适合有一定教育程度的读者作为学习传统文化之用书。其内容侧重普及性而不强调学术性，但译注部分的内容不乏个人观点和特色。（李铁华）

列子全译

《列子全译》（修订版），王强模译注。贵阳：贵州人民出版社，2009年3月第1版，16开，219千字，系"中国历代名著全译丛书"之一种，最早为贵州人民出版社1993年10月初版，32开，有平、精装两种。

王强模，1935年生，贵州榕江人。1958年贵阳师范学院中文系本科毕业，留校任教，1985年调贵州教育学院工作。历任讲师、副教授、教授。

本书以《诸子集成》本（上海书店影印，1986年7月版）为底本，即使"集成本"有错讹，亦悉加抄录。全书于目录、前言之后为《列子》八卷的译注。译注部分的每卷卷首前有题解，题解是对本卷主要内容的梗概、主旨大意以及译注者对本卷思想内容的认识与评议。每卷中原文又分为若干段，每段后分别有注释和今译两部分。注释部分是对原文中疑难词语、人名、地名等的逐条注解，对偏僻疑难之字标注拼音，今译则是对原文段落的白话翻译。

前言是本书的重要组成部分，著者从六个方面对《列子》及其著者进行分析与评述。"列子考略"部分简要列举历史上对列子其人是否虚构的正反两方面观点，得出结论为列子确有其人，而且是先秦道家学派的重要人物；"《列子》的真伪"部分列述了学术史上对《列子》有代表性的辨伪观点和根据，认为《列子》确系赝品，但并非完全作伪，而是保留了相当部分列子的思想和春秋战国时杨朱学派的思想，故其书仍有较高学术价值；"《列子》的学术价值"《列子》的寓言艺术"两部分对《列子》在思想、哲学、艺术等方面的价值与意义做了概括与总结；"张湛及《列子注》"部分对晋人张湛与《列子》的关系做了分析，认为《列子》并非张湛伪撰，《列子注》亦具有很高的学术价值；"《列子》的版本及其他"说明了该书所参考的《列子》诸版本。各卷的题解简洁明了，并有著者评述，能使读者在阅读正文前首先掌握各卷主旨和主要内容；词语的注释部分省却了读者查阅资料的烦恼；今译部分用语较为直白而简朴。

本书对《列子》及其著者等问题做了基本的分析与总结，注释和今译详实，非常适合初始研习《列子》的读者阅读。至于书中对一些具体词句的注释、译文的不同见解，乃是仁者见仁，智者见智，亦是译注类书籍常见之现象。本书是当代《列子》译注类读物出版较早的读物之一，两次版本印数较多，在读者中具有一定影响力。（李铁华）

列子：凌风的清谈

《列子：凌风的清谈》，陈明、范江萍著。上海：上海古籍出版社，2009年8月第1版，20开，265千字，系"国学基础教程·子部"之一种。

本书于前言之后分为七章，书末附有篇目索引。著者在前言中简要陈述了历史上对于《列子》真伪的争议以及对列子是否存在的疑问。著者认为，《列子》是一部相对完整的古书，主要反映道家的思想，其生成年代在战国至晋代之间。

正文部分选用《列子》中的内容，按照新的主题重新归类后排序为七章。每一章有《列子》原文若干段，原文后有"今译"，是对原文的白话翻译；然后有"述评"，是对原文思想的引申与评议；最后有"思考"，列出两道题目，供读者学习反思之用。第一章道是何物，主要列举《列子》论道、议道之事，然后加以翻译和述评；第二章淡然生死，主要列举《列子》谈论生死之事，然后加以翻译和述评；第三章自然而然，主要列举《列子》所谈与道家"自然"概念有关的内容，然后加以翻译和述评；第四章物我两忘，主要以"忘"为主题，集合《列子》中相关内容加以翻译和评述，实质是谈论道家"无为"之思想；第五章洞察小慧，以"慧"为主题，集合《列子》中相关内容，除翻译外，主要讨论道家所理解的"大智慧"与"小聪明"之事；第六章清谈玄论，集合《列子》中各种玄谈之语，做出翻译、解读和评述，进而体会道家玄谈之妙处；第七章真假难辨，通过解读《列子》中相关内容，谈论和评述道家之真与假、名与实、是与非之类的问题。

　　本书虽有注释，但并未按照一般注释类书籍的方式对原文依次注解，而是将原书按照主题分拣归类，且未包含《列子》全部内容。著者通常是站在第三者的角度对原文进行评述，其评述纵古论今，夹杂谈论《列子》内容真伪，或关于其著者、注者等问题，其实更多的是在阐述著者自己的思想。所以，该书虽有对《列子》加以赞扬的地方，但不乏贬斥、批评的言论。尤其是"评述"部分的内容，虽然也对《列子》的内容和思想进行辨析，但重点在于阐述著者自己的观点，而不在于弘扬《列子》的思想。总体而言，著者以《列子》之言观当今之事，通过评述《列子》引起读者对人生与世事的思考，这才是该书的目的。（李铁华）

列子

　　《列子》，张长法注译。郑州：中州古籍出版社，2010年5月第1版，16开，180千字，系"国学经典"之一种。

　　张长法，河南郏县人，曾任中州古籍出版社副总编。主要著作有《治策通览》《资政类纂》《二十四史名人言行类编》等。责编的书有《吴敬梓评传》《何大复集》《中国古代治国思想百家》等。

　　本书以中华书局1986年版《诸子集成》本为底本，对其中所引用的注释，摘其要者以明大义；但核心概念等处，则又详加注解。本书对《列子》一书真伪及借鉴价值进行了类似专题论述的阐发。著者认为，刘向所校《列子》篇目与《列子》传世本完全一致，且所依版本确凿有据；张湛所注的《列子》原文合于刘向所注《列子》一书的原文。鉴于《列子》与《庄子》一书时有重出的事实，并依据重复作品的具体环境以及篇章段落的布局综合分析，本书著者指出《列子》早出于《庄子》。关于《列子》一书的借鉴价值，著者认为主要有三个方面：一是《列子》表现出唯物自然观，即以物质的道为其本源；二是辩证的运动发展观，即一切事物都在变化之中；三是列子的政治观和人生观，认为列子宣扬了老子的无为而治的政治理想，其人生观则是建立在人类整体或具体的个人都应该受到尊重和爱护的基础之上。整体而言，该书分析表现出较强的唯物主义倾向。

全书分为八卷，按《列子》原典章节排序。每一卷中，先列出原典，次之以注释，继之以白话译文，系当代经典注释中最常用的范式，著者注意将词语意义、用法的细致说明与对抽象玄理的发明相结合，将古代的"注"与"疏"融为一体。一方面注重字词意义用法等细节，表现对"小学"的重视；另一方面，著者注解时还重视从宏观角度阐释其玄理，多引经据典以证明。

在《列子》众多注本中，本书注重将字词解释与玄理阐发相结合，在注释中注重文本背景与语境的阐发，可借《列子》注释传播更深广的中国传统文化，故其受众面较广，既可厉于一般的古代文学文化爱好者作为语言和文学的学习素材，也可供有一定文学文化修养的读者用于了解中国古代哲学思想。另一方面，著者偶有以个人见解过滤文献资料处，如《力命》中，东郭先生评北宫子："北宫子之寐久矣，一言而能寤，易怚也哉！"著者释"怚"字为惊愕、恐惧之意，在此处的语言环境中应为警觉、警惕之类，"易怚"即是对自己的错误认识、错误言论及行为保持高度警惕，并有立即改正的自觉性；但《道藏》本等书中"怚"作"悟"，著者对之没做说明；某些方面，还可以补充更为前沿和当代的成果，如关于《列子》的真伪考辨方面，一些新的观点没能及时纳入。（蔡觉敏）

列子

《列子》，叶蓓卿注译。北京：中华书局，2011年5月第1版，精装，32开，160千字，2015年5月再版，系"中华经典名著全本全注全译丛书"之一种。

叶蓓卿，1980年生，上海人。文学博士。现任职于华东师范大学中文系，主要研究方向为先秦诸子及中国古典文学。著《〈庄子〉逍遥义演变研究》，编《"新子学"论集》，辑《敦煌庄子残卷附黑水城庄子残本》（《子藏》第162册），并担任《〈庄子〉鉴赏辞典》副主编及《〈庄子〉故里考辨》副主编。

本书以中华书局1979年版《新编诸子集成》所收的《列子集释》为底本，吸纳了古今其他诸家成果荟萃而成。著者在《列子》注译中概述了前人对《列子》其人其书真伪的考辨，从作品的文学性和结构篇章等文学角度出发，认为今本《列子》文法宏妙、首尾相应且自成一体，表现出内在的逻辑性，由此文迹可追认为出自一人之手，当由魏晋时人编辑而成，其内容则应系包括古本《列子》佚文在内的先秦文献资料和后世增益之文。著者还从《列子》主旨思想的角度确证了这一点，认为全书的核心是《天瑞》篇中的"至虚"思想。

本书在具体注译文本时，按照《列子》原文次第分为八篇，每一篇先列"题解"，于"题解"中点明篇意，且点出该篇抽象思想；其后多概述该篇内容，常有从文学角度进行分析者；并多加以前人对该篇的评点，以期深入发明题旨。正文分为若干段落，每一段先列出完整原文，原文之后继以对重点字词及部分文句的注释，多直接出之以著者之解释，偶有引所据原文，但不对原文中概念或思想另行解释或深入阐释玄理。字句解释毕，则再继之以白话译文部分，译文流畅，意旨显豁。

本书注释和译文均严谨有法，雅洁有致。其一，在学术性极强的杨伯峻本《列子》注的基础上，一般直接以白话注解，减省了相当多的容易引起非专业研究者阅读障碍的旁征博引；对《列子》中抽象思想的介绍深入浅出，加之以题解，方便普通读者把握《列子》思想，实现了信、达、雅。其二，著者注重《列子》的文学性，将《列子》置于文学史发展的长河中，注意揭示其寓言与《列子》前后寓言传承的关系；又《列子》以发明道家之旨为尚，多与《庄子》并称，著者多将其与《庄子》寓言比较，认为《列子》叙事更胜一筹，有小说化倾向。其三，著者译文语言雅洁，描述鲜明，叙事明晰，体现出了《列子》原典的叙事成就，如《汤问》中诸寓言就是如此，集学术性与可读性为一体，可谓杨伯峻的《列子集释》与当代《列子》普及本中的过渡与桥梁。（蔡觉敏）

《列子》语义文化研究

《〈列子〉语义文化研究》，苗守艳著。北京：中国大地出版社，2011年12月第1版，32开，160千字。

苗守艳，1977年生，河北师范大学语言学专业博士毕业，师从马恒君教授，现任教于临沂大学。

　　著者从马清华教授的《文化语义学》受到启发，欲从文化角度看待词语的历时、共时的语义表现，以西方语言学的理论和方法研究传统经典，通过表层语言挖掘《列子》深层的文化意义及对中国传统文化的影响，从语言学角度挖掘哲学和文学领域的经典，这是著者视角新颖之处；但所采用的语言学方法决定了其具体研究重点仍旧是语言，即对《列子》心理动词的分析是本书重点着力之处。

　　本书分为七章，即研究概况、动词研究、成语研究、寓言研究、"亡"字的语义文化研究、"然"字的意义及语法化以及结论，其后是参考文献及后记。本书的研究角度为"语义学"，在现代语言学里，"语义"不仅指词汇意义，还包括词义、结构义、句义、语法意义、语用意义、言外之意、文化意义、社会意义等。著者试图突破语法研究的角度，而是将从语言、文学、文化角度对《列子》的分析结合起来；因此，著者结合中国传统文化，搜索整理并分析了《列子》中出现的成语及其形成原因和影响；在寓言研究一章中，著者更侧重从文学角度出发，研究了寓言的语言艺术和题材内容。著者还以古代典籍中相对而言殊少被作为语言学研究素材和对象的《列子》作为研究对象。本书著者以语义学理论为指导，对《列子》中的动词尤其是心理动词的语义特点和语法特点进行了概述与分析。

　　作为语言学方向的研究者，著者将传统上的哲学与文学文本作为语言学研究对象，采取西方语言学的分析方法，对《列子》词语进行分析，这在《列子》研究中是比较少见的，表现出一定的独创性，对语言学研究者当有一定启示意义。另一方面，著者对《列子》的语义研究又在一定程度上受限于其对《列子》哲学性和文化意义的了解。著者注意到《列子》的语言与词汇是处于动态变化中的，但没有意识到《列子》其书本身是道家思想及中国文化发展变化之流中的一个阶段性成果，《列子》的题材及语言都与其前驱有着密切的关系，且往往富含深意，对此如果没有充分了解的话，则会影响对某些词的语言义及文化义的理解。（蔡觉敏）

《列子》与《庄子》论梦之比较研究

　　《〈列子〉与〈庄子〉论梦之比较研究》，黄素娇著。新北：花木兰文化出版社，2011年初版，精装，16开，收于《中国学术思想研究辑刊》第12编第21册。

黄素娇，台湾彰化人。台湾师范大学国文学系学士、彰化师范大学国文研究所硕士。现职为中学国文教师。

本书共分为六章：第一章绪论，说明研究缘起、研究范围与方法，并整理前人的研究成果。第二章进入梦的世界，首先探究"梦"字的原始造意；其次将人类对梦的认识，分为占梦迷信、理性探究、科学观察等三个阶段来加以介绍；最后以"文本之梦"为题，讨论作家纷纷汲取"梦"为创作题材的原因。第三章《列子》论梦，针对《列子》一书涉及梦理论和梦寓言之处，来观察《列子》书中的梦理论与梦寓言。第四章《庄子》论梦，针对《庄子》一书涉及梦理论和梦寓言之处，做全面的审视与分析，其中又分别以"梦与不梦""蝴蝶梦""'非人'形象透过梦境表达意见""其他"等四个主题，来探讨《庄子》书中的梦理论和梦寓言。第五章《列子》与《庄子》论梦之比较，从"梦的产生""梦觉问题""叙述特征"等三个方面来比较《列子》与《庄子》书中所出现的梦理论和梦寓言。第六章结论，总结本论文的研究成果并进行研究探讨。

本书的研究发现，《列子》与《庄子》书中有关梦的论述，部分思想或内容相似，但深究之下，不免发现它们对梦的基本关注是不尽相同的。如《列子》主要是从冷静、理智的角度来分析梦的特性、梦觉问题等；而《庄子》则多偏重在梦觉问题的哲学思辨以及创造充满"物化"色彩的梦寓言。因此，可以说《列子》之论梦，主要贡献是建立了理论化与系统化的梦研究模式。其中对于梦因的多面性探讨，以现在的眼光看来，亦极具参考价值。至于《庄子》之论梦，最有价值之处，在于著者运用了文学虚构手法来创造不同的梦境情节，并借此表达了著者的思想情感，也使得人类对于梦的关注，从单纯的梦象意义探究，扩大深化了梦象描写艺术的文学殿堂。

本书的研究贡献有二：首先，本书提供了《庄子》与《列子》研究新的可能面向，扩大了两者的研究领域；其次，本书提供了对古典文献新的研究方法，可为模式。（郭正宜）

《列子》全集

《〈列子〉全集》，谷淑梅、安睿注译。北京：海潮出版社，2012年4月第

1版，16开，300千字，系"国学经典"之一种。

谷淑梅，除注译《列子》外，还参与注译《曾国藩文集精粹》等。

本书前有丛书总序，后为前言，著者认为《列子》有独特的天道自然观、辩证法思想、自然命运决定论，在贵虚、内观、生死、幻梦等问题上都有新意。著者认为唯物自然观和辩证的运动发展观是《列子》的精髓，显示出较强的唯物主义倾向。

本书袭用《列子》章节安排，以原篇名为篇名。每篇先为题解，阐释该篇题旨；原文分为若干部分，每段后均注释原文，其后为白话译文。全篇注解及译文后均有"解读"，和更为注重揭示全篇中心意旨的"题解"相比，"解读"更多的是解析全篇结构，并从宏观上把握每篇在《列子》全书中的地位，阐释哲学思想及其现实作用。"题解"后为"史鉴典例"，如第一章《天瑞》中引有愿者上钩、割发代首、物有本末、守株待兔、郑人买履、刚愎自用、防患未然诸篇，均为白话文配图，易于理解。

本书形式表现出追求通俗和传统的倾向。一是就文本语言而言，全文均较为通俗，注解部分以著者解释为主，殊少学术性很强的字词义辨析；"史鉴典例"部分引用的故事均为具有教育意义的小故事，能够丰富读者的传统文化知识，具有一定可读性，相比其他《列子》注译本，这是该书独特之处。二是就全书形式而言，前言后继之以若干页山水画；全书均由绿色、紫色、橙色这些彩色内页组成，每页辅以花边和列子形象；"译文"和"史鉴典例"处均附有大量插图。

本书某些译文参考了经典译本，但一些细处考虑不够；就全书而言，编者强调面向大众，其尝试有可贵之处，是国学大众传播浪潮的时代体现，而其通俗化与学术性之间的张力，也凸显了传统典籍走向大众时的固有困局。
（蔡觉敏）

列子原来这样说

《列子原来这样说》，姜正成编著。北京：中国华侨出版社，2012年6月第1版，16开，228千字，系"诸子如是说"之一种。

本书从八个方面分述了列子的思想：顺应自然之道、内外相应之巧术、物我两忘之修身、淡然生死之生死观、观行闻声之智慧、至言无言之口才、安时顺命之立命、虚虚实实之真假观，并认为顺应自然是这其中道家核心，唯其如此，方能齐物我、同死生，进而天人合一。目录篇中，著者于每一章下均归纳章旨，注意发明每章思想的当代意义，并附以若干小故事佐证。

在具体章节安排与内容上，本书打破了《列子》原章节顺序，依据提炼出的八个核心思想，将《列子》原书中章节不同而内在思想一致的故事组织为八章。每一个故事均先列"原典"即原文，但并不附加具体解释，而附"古句新解"即白话译文，再其后是"自我品评"，主要是著者自己对该故事道理的诠释及人们的当代理解与应用。

本书以普及《列子》为目标，不重训诂解释，而重在对思想的阐发与运用。这表现在几个方面：首先，著者不以《列子》原篇目顺序为顺序，而是以《列子》的核心思想为每章章旨，将其按照道家思想的内在逻辑重新排列。其次，本书在每一章内，也重在通其义理而不是小学训诂，但每一篇中各故事表现出内在一致性，译文畅达自然。再次，该书在"自我品评"中，表现出尊重原典基础上的著者主体性，如"盗与非盗"中，著者揭示了万物皆出于自然，看似万物拥有者的人类其实只是"盗"了而已，由此推出，现代人应该跳出狂妄而虚幻的成就感；著者在品评中自有活泼气象。最后，出入于古今中外的宏阔视野也是本文的特点，如第一章"天意难测"故事中以卢梭《爱弥尔》说明人的感情会冲击理性，第三章"呆若木鸡"故事中以日本现代电影《追捕》中的横路敬二来比喻说明得道之士的境界。

在原典释读基础上加入著者新知，将现代体悟以明白畅达的语言表达出来，这是国学传播中的一个大趋势，也是本书的特点；兼顾本体论的阐述与哲学的生活化，由《列子》引发对中西文化的思考，是该书的独特之处，对普通读者有非常好的启蒙和引领作用，对学术研究者也富有启发。另一方面，该书重于普及，略于考证，个人体悟多，可能出现"形象大于思想"，学术工作者当谨慎辨析。（蔡觉敏）

《列子》译注

《〈列子〉译注》，严北溟、严捷撰。上海：上海古籍出版社，2012年8月第1版，16开，174千字，系"国学原典精注全译"之一种。

严北溟（1907—1990），字渤候，湖南湘潭人。曾任《浙江潮》周刊主编，《浙江日报》社社长，光华大学、复旦大学等高校教授等。主要著作有《孔子的哲学思想》《儒道佛思想散论》《中国佛教哲学简史》等。

严捷，1952年生，上海人，严北溟之子。1987年于复旦大学中国哲学史专业毕业，1990年赴美留学后转入商界，发表学术论文如《论儒家道统的释义学特征及逻辑》《列子真伪及其思想价值平议》等数十篇。

严氏父子对列子其人其书考证周详，认为列子是战国时身居郑国的隐者，否定了《列子》一书是张湛伪作的传统说法，言而有据。一是《列子》不应为张湛伪作，因张湛之注多有不通，且与《列子》正文相左；二是《列子》一书文气贯通。这些内证颇为有力，也与当代其他学者见解相合。另一方面，著者认为，即令《列子》有伪，但伪中存真，仍可真实地体现学术思潮，因此仍有其价值，对《列子》之于学术史的意义，判断公允。

本书按照《列子》原书章节排序，每篇正文前做一说明以点明该篇主旨、结构和思想脉络，其后则为原文、注释和译文。

著者对《列子》思想的各个层面进行了从宏观到微观的深入分析，揭示了《列子》的独到哲学成就。严氏父子学识深厚，将《列子》思想置于学术史发展之流中，通过详实考证分析其对前人的吸纳和发展，见解有过人之处。著者一是分析了其与先秦哲学的关系，二是对《列子》思想传承擘肌分理，三是特别注重宏观着眼，揭示出《列子》思想的哲学史意义。

本书有相当高的水平，且独具特色。其一是著者在把握玄理发展精微之处的同时，又从文学角度观照和分析《列子》，因而其《列子》注释将对抽象哲理的阐述与对文本结构的分析相结合，通过著者的分析，寓言层见迭出如散落珠子的《列子》体现出其内在的一贯。其二是著者对《列子》的思想和概念的把握，既能够入乎众概念之内深入分析，又能够出概念之外，将《列子》中的具体思想概念之"点"置于整个中国文化思想史，对《列子》的思想意义予以全息展示。其三是著者对学术性与通俗性的有机把握，对思想的论述显示出严谨的学术素养，言必有据，在学术研究者中也得到肯定；其注释与译文则在"信"和"达"的基础上，出之以晓畅的白话文，普通读者也可读懂。（蔡觉敏）

杨朱、列子思想研究

《杨朱、列子思想研究》，李季林著。合肥：安徽人民出版社，2012年9月第1版，16开，220千字。

李季林，1964年生，中国哲学专业硕士，副研究员，现任职于安徽省社会科学院哲学所。

本书于前言之后分为五个部分。一，上篇：杨朱问答；二，下篇：列子问答；三，杨朱"为我"的人生哲学；四，《列子》的哲学思想；五，附录。其中一列举关于杨朱哲学思想的34个问题，并就这些问题给出解答；二列举《列子》著者、《列子》真伪、《列子》各篇章主要内容、列子哲学思想等50个问题，并就这些问题做出解答；三对于杨朱的身世、思想、学派及《杨子》一书是否存在等问题进行了讨论，对杨朱学说及其沉寂的原因进行了分析，并总结了杨朱张扬主体思想的现代意义。

杨朱、列子是极为重要的道家人物，他们的思想对道家和道教都产生了深刻的影响。然而历来研究老庄者众多，而杨朱、列子哲学思想的研究则相对薄弱。所以，本书是道教哲学思想研究方面有意义的探索。著者认为《列子》主体当成于先秦，在刘向、张湛整理、校订时可能渗入汉、魏晋时期的文字和思想，但不影响其作为一部重要的道家哲学著作的价值。著者猜测可能存在过的《杨子》或《杨朱》一书亡佚于秦末汉初，现今所见有关杨朱的言论和思想，除在《孟子》《庄子》《荀子》《韩非子》《吕氏春秋》《淮南子》等先秦著作存有些许以外，在《列子》中保存了较多关于杨朱的思想和学说，并且有所发展。著者还认为，《列子·杨朱》篇当也成于魏晋时期，不排除其中含有先秦杨朱思想的片言、残章。著者即是以此类文献为基础对列子和杨朱哲学思想展开研究工作的。

本书以先秦诸子著作中所保存的杨朱思想为题材，试图对杨朱、列子哲学思想进行较为系统而全面的研究。著者从自生自华的自然观、"贵虚"的人生境界、寓言的哲学意义和科学价值等几个方面，论述《列子》的哲学思想。同时，分析杨朱"为我"的人生哲学，阐述杨朱学说沉寂的原因、杨朱张扬主体思想的现代意义等问题。著者的研究建立在前人成果之上，其成果具有一定创新意义。只是本书在编写体例上显得不尽统一：其一、二两部分采用问答短文形式，其中体现着著者的学术研究和思考；三为独篇研究论文性质；四中既有学术性内容，还包含有《列子》寓言故事的白话翻译等内容。附录部分收录的关于杨朱、《列子》研究的主要论文和论著较为全面，为其他学者做进一步研究提供了文献查阅的便利。（李铁华）

列子臆说

《列子臆说》，南怀瑾著。北京：东方出版社，2012年12月版，精装，16开，635千字。

南怀瑾简介详见《中国道教发展史略述》提要。

《列子臆说》共三册，上册篇首有"编者有话"，东方出版社对本书的独到之处予以说明。上册目录后有出版说明，为刘雨虹2010年5月作于庙港，介绍了该书的成书过程；下册后附有"东方出版社南怀瑾作品"。在每一分册中，各有分册目录，其中上册为第一讲至第二十五讲，讲《说符》和《杨朱》；中册为第二十六讲至第五十五讲，讲《力命》《汤问》《仲尼》；下册为第五十六讲至第八十讲，讲《周穆王》《黄帝》《天瑞》篇，并有续补即《天瑞》后半部。每一讲中再有若干分论点，此外，对一段文本的解析，如上一讲没讲完，则可能会跨至下一讲。文本遵循演讲时的顺序，先出以原文，然后出之以著者对原文本的释读，没有对字词的理解，主要为在逐句疏通文章的基础上阐发道理。

本书系对讲座的整理，故与以往着重于注解或者书面阐释《列子》思想的书有所不同。首先，本书从读者接受的角度出发，没有从以道家宇宙观为主而难于理解的《天瑞》篇开始，而是由最后一篇《说符》篇开始，采用倒叙形式，阐发著者对道家学术及观念的认识，同时贯穿了著者自身对生死、时势、名利、富贵等的认识，表现出著者的人文关怀和强烈的个性色彩。其次，全书体量非常大，知识面广。再次，纵横捭阖，出入东西文化，表现出宏阔的视野，并参之以现代心理学等研究成果，在一定程度上，也可使科研工作者了解道家的海外研究与接受，对道家思想研究有所启发。再次，本书以讲座为底本，语言风格与讲座相应，不以严谨见长，而以活泼为胜，偶有逸闻逸事，一经叙说，妙趣横生。

本书不以学术性见长，但以包容广泛、融通中西、与现代生活紧密相结合为要。以此，在《列子》通俗文本中影响极大，也能供道家道教研究者以参考。（蔡觉敏）

杨朱

《杨朱》，陆懋德撰。北京：国家图书馆出版社，2013年12月第1版，系方勇主编《子藏·道家部·列子卷》之一种，据1923年京华印书局排印本《周秦哲学史》收录。

陆懋德，（1888—1961），字咏沂，山东历城人。少时师从姚永朴，1911年赴美留学。回国后曾在北平法政专门学校、清华学校、北京大学、西北联合大学等校执教。中华人民共和国成立后，任教北京师范大学。陆懋德曾参与筹办清华学校历史系，首次提出"甲骨文"一词，并为学界接受，其为学所涉领域众多，在教育学、法学、哲学、史学方面均有建树，一生著述颇丰，主要有《甲骨文之历史及其价值》《史学方法大纲》《中国上古史》等。

该书为《周秦哲学史》第四章《道家哲学上》中"杨朱"一节。《周秦哲学史》本为著者在清华学校教授周秦哲学史课程时所用讲义。书首有自序，书末附有《周秦哲学书目考》及参考书目，正文共分十一章，首谈"哲学史概论"，次析"周秦哲学之考原"，再论"周秦哲学之兴起"，之后七章分论道、儒、墨、名、法五家哲学，篇幅不一，道儒二家各有两章，余下三家仅各有一章，第十一章为"周秦哲学补遗"。

《杨朱》一节见于第四章，紧接《李耳》，正文分"事略""为我""厌世""养生""名实""自足"六部分，中有双列小字夹注。著者将杨子"为我说"与西方个人主义相连。他认为弱者放弃自身权利实为致乱主因，"为我主义"反同西方"人人自由而以不侵他人自由为限"的思想暗合。杨子视人生苦多乐少，贵贱贤愚之分，至死方尽，足见其思想本质是厌世的。"养生"部分，著者重在强调杨子"贵我"关键在"不违自然"，并非纵欲一类，这与希腊伊壁鸠鲁派哲学相近，而纵欲之患亦与伊壁鸠鲁派末流相近。"名实"部分，著者着重梳理杨子与老子对待名实问题的差异，杨子认为人因不愿"失实"，有时反不能"去名"，唯有名实不能两兼时，才要坚决"去名"，不可反之，"顾名失实"。"自足"则是阐发杨子思想如何能由"为我"之极返归"无我"之境，其要在"有所满于中"而"无所求于外"，能够自"己身非我有"推至"他物尚欲公"，著者认为这点正是杨子精旨，而世人多有不知。

整体而言，著者解《杨朱》特色鲜明，首先一反俗论，一一驳斥自私、纵欲、极端利己等观点；其次援引西方思想，将杨朱思想与西方个人主义、自由主义相比较，别开生面；再次，其谋篇布局似有深意，从解"为我"到"自足"不啻于杨朱学说之修习次第心法。（亓尹）

论杨朱

《论杨朱》，唐钺著。北京：国家图书馆出版社，2013年12月第1版，系方勇主编《子藏·道家部·列子卷》之一种，据1926年上海商务印书馆排印《国故新探》本收录。

唐钺（1891—1987），字擘黄，原名柏凡，福建闽侯人。曾任清华大学、北京大学心理系教授。唐钺是中国心理学的奠基人之一，著有《西方心理学史大纲》《国故新探》《教育大辞典》等，译有《西方心理学家文选》《功用主义》《道德形上学探本》等。

《国故新探》分为三卷，第一卷关于文学，第二卷关于音韵学和训诂学，第三卷关于诸子学及史学。《论杨朱》是第三卷的第一篇文章，又分为四卷。卷一《杨朱考》认为，《列子》虽有《杨朱》篇，但这部书却是魏晋时期的伪书，未必能代表先秦时的杨朱。针对后人将《庄子》中的阳子居与杨朱混为一谈，著者认为阳子居并不是杨朱，阳子居是老聃的弟子，与杨朱并没有关系，并且阳子居与"为我"主义及《庄子》所指坚白同异论都毫无关系。日本有学者将杨朱与庄周认为是同一人，蔡元培也赞同此观点，而著者却对此进行了批判。针对蔡元培指出的古音"庄"与"杨"相同，著者指出"音"虽同而"韵"异，仅仅以声近来判断两个名字是否为一个人是极危险的。尽管庄周和杨朱在"贵己"命题中的态度有相似的地方，但是却不能断定庄周是杨朱，庄周的思想要比杨朱更为丰富。著者在卷二中针对《杨朱考》中的一些问题进行讨论解释。卷三郑宾于的《杨朱传略》针对著者在《杨朱考》

中的观点提出自己的反对意见。卷四则是著者对郑宾于的回应。著者认为，晋人还对阳子居、杨朱是否为同一人存疑，到唐以后才混合他们为一体。郑宾于赞成崔述之说，将道德、名、法都视为杨朱的学说，著者持相反的意见。著者认为，崔述私淑孟轲，痛恶杨墨，将儒家以外的"邪说"都归诸杨墨，但因为墨家有书，不好随便周纳，便把一切归为杨朱之罪。

总而言之，《论杨朱》从古籍出发，对杨朱的乡里、思想、学派等方面进行讨论，是一篇研究杨朱思想的短而精深的文章。（赵怡然）

杨朱

《杨朱》，刘咸炘著。北京：国家图书馆出版社，2013年12月第1版，系方勇主编《子藏·道家部·列子卷》之一种，据1927年尚友书塾刊《推十书·子疏》本收录。

刘咸炘简介详见《庄子释滞》提要。

本书为《推十书》乙辑（知言）《子疏定本》卷部分内容。著者认为，《庄子》中的阳子居即杨朱。针对《列子》书的真伪问题，刘氏以为《列子》书不尽伪，仅《杨朱》《力命》《说符》三篇非伪。杨朱的"为我"思想，轻视人伦，视"名器""礼文"为虚文，从心而动，不违背自然。在养生思想方面，杨朱只求乐生逸身，不求长生不死。如果人人能够各美其所美，那么天下就会大治。杨朱提倡不必以"忠"事君，以"义"利物，这与孟子主张的充塞仁义相背，故被孟子所批判。

杨朱思想虽然少见于古籍之中，著者却引经据典地进行分析。本书用文言文写成，短而精炼，对杨朱思想的解释简而易懂。（赵怡然）

杨子哲学

《杨子哲学》，蒋维乔编。北京：国家图书馆出版社，2013年12月第1版，系方勇主编《子藏·道家部·列子卷》之一种，据1928年上海商务印书馆排印《杨墨哲学》本收录。

蒋维乔（1873—1958），字竹庄，自号因是子，江苏武进人。曾任江苏省教育厅厅长、上海光华大学文学院院长等职。代表作品有《心理学讲义》《中国近三百年哲学史》《中国佛教史》等。

本书为《杨墨哲学》上篇内容。《杨墨哲学》分上、下两编，上编是《杨子哲学》，下编为《墨子哲学》。上编分为两章，第一章发端，包括杨子的事迹、年代、遗著、交友等；第二章杨朱之学说，列举了杨朱"利己主义""快乐主义""名实论""贵生论"思想。最后，附有古今利己学说之比较，包括杨朱与古希腊亚里斯提卜、伊壁鸠鲁学派以及与日本天则博士之爱己说的比较。

著者依据日本学者高濑武次郎的《杨墨哲学》为本，编订此书。因为高濑之书虽名为《杨墨哲学》，却有崇儒而黜杨墨的主观意见，著者据此补缺正误，用客观的眼光来对杨朱思想进行哲学上的批评而不受原书的约束。

著者认为，杨子受学于老子之道，自成一家。在"杨朱与列御寇"一节中，认为列子是自著书，是师承列子者搜集其遗言成为一书，因杨朱与列子为同一学派，将《杨朱篇》收入列子。杨朱忧于当时有为名利而害及身命的现象，主张非名贵实。杨子的快乐主义受老子恬淡、抱朴思想影响，针对世儒矜持礼教而不知其本、限于克己的现象，他主张自然快乐主义来保全天真。由于当时社会动摇，人心不安，世人用命定说来自慰，但是杨朱据此来推富贵贫穷以及是非顺逆等都无所容及心间，希望人们超脱于此，以全心性之真。在墨家学说与杨朱学说的比较方面，主张墨氏注重爱他利他，而杨氏则是爱己利己。

总而言之，本书篇幅虽小，但却从《孟子》《庄子》《列子》中的杨朱遗作出发，涉及杨朱思想的各个方面。（赵怡然）

杨子

《杨子》，钟泰撰。北京：国家图书馆出版社，2013年12月第1版，系方勇主编《子藏·道家部·列子卷》之一种，据1929年上海商务印书馆排印《中国哲学史》本收录。

钟泰简介详见《庄子发微》提要。

　　本书为《中国哲学史（上卷）》第一编"上古哲学史"第六章。《中国哲学史》分为上、下两卷，略分四期。上古史自有史以来迄秦，中古史自汉迄唐，近古史是自宋到明，清为近代史。《杨子》篇幅很短，只有四页。著者在《杨子》篇的开头就讨论杨朱之学的出处。认为杨朱与阳子居乃是同一人，杨朱之学出于老子，并引用杨朱弟子孟孙阳与墨子弟子禽滑釐的话为据。著者简明地从"为我""养生""论生死""论名实"等四个方面来说明杨朱思想。杨朱的"为我"并不只是简单的为我，也包括"正务"来夺"侵凌之失"的内容。杨朱惋惜于世人被名利所束缚而不得见自性，他认为生死、贤愚、贵贱等并没有什么区别，希望人我之间各守其分不相侵害。

　　总而言之，著者用文言文来写这篇文章，并在阐释过程中尽量避免用西方的术语及理论，较为系统地用"以中释中"方式阐明了杨朱的思想。（赵怡然）

杨朱

　　《杨朱》，陈此生著。北京：国家图书馆出版社，2013年12月第1版，系方勇主编《子藏·道家部·列子卷》之一种，据1930年上海商务印书馆排印本收录。

　　陈此生（1900—1981），广西贵县（今贵港市）人，出生于广东佛山。黄埔海军学校肄业。1920年复旦大学肄业，后留学日本。历任广东大学、中山大学、广西大学、香港达德学院讲师、教授、教务主任。主要著作有《西洋近五十年史》《陈此生诗文选》等。

　　本书收入王云五主编《万有文库》第一集，凡六章：第一章为总论，阐述了《杨朱》篇产生的时间，杨朱所处的年代、环境、学说渊源，与庄子、老子等的关系，先秦诸子对他的批评等。第二到第五章依次阐述杨朱的根本思想、人生哲学、名实论、政治思想等。第六章总结杨朱思想，并指出杨朱思想灭绝的原因。书末还附上了《杨朱言行集》。

　　《列子》一书是否为伪书是民国时期乃至现在的学术界都在讨论的问题，著者在本书的开头就提出暂且撇开这个问题，而是只针对《杨朱篇》提出了自己的看法。著者指出，《列子》的各篇文章十有八九是东拼西凑的，只有《杨朱篇》不是，并且此篇的思想是前代一种独立的书。针对《杨朱篇》产生的年代，著者引用胡适和梁启超等的见解，并结合《淮南子》《吕氏春秋》等原文，认为：《杨朱篇》是孟子稍后、李斯稍前的作品，并不是晋时人的伪造，也早于刘向，可以代表杨朱思想。杨朱的"为我"思想是自爱的、自重的、自立的、合理的行为，而不是单纯的损人利己的行为，杨朱的"为我"是和他反对侵物相联系的。因为杨朱的思想带有"无政府主义"色彩，认为只是一味地劝统治者行仁政、息争夺无异于对牛弹琴，他强调极端的个人主义，不受政府的支配，这与儒家主张的君臣大义、墨家主张的"尚同"不一致，侵害了统治者的利益，所以渐渐泯灭。

杨朱思想存留于世的很少，本书虽不足百页，却完整阐述了杨朱的思想，是一篇研究杨朱的佳作。但是，本书的某些推论是存疑的，如不能因为《杨朱篇》很少或没有抄袭古籍而断定此篇本来就是独立的，这似乎不符合逻辑。（赵怡然）

杨朱

《杨朱》，即《先秦学术概论》下编第一章第四节之内容，吕思勉著。北京：国家图书馆出版社，2013年12月第1版，系方勇主编《子藏·道家部·列子卷》之一种，据1933年排印《先秦学术概论》本收录。

吕思勉（1884—1957），字诚之，江苏常州人。幼年时期由父母授以史部著作。1905至1925年，曾在常州溪山两级小学堂、苏州东吴大学、南通国文专修馆、沈阳高等师范学校、沪江大学等校任教，期间还任上海书局编辑、上海商务印书馆编辑。1926至1942年，任教于光华大学国文系，后任历史系主任、教授。抗战期间，归乡闭户著书。抗战胜利后，重返光华大学。1951年以校董任代理校长。同年，随光华大学并入华东师大，在华东师大历史系任教。主要著作有《白话本国史》《秦汉史》《吕思勉读史札记》《吕著中国近代史》等。他与钱穆、陈垣、陈寅恪一同被严耕望称为"现代四大史学家"。

著者认为先秦诸子中散见的杨朱事迹，大多与其学说无关，唯有《孟子》中说的"杨子取为我，拔一毛而利天下，不为也"，才是杨朱学说的真正内容。不过，杨朱"为我"之说，以哲学的角度思考是甚深微妙的，不能以肤浅的自私自利思想来看待。对于《列子·杨朱》篇里讲述的杨子学说，世之学者或信之或疑之，著者认为这两种看法都不尽正确。他认为杨朱之学原出道家，道家中养生之论的本质，实际上与儒家修齐治平、一以贯之之理相通。因为道教思想中，天下国家，与身是异位同本的。道教养生思想，虽重自身，但终极目标还是治天下。杨朱之学说，即万物各当其位之说，原与儒家相通，只不过在发展过程中，衍生出狭义的为我与颓废之思想，这不能看作杨朱思想之本质。著者还认为就《杨朱》篇的具体内容来说，也是真伪参半，可能是有人剽取先秦古籍，加入自己的思想润色而成的。

著者《杨朱》一节之内容，写作于20世纪30年代，虽然篇幅不是太长，但他结合老庄、淮南等诸子及儒家思想分析，并联系当时世界之大势论述，所述颇为深刻入理。（李铁华）

杨朱

《杨朱》，即《先秦学术思想史》第二编第一章第四节之内容，王德箴著。北京：国家图书馆出版社，2013年12月第1版，系方勇主编《子藏·道家部·列子卷》之一种，据1935年美吉印刷社排印《先秦学术思想史》本收录。

王德箴，1912年生，江苏萧县（今属安徽）人。1937年赴美学习，获硕士学位。1940年回国，在宋美龄办的保育院任理事，1941年任教于广西大学，1943年赴重庆任三民主义青年团女青年处文化组组长，并主编《女青年》半月刊。抗战胜利后任政治大学教授、江苏省临时参议会参议员等。1949年赴台，任东吴大学教授。著作有《德箴文存》《中国文化大纲》（英文），译注有《唐人小说》等。

著者将《杨朱》一文列于《先秦学术思想史》之“道家”章，其内容分为两部分：一、杨朱考略；二、杨朱之学术思想。在“杨朱考略”中，王德箴对于杨朱为何年代的人物，给出了两种不同的说法。一是根据《列子》《庄子》书中所记列子曾受教于老子，故断杨朱为老聃弟子；二是根据张湛所注《列子·杨朱》篇，谓杨朱是战国时人，在墨子之后。这两种说法相去百余年，实在难以确定哪种才是正确的。著者认为《列子·杨朱》篇之内容，可能最初为杨朱所作，但因逢乱世而散乱，后人搜集整理后合于《列子》书中。《列子》其他诸篇中也多有杨朱之学说，那么杨朱也可能是和列子同时期的人物。在“杨朱之学术思想”部分，著者认为杨朱之学“以去名为本”，其“贵己”

思想最易被人误解。其实，杨朱既重贵己之"我"，亦尊他人之"我"，提倡的是个人和他人之权利都不应被侵犯。杨朱还倡导人生不应竞一时之虚名，死后之余荣，只有"去名"才能"顺性""乐生"而合于"自然"。当一切归于自然，则是非得失荣辱无需计较，因为这些都是因为"好名"而生，去名方能得实。所以，"实无名，名无实。名者伪而已矣"是杨朱学术之大旨。

著者之《杨朱》一文作为其《先秦学术思想史》中的内容，篇幅虽然不长，但却能对杨朱其人和思想从宏观进行认识与把握。（李铁华）

杨朱之消耗论

《杨朱之消耗论》，唐庆增著。北京：国家图书馆出版社，2013年12月第1版，系方勇主编《子藏·道家部·列子卷》之一种，据1936年上海商务印书馆排印《中国经济思想史》本收录。

唐庆增（1902—1972），字叔高，江苏太仓人。1920年留学美国，1925年回国，加入中国经济学社、中华学艺社，曾任交通大学、暨南大学、浙江大学等校经济学教授、系主任等职。中华人民共和国成立后，任复旦大学经济系教授。唐庆增较早从事中外经济思想史研究，对政治经济学、银行学也颇有建树。主要著作有《经济学原理》《中国经济思想史》《唐庆增经济论文集》等。

本书为《中国经济思想史（上卷）》第四编"道家"第三章。《中国经济思想史》仅有上卷，中下卷未续。书首有马寅初序、赵人俊序、李权时序、自序四种，书末附录《关于中国上古经济思想史之书籍与短篇著作》一文。全书共分十编，其下再分二至六章不等，除首尾"绪论""结论"外，余下八编分论老孔以前、儒家、道家、墨家、法家、农家及其他各家、政治家与商人、史书之经济思想。

本书位列"道家"编第三章，该章未分节，仅设"杨朱小传""为我""乐生""思想上之缺憾"四段，正文中有双列小字夹注。"杨朱小传"部分以《孟子·滕文公》之记述，认为杨朱与孟子约略同时，并归纳杨朱之经济思想主要有"为我""乐生"两面，后文分而叙之。著者认为杨朱思想渊源自老子，"为我"主义是老子无为思想的极端扩充。其中，"存我为贵"反映了极端的利己主义；"侵物为贱"则是明确地反对经济活动以免束缚自由。其"乐生"思想却是与老子思想"各趋极端"，杨朱纵欲，老子绝欲，乃如针锋相对。"思想上之缺憾"部分则总结杨朱经济思想中三种内在矛盾，包括既推崇人应满足居味服色的欲望，但又不应求财货以自苦的矛盾；要求人应超脱社会但又需满足自我欲望的矛盾；既倡导侵物为贱、不可侵物又强调人应资物以为养的矛盾。总体而论，著者认为杨朱思想负面影响极大，诸如六朝"好酒玩琴，蔑视习俗"的社会风尚皆为杨朱思想之流毒。

本书成文正值我国近现代经济学术体系形成的重要时期，其意义重在创新研究方法，促成我国经济学术转型。著者对杨朱乃至道家经济思想整体持批评态度，对其合理乃至进步之处鲜有讨论。（亓尹）

杨子的思想及教育说

《杨子的思想及教育说》，马宗荣著。北京：国家图书馆出版社，2013年12月第1版，系方勇主编《子藏·道家部·列子卷》之一种，据1942年贵阳交通书局排印《中国古代教育史》本收录。

马宗荣（1896—1944），字继华，贵州贵阳人。1918年赴日留学，获东京帝国大学文科学士学位。1929年归国，曾任上海市教育局督学、大夏大学图书馆长等职，在大夏大学、暨南大学、浙江大学等校任教。1941年，出任贵阳文通书局编辑所所长，主编《大学丛书》《大教育家文库》，使贵阳文通书局成为全国七大书局之一，后赴重庆筹备中央民众教育馆并担任馆长，不久病逝。著作有《现代图书馆经营论》《社会事业与社会行政》《社会教育入门》等。

本书为《中国古代教育史》第三章第十节。《中国古代教育史》书首有自序，全书正文共分三章。依著者"绪说"，其所谓"中国古代教育史"主要分为两部分：上古教育与周代教育。从分章而言，首章专论上古教育，余下二章专论周代教育。其中，第三章专门讨论周代诸家教育思想，共分十二节，除首节总论周代的思想与教育思想外，后文依次讨论孔子、曾子、子思、孟子、荀子、老子、庄子、墨子、杨子、管子、韩非子的教育思想。各节论述体例近似，除孔子与庄子有额外题目外，十一家总体皆按照"生活小史""根本思想""教育说"分篇布局。

"杨子的思想及教育说"在第十节，无额外讨论，仅按"生活小史""根本思想""教育说"分为三专题。著者认为杨子的根本思想是基于宿命论厌世观的快乐主义、为我主义，其学说颇能投合当时人心，故风靡一时，但因无著述，不及墨家之盛。其后，著者从快乐说入手，推演杨子的教育思想，他认为从伦理学观点来看，杨子追求的快乐是肉体的快乐，即以追求感觉的快乐为人生的目的。以此为标准，杨子推崇以桀纣这种过放纵生活的人作为教育的理想人物，而尧舜禹汤这般儒家推崇的形象则是违反人生目的的愚笨人物。因之，杨子眼中，儒家教育本质是无意义且不必要的。扩而言之，反对追求肉体快乐的教育必须被否定。杨子的观点对教育与世道人心都有反逆的意义，有不少坏影响，但其生发却源于社会自然形势所激起的反动，从这点上来说，杨子之说自有一定的合理性，其一时的风行也可以理解。

因著者原本只着意探讨杨朱在教育思想上的一个切面，故涉及杨朱思想的材料罗列并不十分完备，仅拣选论说教育观尤其快乐说的言论为主，至于其结论是否持平公正，见仁见智。（亓尹）

杨朱的著作及其学派考

《杨朱的著作及其学派考》，孙道昇撰。北京：国家图书馆出版社，2013年12月第1版，系方勇主编《子藏·道家部·列子卷》之一种，据民国排印本收录。

孙道昇（1908—1955），亦名等高，字思管，河南武陟人。清华大学哲学系毕业，先后于北平师范大学、河北省立女子师范学院、东北大学、贵州大学、西北大学等校任教，曾任《晨报社·思辩画刊》编辑、汉口市政府秘书、陕西教育厅编审室编审主任等职。中华人民共和国成立后，继续在高校从事教学及科研工作。孙道昇除哲学研究外，其所创"心电感应论"也曾得到广泛传播。主要著作有《矛盾律与辩证法》《五十年来之中国哲学》等。

本书正文共分八节，首末分别为绪论、结论，中间六节依次讨论"杨朱""告子""巫马子""其他的杨朱后学""公孙龙""杨朱的思想之影响"。绪论中，著者一一反驳否认杨朱存在、杨朱实有但地位轻微、杨朱为道家一支、杨朱仅为顺世高士等观点，提出杨朱实有且与儒墨同列先秦显学的主张。"杨朱"一节旨在提炼杨朱思想体系，大体先考杨朱传略，次证《墨子》大小取为杨朱残篇，终论杨朱思想。结论是，杨朱思想中消极方面在反儒墨，积极方面在提出伦理的"为我主义"与论理的"离坚白论"。其后"告子"至"公孙龙"四节分论告子属杨朱学派论理派；巫马子属杨朱学派伦理派；孟季子、子华子、詹何、魏牟、田巴等皆为杨朱后学，但派别归属不一；公孙龙、桓团、綦毋子皆为杨朱后学。"杨朱的思想之影响"一节论述儒道法等诸家对杨朱的扬弃，分析儒（孟荀）、法、道（老庄）、杂家（《吕览》《淮南子》）所受杨朱思想之影响，认为自孟子以降，诸子全受杨朱影响，各有承继。

　　总之，著者推崇杨朱，认为"否认天志"与"发现自我"为其哲学的贡献与价值所在，可谓宗教哲学与理智哲学的分水岭，实超过孔墨，必然位列先秦显学之一；唯其弊在"蔽于我而不知人""有见于取无见于与"，杨朱之"为我"，太违人情，是"以生人之道而至死人之理"，其哲学之早亡，症结在此。从杨朱贡献之大、后学之众、影响之广而言，荀子韩非所为可原，然史迁班固所记欠周。因之，著者呼吁后世哲学史家应引为镜鉴，理应重新肯定杨朱之重要，恢复杨朱应有之地位。

　　本书作为专论杨朱及其学派的专著，对杨子研究意义重大，行文条理分明、逻辑谨严，尤其论证诸节，先说明论证思路，再罗列论据材料、详加辨析，最后撮要作结，井然有序。文中常配有图表佐助说理，尤其注重利用文氏图，加之引入西方哲学分析范式，相较只重文字的传统论证，更为清晰晓畅。（亓尹）

鬼谷子研究

　　《鬼谷子研究》，萧登福著。台北：文津出版社，1984年10月版；2016年修订第2版，32开。

　　萧登福简介详见《周秦两汉早期道教》提要。

　　鬼谷子是苏秦、张仪的老师，也是纵横家的开山祖。苏、张二人承袭了鬼谷子的论辩术，并加以发扬光大。著者认为二人所提倡的合纵、连横策略，也可能是源自于鬼谷子的思想。纵横家们用以游说的理论技巧，今日仍可由《鬼谷子》一书中窥探出端倪来。

著者研究指出，纵横家的优点在于能"权事制宜，受命不受辞"，崇尚的是权谋策略，言谈辩论。缺点是易流于诡辞而无诚信，此为世人所常诟病。张仪的欺诈楚怀王、苏秦的诳诞齐愍王，皆是显例。如以道德标准来衡量说客，当然会斥责其诚信及无固定立场。但今日国际纷争世界里，国与国之间的交往，并非完全建立在仁义道德上，为自己国家争取最大利益，采取弹性外交，已是今日世界之趋势。

著者衡诸国与国之间的接触，标榜最重要者在军事与外交。军事方面，《孙子兵法》可为用兵之典则；外交方面，则《鬼谷子》一书应奉为谋国之圭臬。学习纵横之术时，要由《鬼谷子》来探讨理论外，也应由《战国策》来考察当时策士的实际运用情形，将理论与实际配合。且学纵横之术旨在"译二国之情，弭战争之患"，不应以掉三寸之舌来干取富贵。这就是子贡能受尊崇，而苏、张遭受非议的原因了。

鬼谷子纵横之术历代皆有人研习。战国时期除苏、张之外，公孙衍、范雎等人，皆以寸舌致富贵。两汉时企慕者众，六朝时重清谈论辩，注释者多。唐宋至清，历代都有研讨注论者。

著者考察《鬼谷子》的版本，常见者有《道藏》本及嘉庆十年（1805）江都秦氏刊本。嘉庆本系依据钱遵王述古堂旧抄本而来，钱本则系据宋本而传录者，远较道藏本为佳。后来得到了卢抱经邮寄给他的钱遵王抄本，在钱本与道藏本相互雠校下，发现了道藏本讹误脱漏甚多，甚至一篇中正文注文有脱去四百多字者（《内揵》篇），因此秦氏再以钱本为底本，重加勘校，并于嘉庆十年刊行于世。由于秦氏的刊行，而钱本也才大为世人所重。本书下编译注所依据的本子，即是此本，并以其他本子加以雠校，包括：明嘉靖乙巳蓝格抄本、清乾隆五十四年（1789）江都秦氏刊本、《道藏》本、《四部丛刊》本、《太平广记》本等，期使《鬼谷子》一书能复其旧貌。

本书除序言外，分为上下两编：上编为"鬼谷子研究"，为前已发表于杂志的四篇论文，依次为《鬼谷子其人及其作品》《鬼谷子真伪考》《鬼谷子诸篇要义初探》《鬼谷子纵横术之探讨》，文中对《鬼谷子》一书的真伪问题、版本源流、鬼谷子纵横学说的理论及后人对《鬼谷子》一书之评价等均有所探讨，期以明其人，明其书。下编为"鬼谷子译注"，有校雠、注释及白话翻译，力求其浅易明白。（林翠凤）

文子菁华录

　　《文子菁华录》，张之纯编纂。北京：国家图书馆出版社，2013年12月第
1版，系方勇主编《子藏·道家部·文子卷》之一种，据1918年上海商务印
书馆排印《评注诸子菁华录》本收录。

　　张之纯，字尔常，一字二敞，号痴山，光绪庚子恩贡，曾任安徽直隶州
州判。其著述丰富，有《叔苴吟》《听鼓闲吟》《中学校用共和国教科书文字
源流》等书。其所编纂之《评注诸子菁华录》共计两册，第一册收诸子28种，
第二册收诸子18种。

　　本书为《评注诸子菁华录》卷八之"文子"篇，是编者对《文子》中之
"菁华"部分予以注释。从本书的内容来看，"菁华"即编者认为属《文子》
本文中之"菁华"：最能体现文子的哲学思想，且属《文子》白文的部分。从
形式上看，编者选注之《文子》白文，在每一段的开头都有"老子曰"三字，
可见编者相信所选取的这部分白文，即使不全属于老子曾经说过的话，或不
见于今本之《老子》，也当属文子转引或意引、意解老子之哲学思想、观念的
文字。从这里可以看出，编者并不是简单地把《文子》斥之为伪书，而是认
为其中实在包含有文子的原文和哲学思想且值得发扬之处。

　　本书目次如下：道原、精诚、十守、守清、守静、守朴、符言、道德、
上德、微明、自然、下德、上仁、上义、上礼。相较于通行本《文子》十二
篇之篇目，这里多出"守清、守静、守朴"，这是把"十守"下面的内容分三
个层次析出而为之，其目次之题名也合于《老子》思想之本意。这说明编者
内心是把《文子》看成为《老子》思想之注解的。

　　本书除按目次精挑《文子》中的白文之外，还对这些白文加以注释，主
要包括注音、注义、明旨三个部分。其在《微明》篇，除选取《文子》白文
部分之外，还选取了《文子》旧注中的部分文字加以注释。

　　书题"评注"，也当有编者评注的文字，这部分文字并不在正文行列之
间，而是题注印行于页眉处，类似于常人于书之上首所记之笔记。从编者所
评注之内容来看，专以归纳、概括所选《文子》白文之意旨为主，言简而意
赅，多有创新之见。（蒋朝君）

文子书

　　《文子书》，刘咸炘著。北京：国家图书馆出版社，2013年12月第1版，系方勇主编《子藏·道家部·文子卷》之一种，据1927年尚友书塾刊《推十疏·子疏》本收录。

　　刘咸炘简介详见《庄子释滞》提要。

　　本书为《推十书》乙辑（知言）《子疏定本》部分内容。大旨如下：

　　一、考文子其人之本然。他认同江瑔的观点，"江瑔辨计然、文子非一人，甚是"。历史上通常关于文子的看法是，姓辛，号计然。而著者认为文子乃是春秋末期楚国之文种，由于汉代历史学家班固的误读，导致后世对文子之误解。故著者采江瑔之说，"以文种、计然为一人，亦似可信。特著（文中误为"诸"）书言：计然，葵邱濮上人，非楚人不可合也"。

　　二、略言《文子》十二题。著者于此篇中列《文子》十二篇之名称，有些或附三五字以为解释，分别为：《原道》《精诚》《十守》，注曰：各段分属十题而义无别；《符言》，注曰："符"即精诚之意；《道德》，注曰：言王道；《上德》，注曰：短章喻言，又杂采诸子；《微言》，注曰：言甚微；《自然》，注曰：义杂；《下德》《上仁》《上义》《上礼》，注曰：均言治道。

　　三、考《文子》之书为伪。著者针对世所流传之《文子》，认为"然考其书，盖驳书也，其浑而类者少，窃取他书以合之者多"。他认为《文子》的内容多剽窃取自与孟子同时代的诸子思想。《文子》一书最主要是杂采取自汉代之《淮南子》。著者引陶方琦的说法，"是魏晋以后人剽窃《淮南书》而成"，"所引《道德经》语皆不外《淮南》所援，又用《淮南》文颠倒割裂，自相矛盾"。其后著者即阐述《文子》剽窃杂取《淮南子》的具体例证。"要之，全取材于《淮南》中，不无《文子》旧说，然依传成书与《淮南》词异者第十之一"。

　　四、《文子》书之可取处。尽管《文子》一书为后人所杂合之伪书，但其阐释老子《道德经》之意，仍有可取之处。故著者说："其义多纯正，详于仁义，无权诈之说。以自然为顺性守义，以无为为正己。"柳宗元认为《文子》书观点自相矛盾，但是著者认为"然纯美者多《精诚》一篇，义似在《中庸》，尤可谓善述老子，以申五千言，远胜庄周"。故他认为《文子》虽是伪书，亦不乏其价值，"虽伪本亦录而论之"。

须注意的是，此篇或刻印粗疏，别字不少，读时当斟酌其意。（李怀宗）

《文子》考补证

《〈文子〉考补证》，黄云眉著。北京：国家图书馆出版社，2013年12月第1版，系方勇主编《子藏·道家部·文子卷》之一种，据1932年金陵大学中国文化研究所排印《古今伪书考补证》本收录。

黄云眉简介详见《〈鹖子〉考补证》提要。

本书是《古今伪书考补证》中的一篇，其对《文子》所做之补证有如下特点：

一、引证翔实。该篇虽然文字不多，但引证十分详尽细致。计引用典籍有：《黄氏日抄》《汉志》《唐志》《汉书·货殖传》《笔丛》《史记》《孔丛》等。对于历史上对有关《文子》的注疏、评论，著者于此篇中亦遍引诸家观点以立己说。计有：裴骃、班固、柳宗元、高似孙、黄震、孙星衍、杜道坚、李善、姚际恒等。作者在有限的篇幅内多方引证历史典籍及前人观点以证明《文子》真伪之面貌。

二、论证明确。著者根据所掌握的历史记载和资料认为前人对文子的生平、师从、授徒及《文子》一书有四伪。根据孙星衍的观点，认定《文子》为伪书，"综星衍所辨，无以胜黄震，则定是书为伪书"。同时认为姚际恒对《文子》的看法承袭唐代柳宗元之观点，即姚氏认为《文子》虽然为伪书，但又不全伪，其中有些部分是真实的。著者对姚氏这一观点提出了委婉的批评，"又谓其书虽伪，然不全伪；夫作者既非文子，何得更谓其书之不全伪！姚氏盖犹执宗元驳之说而未暇深思也"。

著者此篇考证《文子》，实为翔实有力，然其以"姚氏非文子"而驳姚氏之观点，亦不可取。（李怀宗）

文子通考

《文子通考》，张心澂编著。北京：国家图书馆出版社，2013年12月第1

版，系方勇主编《子藏·道家部·文子卷》之一种，据1939年上海商务印书馆排印《伪书通考》本收录。

张心澂简介详见《老子通考》提要。

本书为《伪书通考》子部之道家文子篇。相较于历史上其他各种对《文子》一书真伪之考订，张氏之对《文子》作为"伪书"之考辨尤为详细，几乎囊括所有历史上与《文子》真伪考辨相关的各家人物之看法及其历史文献，所编引之资料亦十分完整，避免了断章取义，且注明每一家之言每一条文献的出处。在《文子通考》中，张氏按历史顺序分别列举了各种考辨史料：1.班固《汉书·艺文志》；2.柳宗元《柳柳州文集》；3.晁公武《郡斋读书志》；4.周氏《涉笔》；5.洪迈《容斋随笔》；6.陈振孙《直斋书录解题》；7.黄震《黄氏日抄》；8.宋濂《诸子辨》；9.胡应麟《四部正讹》；10.姚际恒《古今伪书考》；11.《四库提要》等。

史料完整、详尽是《文子通考》的优点，但张氏局限于"五四"新文化运动以来疑古之风气，置自己所引文献中——诸如柳宗元、晁公武、宋濂、胡应麟、姚际恒等人于精详考辨之后得出《文子》一书是驳书（杂家之言）、而绝非伪书——之论断于不顾，于书名之下直下断语"伪书"二字，似显草率。（蒋朝君）

文子考

《文子考》，蒋伯潜著。北京：国家图书馆出版社，2013年12月第1版，系方勇主编《子藏·道家部·文子卷》之一种，据1946年正中书局排印《诸子通考》本收录。

蒋伯潜简介详见《老子通考》提要。

本书是《诸子通考》下编第十章"道家之书四"的内容。《诸子通考》分上、下两编，其中上编"诸子人物考"之第八章"庄子及道家者流"中，论及文子这位人物（编末还附录西汉诸子和历代诸子大事年表），下编"诸子著述考"之第十章"道家之书四——《文子》《关尹子》《列子》《鹖冠子》"论及《文子》一书之真伪（编末另附录《汉书·诸子略》所录诸子十家之书目189种，另附录现存诸子重要著述目录）。

上编第八章中，作者主要以引用相关古籍的文献考定文子之生平。引用的古籍文献计有：王充《论衡·自然篇》、《汉书·艺文志》、《旧唐书·经籍志》、《道藏》本徐灵府《文子》及杜道坚所著之《文子缵义》、晁公武《郡斋读书志》、洪迈《容斋随笔》、《史记·货殖列传集解》、王先谦《汉书补注》、江瑔《读子卮言》等。著者在这部分文字中，认同文子为老子弟子、与孔子同时代人的观点。

值得注意的是，《汉书·艺文志·道家》"文子"条注下有"称周平王问，似依托者也"的记载，著者还特别引用《道藏》中所收杜道坚《文子缵义》中的材料做了辨证："《道藏》中之《文子》为徐灵府注，徐氏因书中有与平王问答，直云文子是周平王时人。又有杜道坚注。杜氏曰：'楚平王不用文子之言，遂有鞭尸之祸。'是平王乃楚平王，非周平王也。"此外，针对江瑔《读子卮言》中认为文子即文种的说法，著者进行了辩驳。

在下编第十章中，著者考订了《文子》一书之思想主旨、成书过程及真伪状况。著者分别引用了《汉志》《隋志》、柳宗元《辨文子》、宋濂《诸子辨》、胡元瑞《四部正讹》等典籍中与《文子》相关的文献材料，倾向于认为"其书当亦战国时好事者所编造。至于今存之本，则文原著亡后，六朝人伪撰，故更驳杂不足观耳"，"故今存之《文子》，虽未能考定其伪造之人为谁，其为伪造书已无可疑"，著者把今本《文子》内容之驳杂简单地等同于伪撰，结合1973年河北定州八角廊村40号汉墓发掘出竹简本《文子》的考古发现，其结论之草率也是显而易见的。著者最后还认为今本《文子》为唐人徐灵府注、南宋道士杜道坚缵义，而"徐注多佚，杜于自为说者，标曰'缵义'，其裒集众解者，则曰'旧说'……所录本文，颇足以正他本之误，注亦明畅，虽鲜胜义，足征旧说，故书虽伪，注殊佳也"，充分肯定了杜注《文子》的文献价值。（蒋朝君）

文子要诠

《文子要诠》，李定生、徐慧君校注。上海：复旦大学出版社，1988年7月第1版，32开，174千字。

李定生，1930年生，江苏金坛人。复旦大学哲学系教授。

本书包括《论文子》以及《文子》12 卷原文与校注。《论文子》共分为三个部分。第一部分,《文子》真伪辨。《文子》一书引发了不少争论,持伪书观点者较多,著者将历来持伪书的观点一一反驳,认为《文子》是西汉时已有的先秦古籍,它先于《淮南子》,《文子》虽然经过后人篡改增益,但不是伪书。第二部分,《文子》道论。著者认为《文子》的“道”代表了万物的本源,它是事物的规律,具有普遍性和连续性。《文子》的道论还影响了荀子、韩非、王充等人对于“道”的理解。第三部分,《文子》在哲学史中的地位。著者认为《文子》以唯物主义观点继承和发展了老子“道”的学说,《文子》中融合了仁、义、礼、法、兵等思想。《文子》的唯物主义观点影响了稷下道家、荀子、韩非以及汉贾谊及三充为代表的唯物主义者。著者认为战国中期兴起的黄老学派也渊源于《文子》。

本书是中华人民共和国成立后《文子》校注方面的开山之作,对此后的《文子》注本与译本都产生了深远影响。同时,本书所涉及的《文子》相关论断和《文子》的注释也为读者与学者阅读与研究《文子》提供了极大的便利。

但著者对于《文子》的某些论断存在值得商榷之处。如在论断《文子》的成书时间、今本《文子》与《淮南子》关系等问题上,学界尚有不同的声音。（李冀）

文子新论

《文子新论》,丁原植著。台北:万卷楼图书有限公司,1999 年版,32 开。

丁原植,辅仁大学哲学系教授。主要著作有《文子新论》《〈淮南子〉与〈文子〉考辨》等。

著者自 1995 年以来即从事“文子研究”的课题,其中包括三个部分:第一部分是关于文子哲学思想与史料问题的论述;第二部分是对于《文子》资料的探索;第三部分是对于《淮南子》与《文子》对应的考辨。本书是第一部分相关研究成果辑集而成。

本书共分五篇十一章,另有两篇附录,一为《定州西汉中山怀王墓竹简〈文子〉释文》,二为《〈文子〉古本资料试编》。

第一篇:《文子》一书与文子其人。著者指出:文子确实是与《老子》思想关系密切的道家早期人物，属《老子》思想的嫡传发展，他可能首先将《老子》"无为而治"的思想完成人文性规划的转折，因而开启黄老之学的历史性发展。

第二篇：定州竹简《文子》新探。1973年《文子》竹简本出土，与今本有较大差异，著者在此篇中对此二版本做了对比分析，共分三章。第一章《定州竹简〈文子〉解析》，第二章《竹简〈文子〉哲学思想》界定其道观念，并探究其圣人的意义与王道的人文建构作用。第三章《竹简〈文子〉的人文探索结构》确立"圣人""道""德"的三元基本结构，企以取代周文意义的人文礼制。

第三篇：文子与老子的思想传承，共分两章。第一章《文子》引《老子》考略，第二章则探析文子与解《老》之传承。

第四篇：《文子》思想史料研究，共分二章。第一章就《文子》相关哲学史料做出厘清与辨析。第二章则针对《文子》与《刘子》《淮南子》之间的思想关系。

第五篇：《文子》与先秦哲学发展，共分四章，分别就"道原"问题、"精诚"观念、"宇宙"观念与老子"自然"观念等面相剖析《文子》与先秦哲学思想观念之发展。

本书呈现了有关《文子》研究的一些重要成果，尤其是相关史料的爬梳，这对前人忽视《文子》之价值未曾善用这些重要的文字内容来探索先秦思想的发展，颇有补正之作用，对于探讨道家思想发展中此一长期被遗忘的重要环节，适足提供一些值得注意的思考线索。（刘见成）

《文子》资料探索

《〈文子〉资料探索》，丁原植著。台北：万卷楼图书有限公司，1999年版，32开。

丁原植简介详见《文子新论》提要。

本书主要探索今本《文子》的资料问题。定州竹简本《文子》的出土与释文的公布，不但确证先秦实有《文子》一书传世，同时也启发对于今本《文子》重新思考。著者特别指出，今本《文子》十分驳杂，除原始古本外，包含大量后世混入的文字，这其中有四分之三均见于《淮南子》。但经过仔细的深析后发现，一般所谓《文子》与《淮南子》之间谁抄袭谁的问题并不存在。

著者考证发现《淮南子》曾以不同的文本流传于世，其中混入《文子》的是一种《淮南子》别本，著者称此为"《淮南子》别本残文"。而今本《文子》中，有部分文字虽与《淮南子》思想相近，却全未出现在该书中。这些文字资料，有与解老传承有关者，亦有推衍发展竹简《文子》思想者，这些资料，著者称之为"文子外篇"。因此在本书中所谓的"《文子》资料"，其来源主要区分为七部分：1.竹简《文子》部分；2.与竹简《文子》思想相近部分；3.文子学派思想史料部分；4.文子学派解老资料部分；5."文子外篇"残文部分，包含与《淮南子》同源的资料，其中有不见于今本《淮南子》者；6.《淮南子》别本残文部分；包含与文子或文子学派关系较远的史料；7.其他先秦典籍资料残文窜入部分。

本书以《正统道藏》之《通玄真经》为底本，共分《道原》《精诚》《九守》《符言》《道德》《上德》《微明》《自然》《下德》《上仁》《上义》《上礼》12篇。每篇按"老子曰"或"文子问""文子曰"等体例，再细分为187章。每章按文义结构，再分为若干节。

各篇均先说明今本《文子》资料编辑情况按章次排列，凡未见于《淮南子》之文字均以"〔 〕"符号标明。再者呈现"相关资料寻索"之部分，最后是"探析与解说"部分，则深入而详尽地分析《文子》之资料来源，判断资料之可能归属，并就其义理内涵加以解析。

本书对于《文子》相关史料做出全面而细腻的梳理，厘清一些历史上思想发展过程的疑惑，补缀部分遗失的环节，都有其重要的学术贡献。（刘见成）

文子疏义

《文子疏义》，王利器撰。北京：中华书局，2000年9月第1版，32开，306千字，系"新编诸子集成"之一种。中华书局于2009年和2012年再版。

王利器（1912—1998），字藏用，号晓传，重庆江津人。曾任四川大学、北京大学等讲师、副教授、教授。1954年调到人民文学出版社。1979年离休后，任中国社会科学院特约研究员和北京大学历史系兼职教授。

本书以《道藏》本《通玄真经》默希子注为底本，并援引《吕氏春秋》《淮南子》《庄子》《列子》等古籍疏解《文子》，以许慎、高诱、郭象、张湛、成玄英诸家之注间接为《文子》作注。

全书有《文子疏义序》、《通玄真经序》、《文子》12卷原文与注疏。著者在序文里介绍了《通玄真经》默希子注形成的历史背景与版本情况。他通过比照1973年定州出土的竹简《文子》、日本古钞本与日本天明五年尾张国刻本，认为《文子》中添加"老子曰"字样自唐开元年间始。另外，如《淮南子》《吕氏春秋》等书引用了《文子》的内容，却将引文称为"黄帝曰"或"老子曰"，他将《淮南子》视为对于《文子》的疏义。著者认为在黄老之学崛起和发展过程中出现有两个"老子"，分别是关尹著道德五千言之"老子"和黄老学者所依托的"老子"，前者是"道原"，后者是"绪余"。最后著者对《文子》进行总结，认为该书是汉初治黄老之学的人写成的书籍。

著者对《文子》每卷篇题有所考证，默希子注以小字贯穿于《文子》原文当中。著者注释的内容多引用古籍，广征博引，以还原《文子》本义。

本书是目前《文子》注疏本中，注疏内容极为翔实的一部书籍，对后人研读《文子》助益很大。（李冀）

文子译注

《文子译注》，李德山译注。哈尔滨：黑龙江人民出版社，2003年1月第1版，32开，299千字，系"二十二子详注全译"之一种。

李德山，1964年生，黑龙江五常人。东北师范大学古籍整理研究所所长、教授，主要著作有《东北古民族与东夷渊源关系考论》《中国东北古民族发展史》等。

本书以《四部备要》收录杜道坚《通玄真经缵义》为底本，并参校了其他版本。本书注重于原文的注释与翻译，所以对于原文的一般异文之处并未一一列出。

本书包含总序、前言、《文子》12卷注释与翻译。前言分为四个部分。在"关于《文子》的真伪"中，著者简要介绍了历来涉及《文子》一书的真伪两方观点，著者赞成李定生的论断，认为《文子》先于《淮南子》，是先秦时期的古籍。著者认为《文子》虽然并不是伪书，但在流传过程中确实经过了后人的篡改。"关于文子其人"，著者介绍了《史记》《新唐书·艺文志》录李暹《文子注》，以及今人李定生的观点。著者认为文子姓文，楚平王时人，曾师事老子，问学于卜商、子夏与墨子。"关于《文子》的思想"，著者基本上转述了李定生的观点，认为《文子》以唯物主义观点继承和发展了《老子》"道"的学说，并在"道"中，融入了仁、义、法、兵、礼等思想。最后，著者简要介绍了《文子》的版本与相关整理情况。

本书著者将原文中的生僻字标注了拼音，在注释中也参照了其他注本，释义存异之处予以保留。本书译文与原文相互对照，方便初学者理解与认识今本《文子》，在今本《文子》现代语翻译方面，该书较为全面。（李冀）

文子探索

《文子探索》，王三峡著。武汉：湖北人民出版社，2003年7月第1版，精装，32开，239千字，系"荆楚文化研究丛书"之一种。

王三峡，1955年生，现任长江大学文学院教授、硕士生导师。

本书共分三编，分别为"《文子》文本研究""《文子》思想研究"和"《文子》韵谱"。

第一编共三章。著者首先介绍了历史上涉及《文子》一书真伪的两方观点，细致论析了《文子》中"老子曰"所产生的时间，并从音韵学角度分析《文子》与《淮南子》内容重叠的问题。接着，著者探讨了竹简《文子》中的相关问题，对竹简《文子》的思想主题和撰作年代进行解析。最后，著者对竹简《文子》中带有"传曰"的文本进行考证，发现并提出了"传本《文子》"的概念。著者认为两汉时期的《文子》先后经历了三种形式，分别是有《老子》传注的传本《文子》、问答体的竹简《文子》和由前两种汇集起来经过整理的《汉志》所载的九篇本《文子》。第二编共四章。著者从"道论""无为""法治""人性论"四个角度分析《文子》的思想内涵。著者还对《文子》篇目进行解题，通过比较《文子》与郭店楚简，论析《文子》中儒道互融的时代特征。第三编"《文子》韵谱"是针对《文子》韵读的分析、归类与编排。著者依据武英殿聚珍版《文子缵义》12卷本编纂韵谱，韵谱按韵部编排，韵部的顺序采用王力《上古音三十韵部》排列。在"《文子》韵谱编后说明"中，著者认为《文子》的用韵已经具备了完整的韵部系统，其语音介于《诗经》音与西汉音之间，而且《文子》中含有部分的楚方言。

《文子》的研究专著并不多，关于《文子》的研究主要集中在《文子》文本与思想方面，台湾学者丁原植有《文子新论》《〈文子〉资料探索》《〈淮南子〉与〈文子〉考辨》三本相关专著。本书是大陆地区较早研究《文子》的专著。据熊铁基所言，著者王三峡从事《文子》的研究前后有近20年时间。《文子探索》通过对《文子》文本的深入研究，发现了古"传本"《文子》的存在，尤其在第三编中，著者运用音韵学的理论和方法，客观地对《文子》的撰作年代以及方言区域做出定位，具有很高的学术价值。（李冀）

文子校释

《文子校释》，李定生、徐慧君校释。上海：上海古籍出版社，2004年3月第1版，32开，316千字，系"中华要籍集释丛书"之一种。

李定生简介详见《文子要诠》提要。

《文子校释》是在《文子要诠》的基础上整理而成。本书修正了《文子要诠》中的一些文字讹误之处。全书包括《校释说明》《例言》《论文子（代前言）》《通玄真经序》和《文子》校释，末有附录：《定州西汉中山怀王墓竹简文子释文》。

《论文子（代前言）》共分为四个部分。首先，著者简要介绍了历史上涉及《文子》的主要学术观点，通过对相关典籍的考证，判定《文子》一书虽然经过后人的篡改与增润，但并非伪书，而是汉初已有的先秦古籍，先于《淮南子》。其次，著者通过对彭蒙、田骈、慎到等人思想的考察，认为文子、彭蒙、田骈的思想具有师承关系，文子有可能是彭蒙的老师，并且是黄老学的始祖。再次，著者论析《文子》道论，认为《文子》从唯物主义观点对"道"做了比较明确的阐发，这是中国哲学史上的一大贡献，《文子》对荀子、韩非、王充的思想产生了一定影响。最后，著者总结了《文子》在中国哲学史中的地位，认为《文子》从唯物主义观点继承和发展老子"道"的学说，并在其"道"的思想中，融合了仁、义、礼、法、兵等思想，影响了荀子、韩非以及两汉的贾谊、王充等人对于《老子》的理解。

著者依据当时所掌握的柜关材料，对《文子》一书的由来进行了充分的考证，得出了相应的论断，并对后续的《文子》相关研究产生了深远影响。本书是目前读者和学者阅读与研究《文子》必不可少的参阅书籍之一。（李冀）

《文子》成书及其思想

《〈文子〉成书及其思想》，葛刚岩著。成都：巴蜀书社，2005年12月第1版，32开，170千字，系"儒道释博士论文丛书"之一种。

葛刚岩，1972年生，山东青岛人，文学博士，武汉大学文学院副教授、硕士生导师。主要从事汉唐文学与文化研究。近年来在《中华文史论丛》《敦煌研究辑刊》《武汉大学学报》等刊物发表论文十余篇。

本书是在著者博士论文基础上丰富完成的，以八角廊竹简《文子》为依据，辅以《文子》佚文、佚注，将《文子》重新梳理。共分五章。第一章，班固"依托"说辩证——文子其人与《文子》其书。著者认为原本《文子》成书于战国晚期至西汉之初，成书者将该书托为周平王时的文子所作。第二章，由简本《文子》看原本《文子》的思想。著者推考原本《文子》所涉及的"道""德、仁、义、礼""兵""教化""修养""法""贤"等思想，认为《文子》是老子后学在新的时代继承、改造老子思想的著作，原本《文子》是由老子道家向黄老道家过度的中间环节。第三章，由简本《文子》论今本《文子》晚出。著者以竹简《文子》为依据，对照简本《文子》与今本《文子》的内容，证明今本《文子》不可能成于汉景帝之前。第四章，今本《文子》与《淮南子》的关系。著者通过对两个文本的对勘，认为今本《文子》抄袭了《淮南子》。第五章，今本《文子》的形成与流变。著者认为今本《文子》的形成经过了几次整理，从内容上来说，有属于简本《文子》的文字，有参照《老子》《庄子》等其他典籍进行整理增补而形成的内容，还有大量抄袭《淮南子》的内容。

本书的最大贡献在于：系统展示了《文子》一书的形成以及《文子》所包含的思想。《文子》又名《通玄真经》，位列《道德真经》与《南华真经》

之后，是道教的第三大经典。今本《文子》内容驳杂，所引发的问题也较多。竹简《文子》问世后，其与今本《文子》之间的关系也是众说纷纭。著者通过大量文献的比照与分析，对一些争论较大的问题进行了探讨，找到竹简《文子》与今本《文子》之间的脉络关系，对后续《文子》的研究产生了积极的意义。（李冀）

文子校注

《文子校注》，彭裕商著。成都：巴蜀书社，2006年7月第1版，精装，32开，200千字，系"汉语史与中国古典文献学研究丛书"之一种。

彭裕商简介详见《郭店楚简老子集释》提要。

本书的《文子》原文部分以《四库全书》本《文子缵义》为底本，并参照其他传本及相关典籍，以校勘原文。

全书先有前言，而后是《文子》12卷校注正文，末有附录：《本书引用现当代学者著作及古文字材料著录书》。

前言中，著者认为《文子》并非后人伪作，《文子》中多有战国古文，在用词方面，说明《文子》时间上也是较早的。著者认同唐兰的观点，认为《文子》当在《淮南子》之前，应为先秦古籍。内容方面，著者认为《文子》的内容并非真的"驳杂"，其中有很多道理可言。《文子》的内容可以分为两个方面，一是思想修养方面，包括认识论；另一方面包含政治，主要讲取天下、治天下之道。著者认为《文子》一书思想体系属于黄老学派。关于《文子》的成书时间，著者认为《文子》一书在先秦时期就已经存在，该书经过后人陆续增益而成，并非一时之作，书中章节可能有早晚之分，其中较早的材料可能到战国早中期，较晚的当属战国晚期。

本书的注释内容基本上以王利器与李定生注本为依据，相对于王本与李本，本书的注释有所增减，并以现代语进行解释。

本书在《文子》现代语注释方面较为全面。如著者所言，本书以高校青年教师以及博士、硕士研究生为主要读者，所以并没有旁征博引，而是着重于阐释古书文义。（李冀）

出土文献与文子公案

《出土文献与文子公案》，张丰乾著。北京：社会科学文献出版社，2007年11月第1版，32开，237千字。

张丰乾，1973年生，甘肃古浪人。兰州大学哲学学士、北京师范大学哲学硕士、中国社会科学院研究生院哲学博士。现为中山大学哲学系副教授。研究领域为中国古代哲学与经典，已发表学术论文30多篇，主要著作有《诗经与先秦哲学》等。

本书是在著者博士论文基础上丰富而成的，共分八章。第一章文子公案的由来与研究的现状。著者探讨了学界在竹简《文子》发现前后的相关研究情况。第二章竹简《文子》与传世本《文子》的关系。著者认为竹简《文子》与传世本虽有渊源关系，但"异大于同"，不能依据竹简本而断定传世本《文子》是"先秦古籍"。第三章《文子》与《淮南子》的关系。著者认为竹简《文子》中的绝大多数内容与《淮南子》没有对应关系，而传世本《文子》则大量抄袭了《淮南子》。第四章竹简《文子》的主体思想。著者总结出竹简《文子》所蕴含的"道""德""四经""五兵""圣智""执一无为""教化"等思想。第五章竹简《文子》的撰作年代。著者以"朝请""诸侯"等名词为依据，证明竹简《文子》作于汉初。第六章竹简《文子》与秦—汉初时期的社会文化。著者认为竹简《文子》是汉初"新道家"的作品。第七章竹简《文子》的思想特色与学派归属。著者论析文老学派与黄老、庄老的区别与联系，认为竹简《文子》的思想应属于道家中重视道德教化的"文老学派"。第八章，"文子"与"平王"的可能身份。认为较为合理的解释是《文子》著者自隐其名，依托文子阐释道家思想，依托"平王"言明时世。

本书正文后有结语，总结了全书的主要内容。结语后有两个附录。附录一：八角廊竹简《文子》释文，附录二：文子学案。

《文子》作为历史上著名的公案，历来争讼不已。大陆地区的《文子》学术专著不多，关于竹简《文子》的专著少之又少。本书作为研究竹简《文子》的学术专著，通过大量文献比照与分析，考察了竹简《文子》与传世本《文子》的关系、竹简和传世本《文子》与《淮南子》的关系，以及竹简《文子》

的撰作年代及主体思想等诸多问题。本书较为明晰地展示了竹简《文子》的形成与发展，并为学者们以后的《文子》研究提供了可借鉴的素材。（李冀）

文子释译

《文子释译》，唐突生、滕蜜释译。武汉：湖北人民出版社，2012年9月第1版，16开，295千字。

唐突生，1932年生，安徽人。青岛大学客座教授，青岛市高级专家协会顾问，科学经济管理研究所副所长、研究员，北海舰队政治部特约研究员。

本书以上海古籍出版社1988年12月重印武英殿聚珍版为底本。

本书先有序、《纪昀上奏乾隆编〈文子〉》，而后是《文子》正文以及著者的释义内容。著者在序文中介绍了清朝纪昀编纂《文子》12卷的过程与功绩。

本书对《文子》每卷篇题有简略的解释，著者将原文分成若干自然段，每段后均有著者的"解读"。"解读"的内容主要包含两个方面：一方面是对文中词语的简略注释；另一方面是对段落的解读，段落解读并非完全对照原文而译成白话文，其中包含了著者对《文子》的个人理解。每卷的若干自然段又合为大段，每大段有"小结"，"小结"附于"解读"之后，用来总结该大段的主要内容。"小结"很短，或一句，或两三句，类似著者的简短笔记。每卷卷尾附有著者自身的"思悟与心得"，其中不仅包含了每卷的主旨，还包含著者对该卷的理解。

本书并非学术性的专业书籍，但具有一定的现实意义。著者时常从《文子》原文中提炼有益的养分，并联系中国的现实国情，从治国、治军、治民三个方面阐释《文子》的现实意义。（李冀）

鹖冠子

《鹖冠子》，刘咸炘著。北京：国家图书馆出版社，2014年5月第1版，系方勇主编《子藏·道家部·鹖冠子卷》之一种，据1927年尚友书塾《子疏》本收录。

刘咸炘简介详见《庄子释滞》提要。

《鹖冠子》是先秦道家著作，其学说大抵本于黄老而杂以刑名，体现了先秦时期道家哲学思想的丰富内涵。本书一是表明《鹖冠子》非伪书。例如，开篇引述《汉书·艺文志》："楚人，居深山，以鹖为冠。"明确鹖冠子的身份，列出各篇名，说明篇目的变更情况和关于《鹖冠子》的真伪问题。20世纪70年代发现的湖南长沙马王堆汉墓帛书《老子》乙本卷前《经法》《十六经》《称》等出现后，有的学者指出其内容不少与《鹖冠子》有密切联系，被引用的地方很多，这表明此书并非伪书，的确属于黄老一派道家著作。《鹖冠子·学问篇》以道德、阴阳、法令、天官、神徵、伎艺、人情、械器、处兵为"九道"，可知本书以黄老刑名为本，兼及阴阳数术、兵家等诸学，而这正是黄老一派道家的特点。由此，力证《鹖冠子》为先秦道家著作。二是注重对《鹖冠子》文本予以考据纠辨。作者列举韩愈、陆佃、柳宗元、王闿运、胡应麟、沈钦韩等人对《鹖冠子》的看法，并加以评点。例如，评点柳宗元之所以认为《鹖冠子》"浅薄而无知所谓深厚"，就是由于其说把握《鹖冠子》"近似矣，而未尽也"。因此，著者立足于《鹖冠子》文本，摄取《鹖冠子》各篇大要精萃，予以一一辨明纠偏，力图发明所蕴，极尽其义。三是阐述《鹖冠子》的基本特点。例如，著者分析《学问》篇，强调此篇阐释礼、乐、仁、信，极为纯粹，不似庄周《胠箧》诸篇与《老子》相悖，而所言治国之道，都"本于治身以顺其性"。

本书以精短千余之言，探讨此期黄老之学，考辨《鹖冠子》真伪，阐明其深蕴义理，评点其独特之处，具有重要的史学价值，也彰显了一种学术探索精神。（舒卉卉、江峰）

鹖冠子吴注三卷

《鹖冠子吴注三卷》，吴世拱著。北京：国家图书馆出版社，2014年5月第1版，系方勇主编《子藏·道家部·鹖冠子卷》之一种，据1929年《九鹤堂丛书》本收录。

吴世拱，江苏盐城人。其师尹桐阳为《鹖冠子吴注三卷》序称："盐城吴生世拱，从游于燕都，业习训诂学，洎墨子学，饶有所得，因绍其注《鹖冠子》，全书祺年工竣，疏厥文理，详为考证。"盛赞门生，称其注解之后，被视为"荆棘难辟"的《鹖冠子》才得以成为明白可读之书。

《鹖冠子吴注三卷》共19篇，目录之后，作者自序称："夫探研旧籍，洞窥其学说，与时代为归。某作与非某作之真讹，系一人之事，既微且轻，无从正辨，亦可置之。考其名物训诂及学术思想，塙为秦前之物，决非后世所能假借。"并感叹说："惜荒埋既久，脱落者多，纰缪之士擅自改夺，还反旧观，莫有依据。"为此，他校注此本，"几及三年"，但"犹有未安"，仍恳望读者"教之"。

本书先释词，后串讲，所注极为详备。著者一是擅长以典解典。例如，在《环流第五》中，注解"斗柄东指，天下皆春。斗柄南指，天下皆夏。斗柄西指，天下皆秋。斗柄北指，天下皆冬。斗柄运于上，事立于下。斗柄指一方，四塞俱成，此道之用法也"，即援引《史记》《汉书》之典诠释其意，称"用昏建者，枸淮南招摇东指，而天下皆春"；又称《太平御览》引《孝经》说"斗指午为夏"，对"道之用法"予以印证，可见其用典印证之功。二是善纳前人成果。例如，《夜行第三》释"天文也地理也"，即萃取《周易·系辞》注曰："仰以观于天文，俯以察于地理"；萃取《正义》注曰："天有悬象而成文章，故称文也；地有山川原隰，各有条理，故称理也"；萃取《文子》注曰："上德天道为文，地道为理"；等等。可见其萃取精华之能。三是注重声韵考辨。例如，《著希第二》考辨"故尚与运挠"，称："尚一作常。尚小也。运同浑，大也。挠扰也，乱也。今本或作尧，挠尧声转，言事不别大小而躬自杂治之。"可见其字词声韵训诂之明。

总之，本书以典解典，旁征博引，考辨训诂，既严肃又简约。不过也有学者认为吴氏过于相信声训，闭门造车，其注中望文生义者有之，穿凿附会者亦有之。（舒卉卉、江峰）

《鹖冠子》考补证

《〈鹖冠子〉考补证》，黄云眉著。北京：国家图书馆出版社，2014年5月第1版，系方勇主编《子藏·道家部·鹖冠子卷》之一种，据1932年金陵大学中国文化研究所排印《古今伪书考补证》本收录。

黄云眉简介详见《〈鬻子〉考补证》提要。

本书为《古今伪书考补证》子类篇目之一，附《原著补证异同对照表》。在文章结构上分两部分，前一部分为姚际恒对《鹖冠子》的证伪，后一部分则是著者的补证。姚际恒将《鹖冠子》列为伪书，并列举了柳宗元等人对此书的看法："尽浅陋言也"，是"好事者伪为其书"。且以司马迁的"博极群书"，也并未在《史记》中提到《鹖冠子》。陈振孙也认为：虽然韩愈对此书颇为称道，但柳宗元认为都是浅陋言，看来还是"柳说为长"。姚际恒则认为：《鹖冠子》在《汉书·艺文志》里只有一篇，而"韩文公所读有十九篇"，到《四库全书》则载有三十六篇。篇目逐代增多，可证其伪。

著者认为：《鹖冠子》在《博选》《王铁》《世兵》等篇中的论述与《战国策》、《齐语》、贾谊《鹏鸟赋》等书的论述内容是相同的，"剽袭颠倒之迹，历历可见"，尤其以《鹏鸟赋》为甚。所以，柳宗元等人对《鹖冠子》的辨识是对的。而刘勰在《文心雕龙》里称赞"鹖冠绵绵，亟发深言"，猜想他所见的《鹖冠子》"必非今书"，如具像今书这样"杂凑成文"，又怎么可以算作"深言"呢？

《鹖冠子》是否伪书，古今学者观点各有不同。事实上，我们也不能只凭篇目变化和内容雷同就断定其为伪书。（石建有）

鹖冠子集解

《鹖冠子集解》，王心湛校勘。上海：广益书局，1936年5月版，铅印本，32开。另有北京：国家图书馆出版社，2014年5月第1版，系方勇主编《子藏·道家部·鹖冠子卷》之一种，据1936年广益书局本收录。

王心湛（1881—1950），原名省三，浙江绍兴人。中国现代史上唯一创办过《阳明学》专业杂志的著名学者和报人。早年曾受业于章太炎，后在上海任绍兴稽山中学分校语言教师。曾加入同盟会，参与革命。1923年，弘一法师致信劝他读《印光法师文钞》，由此归心净土，自取法名"真如"。晚年在上海寿圣精舍，启建弥陀法会。著述颇富，尤其在校勘学方面，有数十种之多。

本书收录了历代学者对《鹖冠子》的辨识和评价。如：韩愈《读鹖冠子》、朱养纯《评鹖冠子》、陆佃《鹖冠子序》等，都对《鹖冠子》给予了极高的评价。在汇集诸家对《鹖冠子》思想内容解读的基础上，重新对《博选》

《著希》《夜行》《天则》《环流》《道端》《近迭》《度万》《王铁》《鸿泰》《泰录》《世兵》《备知》《兵政》《学问》《世贤》《天权》《天能》《武灵》全部19篇进行注解，在每一句原文或不易理解的词后面加上注解，注解比原文字体小一号，注解的内容或综合诸家之意，或断以己意，大多是短短的几句话，或是几个字。

文中对没有异议的内容直接注解，对有不同看法的释义，选取自己认同的一种予以注解，有时也断以己意进行注解。如：《著希》中"道有稽，德有据"直接注解为"以道为决，以德为验"；而《博选》中"德百人者谓之英"，这里的"百"著者认为应该作"万"解，并列举了几种对"英"的描述："五人曰茂，十人曰选，百人曰俊，千人曰英"，"今此又以万人曰俊，百人曰英"，"盖莫可考矣"。随后，还用"人物志曰兽之特者为雄，草之秀者为英"故"韩信是雄，张良是英"加以说明。

总之，本书集合了诸家辨识和释义，加以注者自身的理解，篇幅涵盖了《鹖冠子》全部19篇，便于读者更深入、全面地理解《鹖冠子》思想。（石建有）

鹖冠子菁华录

《鹖冠子菁华录》，张之纯著。北京：国家图书馆出版社，2014年5月第1版，系方勇主编《子藏·道家部·鹖冠子卷》之一种，据1939年上海商务印书馆排印《评注诸子菁华录》本收录。

张之纯简介详见《文子菁华录》提要。

本书为《评注诸子菁华录》卷十，在结构上按照《鹖冠子》篇目分为十九章节。每页最上方简要介绍该节主旨，每一句原文后面，加上注解，比原文字体小一号，注解的内容不是很多，大多是短短的几句话，有的甚至只有几个字。如"有一而有气，有气而有意"一句下加注内容为"一者元气之始，意者冲气所生"。

著者认为鹖冠子的治国经略与他的人才观是密不可分的。识才选才，广纳贤才是治国道路的关键。鹖冠子在《博选》《著希》《道端》《世贤》等多个篇目都谈到了识别君子与小人、选贤任能、广纳贤能对于君子治国的重要性，一针见血地指出："明主之治世也，急于求人，弗独为也。""天下之事非一人之所独也，海水广大非独仰一川之流也。"在著者看来，这与李斯的"河海不择细流故能就其深，王者不却众庶故能明其德"有异曲同工之处。鹖冠子还时常以天地论道归于君之法天，如："天者万物所以得立业，地者万物所以得安也，故天定之，地处之，时发之，物受之，圣人像之。"

总之，本书注解详细，释义明晰，对读者研读《鹖冠子》大有裨益。（石建有）

鹖冠子通考

《鹖冠子通考》，张心澂编撰。北京：国家图书馆出版社，2014年5月第1版，系方勇主编《子藏·道家部·鹖冠子卷》之一种，据1939年上海商务印书馆排印《伪书通考》本收录。

张心澂简介详见《老子通考》提要。

本书为《伪书通考》子部之道家《鹖冠子》篇。按照《鹖冠子通考》的辨识，著者认为《鹖冠子》是伪书无疑。著者不止一次在伪之程度、伪书之来历中举例说明《鹖冠子》为伪书，将其定位为"伪杂以真"的伪书，是"杂取他书之文，易其名号而成"。著者列举了陆佃、韩愈、柳宗元、陈振孙、宋濂、姚际恒、钱穆、梁启超等人对此书真伪的辨识观点，罗列了《文心雕龙》《汉书·艺文志》《四库提要》等书对《鹖冠子》的著录和评价，最终将《鹖冠子》断为伪书。

本书虽然将《鹖冠子》认定为伪书，但是著者列举历代学者对《鹖冠子》的考辨之说，并注明引文出处，对后人的研究有极大的参考价值。（石建有）

尹文子校正

《尹文子校正》，王恺銮著。上海：上海书店出版社，1996年12月版，32开。该书根据商务印书馆1934年版《尹文子校正》影印，系"民国丛书第五编九·哲学宗教类"之一种。

王恺銮（1888—1938），字恺臣，安徽环峰人。早年考入北京师范学堂，后执教于五河、英山等中学。在北京期间，著有《邓析子校正》，晚年著《文心雕龙补注》稿。

全书包括序、《尹文子》序、《大道》上、《大道》下、附录，附录含有事实、卷帙、逸文、集说四个部分。

尹文，又名尹文子，战国齐人，齐宣王时在齐国稷下学宫讲学，相传公孙龙是他的弟子。今本《尹文子》是研究黄老之学、名家和法家的重要资料之一。《尹文子校正》以上海涵芬楼《四部丛刊》本为底本，用清人钱熙祚、汪继培、孙诒让及近人王时润之校本，补缺正误。著者在序中将尹文子的思想来源归为黄老之学，认为尹文子尤善名法之教。

在正文的校注部分，著者将《尹文子》各个版本的异处一一明言，并结合《老子》《庄子》等典籍，为《尹文子》作注。

《尹文子》一书涉及问题颇多，最关键的真伪问题尚无定论，自明初宋濂将《尹文子》判定为伪书以来，很少有人对此提出异议。在相关资料不断丰富与完善的基础上，现代学者倾向于将《尹文子》归为尹文遗著，认为《尹文子》虽然残缺，但并非伪书。《尹文子》一书的历代校注本不多，目前所见的有《诸子集成》所收录的钱熙祚校本、《四部丛刊》所收录的影印明翻宋刊本、《四部备要》收录清守山阁排印本，近代有王恺銮的《尹文子校正》、陈仲荄的《尹文子直解》、伍非百的《尹文子略注》、厉时熙的《尹文子简注》。

著者在《尹文子》校勘方面成绩较大，本书是继钱熙祚校本的再次完善，对后续的《尹文子》校本产生了深远影响。（李冀）

评注淮南子精华

《评注淮南子精华》，张谔撰。北京：国家图书馆出版社，2017年12月第1版，系方勇主编《子藏·道家部·淮南子卷》之一种，据1920年上海子学社石印《评注皕子精华》本收录。

张谔简介详见《评注老子精华》提要。

本书主要收辑了陈眉公、王阳明、王凤洲、袁了凡、陆象山、徐文长和唐荆川等7人的评注。本书虽以《淮南子》的评注开篇，但其收辑的评注子书还有《应邵子》《云晁子》《委宛子》《金楼子》《灵璧子》《计倪子》《於陵子》

《颜子》《鹖隅子》《声禺子》《子华子》等11种。

本书节录《淮南子》等子书原文，每页最上方简要介绍原文的内容作为小标题。原文中加有注释，比原文字体小一号。每一段原文后辑录名家的评注，评注者的名字用括号隔开，如"（陈眉公曰）"。评注较为简洁，主要是对原文进行主旨概括、评价和简单的发挥。

本书总计辑录评注54条。张谔摘取了陈眉公、王阳明、王凤洲、袁了凡、唐荆川等5人对《淮南子》一书的评注共29条；而《应邵子》《云晃子》等其他11种子书评注有25条，主要是陈眉公、王阳明、王凤洲、唐荆川、徐文长、陆象山等6人的评注。本书《淮南子》一篇涉及的主题思想包括治国、修身、宇宙论等。其中治国思想涵盖了圣人之治、君臣之道、法令施行等方面，王阳明、陈眉公、袁了凡等人对这些思想较为认同。另外，王凤洲、唐荆川都认为《淮南子》在文学表现上模仿《庄子》，但不及《庄子》。

总而言之，本书篇幅短小，评注言简意赅，通俗易懂。（刘敏、孙瑞雪）

读淮南子

《读淮南子》，卢锡荣校订。北京：国家图书馆出版社，2017年12月第1版，系方勇主编《子藏·道家部·淮南子卷》之一种，据1921年云南东陆大学排印本收录，系"东陆大学丛书"之一种。

卢锡荣（1893—1957），字晋侯，云南陆良人。擅长政治经济哲学研究。曾留学美国哥伦比亚大学，1919年获哲学博士学位。之后，他曾赴英、法、德等国家考察，回国后先后任东陆大学（今云南大学）副校长、云南省教育厅长、教育部专门教育司司长、光华大学政治学教授等职务，1955年任上海文史馆馆员。著有《思想革命》《欧美十五国游记》《拉斯基政治思想》等。

本书汇编了民国时期卢锡㸔、苏玉麟、江国柱、俞荣宣、杨恩浓、赵迺广、陈德文、刘麟春和熊韵筐等9位作者关于《淮南子》一书的研究论文。其中首篇卢锡㸔的研究较为全面，涉及淮南王的生平传记、《淮南子》的学术渊源及其哲学、政治思想、为人处世之道等内容。苏玉麟的研究主要探讨了淮南王世系、性格及《淮南子》的价值等，尤其是提炼出了《淮南子》中"名相"思想，并以西方逻辑学的方法进行了推理分析。江国柱的研究主要是概括性地介绍《淮南子》一书，将其哲学的根本观念概括为"任自然""主无为""因民性""贵适宜"四个方面。俞荣宣的研究着重对《淮南子》的编者、成书时代、主要思想等进行学术考证，并称《淮南子》是"淮南系"之学说。杨恩浓的研究主要是对《淮南子》的宇宙论和无为主义进行详细解读；赵迺广的研究重点梳理《淮南子》一书对儒家、法家的评论；陈德文的研究主要谈论《淮南子》中"道"的观念；刘麟春的研究主要探讨《淮南子》实用主义的教育理念等思想，并对这一思想较为认同；熊韵篁的研究则简要地比对《淮南子》一书的许慎注本和高诱注本的异同，并对此书进行总结性的评价。

　　本书认为，《淮南子》思想虽杂摄百家，但以老庄为宗，其主旨亦与道家相近。故本书以《淮南子》的道家思想解读为主，以儒家、法家、名家、墨家思想探讨为辅。本书主要运用文献学方法，论及《淮南子》的哲学、政治、教育等思想，大量引用《淮南子》中体现章节主题的材料，并与《老子》《大学》等诸子百家经典思想进行对比分析。本书对《淮南子》的宇宙论、改进主义、实用主义、兵学等思想称赞有加，且认为《淮南子》兼纳百家学说，包罗万象，文风瑰丽浩瀚，文学价值极大。本书有时还将《淮南子》的思想与当时西方文明进行比较，结合时事探讨了其中的思想价值。与此同时，本书也指出了《淮南子》一书的弱点，认为其思想上多承袭故说，较少创见。

　　总体而言，本书篇幅不长，但内容精悍、引述翔实，对《淮南子》之思想梳理脉络清晰，解读通俗易懂。（刘敏、孙瑞雪）

淮南鸿烈集解

　　《淮南鸿烈集解》，刘文典撰。北京：国家图书馆出版社，2017年12月第1版，系方勇主编《子藏·道家部·淮南子卷》之一种，据1923年上海商务印书馆排印本收录。原书为铅字排印，竖排线装，共分3册：第1册为卷一至五，第2册为卷六至十九，第3册为卷二十至二十一并附钱塘所作之《淮南天文训补注》。另有北京：中华书局，1985年5月版，分为上下两册，系"新编诸子集成"之一种。后又再次修订，于2017年6月出版。

　　刘文典简介详见《庄子琐记》提要。

　　本书所选取的底本为乾隆年间庄逵吉的版本，并以钱塘所作之《淮南天文训补注》为附录，文前附有庄逵吉原序、胡适序及作者自序。在底本的基础上，著者参考了王念孙、孙诒让、俞樾等人的成果，并广览类书，以《太平御览》《初学记》《艺文类聚》等书中所引的内容用于校勘。其中涉及的类书条目众多，如《太平御览》《文选》中均有数百条，所以著者极为重视不同注本间的对比，并以双行小注的形式在其中谨下按语。

著者精擅古籍校勘，集解之时常以音韵学、训诂学对难解之处加以分析推断。他十分重视前人的注文，对于前人注文精当之处，常引其他类书内容对其加以佐证。对于前人注文的疑问之处并不迎合，而是详加考证，通过对比前人不同的注文并佐以类书，辨析其中谬误之处。不过，正如自序所言，他的态度十分谨慎，既不敢妄删也不敢妄增。所以，在涉及前人注文之中的观点时，也往往不加明确的判断，既不轻易支持，也不轻易反对，而是尽量原样摘录。

本书亦非全无瑕疵，中华人民共和国成立后中华书局两次再版，均对其中内容进行了订正。其所选底本为庄逵吉所校，而庄本又是以《道藏》本为底本，刘文典不选取原本而选择清代校本，难免有些遗憾，前辈学者对此也有所批评。

总而言之，本书广采众家所注，兼取类书引文，校勘精当，实为后世研究《淮南子》的学者所必读。（张红志）

淮南旧注校理

《淮南旧注校理》，吴承仕撰，吴承侃、吴承传校文。北京：国家图书馆出版社，2017年12月第1版，系方勇主编《子藏·道家部·淮南子卷》之一种，据1924年古歙吴氏付文楷斋刊本收录。原书三卷并附校余一卷，竖排线装不分册。书页印有竖格，每半叶11行，每行21字。书中牌记为甲子孟冬之月歙吴氏付文楷斋刊板。另有北京：北京师范大学出版社，1985年版。

吴承仕（1884—1939），字检斋，号展成，又号济安，安徽歙县人。中国近现代著名经学家、古文字学家。曾受业于章太炎，研究文字、音韵、训诂之学与经学，与黄侃、钱玄同并称章门三大弟子，与在南京大学任教的黄侃有"北吴南黄"两大经学大师之称。曾任北京师范大学中文系主任、中国大学国学系主任等。一生著述颇丰，撰有《经学通论》《经典释文序录疏证》等。

本书自序中曾言，"校理"二字乃是取自班固所说的"校理秘文"之意。其有感于自汉及清治《淮南子》的学者虽然众多，但他们多数关注于《淮南子》本文，对其注文则用力不够。尤其是许慎、高诱二人的注在宋代时便已有所散乱，后经书商拼凑，更是混乱难辨。著者认为清人陶方琦作《淮南许注异同诂》未能涉及高诱之注文，且其中错误未能加以校正；而刘文典的《淮南鸿烈集解》对古人旧注沿误颇多，庄逵吉刊本则"妄有删易，未及保信"。其以庄逵吉刊本为底本，以其他学者的各种版本为异本加以校勘，对其中文字"校其短长""理其看乱"，以图"复就昔人撰述"。并且对注文之中的征引之文，广采众书加以参校。

本书主要在于清理考订前人之注的错误，而非《淮南子》本文中的问题，故其未将《淮南子》全文照录，仅仅摘录所校之注文相关文句。所录本文单行顶格，所校之注双行小字，其本人的校理文字则每行起处空一格。三卷校理文字共计清理旧注有误处300余条。

其后附之《校理之余》是据二仙庵《道藏辑要》收录版本所做的补充。著者借得《道藏辑要》本后，发现其中优于其他各本之处的地方颇多，能够作证自己观点的更是"十得四五"，但因为《淮南旧注校理》一书已经刊板，无法根据章节进行修订，只能将后来校定所得的60余条附于刊本之末。本书也偶有疏漏，但多数是手稿转为刊本时的刊刻错误。

本书集中于旧注的校定，用力甚深，所论极为精当，尤其适合与其他侧重《淮南子》本文的著作互相补充。（张红志）

淮南子斠补

《淮南子斠补》，吕传元撰。北京：国家图书馆出版社，2017年12月第1版，系方勇主编《子藏·道家部·淮南子卷》之一种，据1926年排印《戴庵丛书》本收录。

吕传元（1907—1984），字贞白，自称吕伯子，江西九江人。他精通古典诗词和版本目录之学。他曾拜状元张謇为师，学习古文诗词，打下了扎实的文献基础。20世纪30年代，他跟随父亲一起定居上海，广交师友，继续潜心于文史学习和研究。他曾先后在上海税务署、上海交通银行、上海松禅图书馆工作。中华人民共和国成立后，他先后在中华书局、上海古籍出版社任编审等，晚年兼任华东师范大学和复旦大学教授。主要著作有《吕伯子诗存》《吕伯子词集》等书。

本书一卷附校勘记，是关于《淮南子》一书的训诂。在文章结构上，本书分为四个部分：前序、正文、后序、补正与校勘记。前序为陈祺寿所撰，简要介绍作者的履历和该书的成书背景，并认为《淮南子》一书每篇题目中的"训"字是"高氏（高诱）所加，非淮南原有"。正文部分是吕传元以庄逵吉校刻本为底本，对《淮南子》进行的补勘。后序为陈邦怀所撰，对正文中的校勘做出了高度评价，并对部分注释给出了自己的理解。补正与校勘记则是对正文校勘所做的一些简单补充和修正。

本书总计增补关于《淮南子》的注释170余条。本书以《淮南子·内篇》篇目为顺序，逐篇摘录其中部分词句，注解则另起一行，比原文低两格，通篇未圈点断句。著者曾遍览唐宋道藏诸本、唐宋类书以及近代学者相关研究，对《淮南子》各版注本如数家珍。他运用训诂学的方法，广泛引用许慎、高诱、王念孙、俞樾、刘文典、徐清等多家注解，同时征引《庄子》《吕氏春秋》《太平御览》等书，对《淮南子》一些字词及其释义进行了勘误和考校，考证了不同版本的出入，补正了诸家注说之不足。陈祺寿在序中给予此书高度评价："详于校勘，审于训诂，恪守高邮王氏家法，具见读书细心。"

总的来说，本书读来较为晦涩，但旁征博引，细致入微，在《淮南子》注本的版本研究中具有很高的价值。（刘敏、孙瑞雪）

淮南子要略篇释

《淮南子要略篇释》，方光撰。北京：国家图书馆出版社，2017年12月第1版，系方勇主编《子藏·道家部·淮南子卷》之一种，据1928年方山山馆排印《国学别录》本收录。

方光简介详见《庄子天下篇释》提要。

本书是《国学别录》中的一篇，《国学别录》另有著者所撰《庄子天下篇释》《荀子·非十二子篇释》《史公论六家要旨篇释》等三篇。据严灵峰编著《周秦魏诸子知见书目》记载，著者名字在《书目综录》中被误写为"方元"，于大成的《淮南子校释》《淮南王书考》二书并袭其误，后来"方元"一名误用较广。

本书是关于《淮南子·要略篇》的注释集汇。本书备录《淮南子·要略篇》（以下简称《要略篇》）原文，在各句下摘录历代名家之注，注解的地方标有黑框白字的"注"字，注释字体比原文小一号，通篇圈点断句。正文前后有著者的按语。正文前的按语简单地介绍了《淮南子》一书的总体情况，并重点说明《要略篇》实际上是《淮南子》内篇的"序"。正文后的按语则对《要略篇》的内容有次序地进行了概括，并认为"要略之九说"是对诸子百家的一次重新分类，其中以道家为宗，其他八家为儒、墨、名、法、太公、管、晏、纵横等。

著者注释《要略篇》一文，涉及字词释义、辨音、勘误、版本校勘、典故出处等方面，注解多而全面。本书以许慎注本为底本，同时引王念孙、俞樾、刘家立、高诱、刘文典、李哲明、庄逵吉、孙诒让等名家注解。著者自己也有评注，如"光案王说非此节，本文句读甚明"等语，主要是在前人的注解基础上进行补充或者简单评价与解释。

总而言之，本书注解专精且详细，在《淮南子》单篇注释中有很强的参考价值。（刘敏、孙瑞雪）

淮南子

《淮南子》，沈德鸿选注。北京：国家图书馆出版社，2017年12月第1版，系方勇主编《子藏·道家部·淮南子卷》之一种，据1930年上海商务印书馆排印《万有文库·学生国学丛书》本收录。

沈德鸿简介详见《庄子选注》提要。

本书共分为序、凡例、俶真篇、览冥篇、精神篇、齐俗篇、道应篇、诠言篇、人间篇、要略篇诸部分。《淮南子》原书共21卷，本书只选取了其中8卷的内容进行注释。著者在序言中解释，因为《淮南子》并非由一人所著，也非一家之言，所以没有中心思想。自己选择注释的内容，完全是自己的主观嗜好，并没有特别的用意。

在注释上，著者广引了东汉高诱、许慎、近代俞樾等注家的注释以及同时代的刘文典的注释，但并未注明具体出处。因为本书面向的读者为学生，并非学者或是专门研究人员，故其特点是通俗易懂、易普及，能够让人在读了此书后对《淮南子》有一个基本的了解，并理解其中一些晦涩之处，而非全面考据、旁征博引，或是阐发义理、结合时事。本书作为《万有文库》中的"学生国学丛书"，在编写上可谓定位准确。本书也体现了著者作为当代著名作家早年积累的非常深厚的国学功底。（黄子鉴）

淮南子精华

《淮南子精华》，无名氏撰。北京：国家图书馆出版社，2017年12月第1版，系方勇主编《子藏·道家部·淮南子卷》之一种，据1930年上海中华书局排印本收录。在其封面标示为"教科自修适用"。

本书并未注明著者，但其开篇的序中写道，因《淮南子》浩瀚博大，有一名为大梁侯氏者选取其中的精华部分与评注，刊印成此书。很有可能这位大梁侯氏就是本书的作者。但此作者的真实姓名、生平籍贯，一时难以考寻。

本书分为上、下卷，除去序，上卷分"俶真训""缪称训""诠言训"，下卷分"兵略训""泰族训"。而《淮南子》原书则分为21卷："原道训""俶真训""天文训""坠形训""时则训""览冥训""精神训""本经训""主术训""缪称训""齐俗训""道应训""泛论训""诠言训""兵略训""说山训""说林训""人间训""修务训""泰族训""要略"。可见，本书只选择了其中五卷，仅占整个篇章的一小部分。也许，这五卷便是作者认为的《淮南子》原书的精华部分。

本书还有一处值得注意的是，在书页的天头处，多见茅鹿门与袁石公的评语，偶见张宾王的评语。茅鹿门，即茅坤（1512—1601），字顺甫，号鹿门，明代散文家、藏书家、书法家。编选《唐宋八大家文钞》，著作有《白华楼藏稿》《茅鹿门集》等。袁石公，即袁宏道（1568—1610），字中郎，号石公。明代散文家，提出"独抒性灵，不拘格套"的性灵说。张宾王，即张叙（1690—1776），字滨潢，又字宾王、凤冈，清代散文家。著作有《诗贯》《凤冈诗草》《通鉴纪要》等。故《淮南子精华》的来源，很有可能是清光绪元年（1875）湖北崇文书局的刻本。该刻本为《淮南子》全书，由童竹珊细校，书中节录高诱的注释，并可见茅鹿门、袁石公、张宾王三家密密麻麻的评语。

　　本书作为民国时期小学教员、私塾教师、民间国学爱好者的读物，其特点是编撰者不明，行文体系不够全面。但不可忽视的是，这些民间的《淮南子》研究书籍也是《淮南子》研究的重要组成部分，尤其是对于保存一些稀有民间刻本内容，为后世收集整理材料，具有积极的意义。（黄子鉴）

淮南子集解

　　《淮南子集解》，叶昀校勘。北京：国家图书馆出版社，2017年12月第1版，系方勇主编《子藏·道家部·淮南子卷》之一种，据1931年广益书局排印本收录。

　　叶昀简介详见《庄子集解》提要。

　　本书虽然校勘者为叶昀，但观其内容，应该是来自于庄逵吉的《淮南子》校本。庄逵吉（1760—1813），字伯鸿，武进人士。清代著名训诂学家、戏曲作家。著有传奇《江上缘》《秣陵秋》等。《淮南子》注释本为其在学术上的代表作。在叙中，庄逵吉写明了校注《淮南子》的原因是"病其为后人所删改"，他校勘的底本是21卷的《道藏》本。梁启超认为，"诵习本书者认为唯一之善本盖百余年"，可见其影响之深远。

　　庄逵吉校本《淮南子》诞生的背景，是明末各种关于《淮南子》的通俗版本流传于世。故其校本有着正本清源、解释经典的积极意义。庄逵吉本人自幼受良好的考据与训诂教育，功底深厚。在庄逵吉校本《淮南子》中，注释共有三百余条，多方引证其他的版本与古籍，具有浓厚的考据训诂气息。自庄逵吉以来，清代的儒家学者研究《淮南子》基本都依据此书。

　　庄逵吉校本《淮南子》经过后人的发展，以两种方式流传。一是重新翻刻翻印。庄逵吉校本《淮南子》曾先后被各书局排印重印，并收入《四部备要》《诸子集成》等丛书。二是以其为底本的校勘、注释。如，清代孙志祖校本《淮南子》，近现代刘文典的《淮南鸿烈集解》。可以说，自庄逵吉以后，研究《淮南子》的学者，大部分都以庄逵吉的《淮南子》注释本为底本。

　　本书从其内容来看，应该是庄逵吉校本《淮南子》的翻刻本。分为上、下两卷，上卷的内容为"原道训""俶真训""天文训""坠形训""时则训”"览冥训""精神训""本经训""主术训""缪称训""齐俗训"，下卷的内容为"道应训""泛论训""全言训""兵略训""说山训""说林训""人间训""修务训""泰族训""要略"。开篇为叙，内容基本都与庄逵吉校本《淮南子》相同。可见，本书在出版之时，并未经过较为严谨的审核，也未写明本书的源流。（黄子鉴）

读淮南子札记

《读淮南子札记》，陶鸿庆撰。北京：国家图书馆出版社，2017年12月第1版，系方勇主编《子藏·道家部·淮南子卷》之一种，据民国间文字同盟社排印《读诸子札记》本收录。《读诸子札记》还有1959年中华书局排印本以及1998年浙江人民出版社所出陈引驰编校《陶鸿庆学术论著》本。

陶鸿庆简介详见《读庄子札记》提要。

本书记载了作者读《淮南子》内篇所作的考证与心得。以浙江书局王逵吉校本为底本，采高诱、俞樾、王念孙等人的注解，引《说文解字》《庄子》《列子》《太平御览》等书校正了《淮南子》一书的文字和文义。在文章结构上，该书一共分为两篇，通篇点校句读，每篇按照《淮南子》内篇篇目顺序节录原文文句，注解则另起一行，比原文略低一格。注解皆以"愚案"开头，注文中还有双排小号字体的注释。

本篇札记，主要是结合历代诸家注说对《淮南子》一书进行字词释义的校勘和训诂，尤其指出其中的衍文以及版本流变情况。本书沿袭了作者一贯考据充分、治学严谨的风格，《文史》第二辑就曾做出中肯评价："陶氏之书，虽鲜卓识，然订讹刑诶，学有本株。"

总而言之，本书对《淮南子》内篇的校注详细且全面，在学界引用较广。（刘敏、孙瑞雪）

淮南王书

《淮南王书》，胡适著。北京：国家图书馆出版社，2017年12月第1版，系方勇主编《子藏·道家部·淮南子卷》之一种，据民国间商务印书馆排印本收录。另，新月书店曾于1931年单独出版本书。另有长沙：岳麓书社，2011年版。

胡适简介详见《老子略传》提要。

《淮南子》，正式名为《淮南鸿烈》。由汉高祖之孙淮南王刘安与其门客编著而成，主要阐发先秦道家黄老学派，兼收诸子百家之说。历代对其的研究注解不绝。

本书原是著者的长篇巨著《中国中古思想史长编》中的第五章。著者认为："道家集古代思想的大成，而《淮南王书》又集道家的大成。"全书共分六章：淮南王和他的著书、论"道"、无为与有为、政治思想、出世的思想、阴阳感应的宗教。每一章分为多个小节。

总的来说，就哲学思想上，著者对"道"是批判的。他认为在一切物理之上再假设一个"道"，虽然在哲学史上有破除迷信的功用，但也阻碍了科学的发展，因为人们既然知"道"，便不会再求万物之"理"。同样的，著者也不认同"无为"，因为"无为"就是不为物先，就是落后。并认为这是一种"雌"哲学，养成了一国"雌民"。

但就政治思想而言，著者却认为《淮南子》中虽然处处号称"无为"，但实际并非这样，而是有很多精义，比如"无为政治"，并非是政治上无所作为，而是与民休息，不要再加重百姓的负担。胡适将《淮南子》中的政治思想概括为：虚君的法治；充分地用众智众力；变法而不拘，守故常。可见，他对《淮南子》中的政治思想颇为认同，并且结合自身时代背景，发出了民主与改革的呼唤。

本书的文字注解，多参照刘文典的《淮南鸿烈集解》（胡适曾为该书作序）与王念孙注。但著者与这些和他同时代或较早时代的学者不同，其《淮南王书》并非沿袭自清代学者以来的笺校、义释以及版本考证等基于传统考据学的研究，而是侧重于义理研究特别是表达自己的政治思想与诉求。对《淮南子》的义理方面的研究，是在20世纪五六十年代以后方才大规模兴起的。可以看出，著者作为新文化运动代表人物，在社会巨变的环境下，对于典籍不再拘泥于传统的研究方式，而是结合时代，思考其效用。（黄子鉴）

淮南子校文

《淮南子校文》，向承周撰。北京：国家图书馆出版社，2017年12月第1版，系方勇主编《子藏·道家部·淮南子卷》之一种，据民国间抄本收录。原书竖排线装，一卷，不分册，共53页，书页印有网格，每页6列15行。

向承周（1895—1941），原名永年，学名承周，字宗鲁，四川省涪陵县人。1930年参与重庆大学的筹办工作，并任教主讲《昭明文选》，同时受聘于重庆师范学校、重属联合中学及陶闿士私立学校；1931年任重庆大学中文系教授，兼系主任；1935年，重大大学文学院合并入四川大学，遂至四川大学任中文系教授；1940年任四川大学中文系主任；1941年四川大学设立中国文学研究所，由其主持工作，同年因病逝世。

著者研究《淮南子》多年，据《向宗鲁先生批校书名》可知其有两种关于《淮南子》的批校成果，但其中未收此书稿。且此书稿之前也并未单独出版，仅有中国国家图书馆所藏手抄本存世，此本由罗鹭教授整理发表于《向宗鲁先生纪念文集》。

此书稿仅录所校之文句，兰加以考证。所校内容并不仅仅局限于《淮南子》本文，也涉及了后人所作的注文内容。考其文中所抄录的注文中多次出现"庄本""庄氏"之言，基本上可以断定其所用底本乃是庄逵吉刊本。书中校文按照《淮南子》原文顺序排列，先列篇目，若全篇无所校文本，则空过不提。篇目之下按照文本顺序，先列原文，后录注文，然后则是其考订之文。

其文尤重理校之法，往往通过字形、字音入手，考其源流，并广采众书加以论证。如其中认为《淮南子·本经训》中"师旷瞽而为太宰"乃"师旷瞽而为太宗"之误，因"宰""宗"字形相近。其认为师旷为瞽者，瞑臣不可为太宰，且通过官制的考察，得知晋国并无太宰之官，而师旷之职为太师，本为宗伯之属，写作太宗则通。他也很重视淮南子前后文本的互相校对，如其校《淮南子·道应训》中"人可以微言"时，结合下文"人固不可以微言乎"认为此处有脱字。其重视将细节文字与史实结合考证，如根据《史记·鲁世家》校定《淮南子·齐俗训》中的"鲁至三十二世而亡"应为"鲁至三十四世而亡"。

当然，本书亦有缺憾，如个别字的误写，或词语的颠倒，亦有一些语句错分篇目，个别校文对原文的调整有一定的随意之处。不过，书稿之中另有批文，多数错误已然改正。总而言之，本书虽以理校、本校为主，缺少版本对校，但其考据精当，论述有力，提供了许多珍贵的材料。（张红志）

双剑誃淮南子新证

《双剑誃淮南子新证》，于省吾撰。北京：国家图书馆出版社，2017年12月第1版，系方勇主编《子藏·道家部·淮南子卷》之一种，据民国间排印《双剑誃诸子新证》本收录。

于省吾简介详见《老子新证》提要。

本书为《双剑誃诸子新证》之一篇，分为序与四卷正文，是关于《淮南子》的训诂考证校注。著者在序言中说，本书主要是在刘文典《淮南鸿烈集解》的基础上阐发，但"兵略篇"则来自于日本所藏的唐代抄本。

总的来说，著者的研究方式是沿袭清代儒家学者对于《淮南子》中文字与语句的校勘注解，而非对其义理的阐发。此外，本书并非对《淮南子》全篇从头到尾的注解，而是找出了其中语句凝滞之处282例，依据原书顺序逐一考证。其形式，多为先列举各种古籍或前代学者关于某字某词的注解，再以此为基础，加以辩驳或阐发新意。其训释方式承袭了王念孙的《读书杂志》、俞樾的《诸子平议》。

著者治学严谨，并善于利用新的材料与方法，从古文字的角度对古籍及前代学者的注做了新的考证，使《淮南子》中诸多语句凝滞不通之处得到了很好的释疑。整部《双剑誃诸子新证》不仅是关于子书训诂的集大成之作，具有很高的学术价值，同时，对于学者研究原始子书来说，也是不可少的工具参考书。（黄子鉴）

淮南子证闻

《淮南子证闻》，杨树达著。北京：国家图书馆出版社，2017年12月第1版，系方勇主编《子藏·道家部·淮南子卷》之一种，据1953年中国科学院出版社排印本收录。

杨树达简介详见《汉代老学者考》提要。

本书在文章结构上分序言三篇和正文七卷，序言有淮南子证闻彭序、淮南子证闻自序、淮南子证闻后序，卷一有原道训第一、俶真训第二、天文训第三，卷二有地形训第四、时则训第五、览冥训第六，卷三有精神训第七、本经训第八、主术训第九，卷四有缪称训第十、齐俗训第十一、道应训第十二，卷五有泛论训第十三、诠言训第十四、兵略训第十五，卷六有说山训第十六、说林训第十七、人间训第十八，卷七有修务训第十九、泰族训第二十、要略第二十一。每页外侧都有注明该节所属卷目和篇目。

著者读《淮南鸿烈间诂》，认为"其中虽多胜义，而其显然违失者固数数见也"，由此而以其在训诂方面之丰富学问展开了对《淮南子》的研究。研究和整理文献典籍必离不开训诂之学，而训诂则首先必通声韵，使训诂不为文字形体所制，其次必明文法，乃知文字于文中真义，最后必推修辞之理，而明上下文之真义。通声韵、明文法、推修辞之理是为训诂之要义。著者正是以其在声韵、文法、修辞方面博大精深之学养，对《淮南子》所含篇章逐一校释，遂成《淮南子证闻》。著者认为，训诂之学问亦是随着时代发展而日益精进，审辞气和义诂在训诂之学中不可偏废，应兼取其长。

总而言之，本书彰显了著者深厚的训诂学功底，其研究独到而精深，不仅为后人研究《淮南子》提供了文献支持，也为研究古典经籍提供了方法、拓展了视野。（毛奇）

《淮南子》与《文子》考辨

《〈淮南子〉与〈文子〉考辨》，丁原植著。台北：万卷楼图书有限公司，1999年版，32开。

丁原植简介详见《文子新论》提要。

本书是著者"文子研究"课题第三部分的研究结果，主要在考辨《淮南子》与《文子》资料间的对应关系。

今本《淮南子》全文约131324字，其中有30208字见于《文子》。《文子》全书约39228字，其中有30671字见于《淮南子》，仅8557字未见于《淮南子》，足见二者间关系之密切。

《淮南子》为淮南王刘安及其门客所编撰，本以"鸿烈"为名，后经刘向校订改称"淮南"。今本《淮南子》共21篇：原道训、淑真训、天文训、地形训、时则训、览冥训、精神训、本经训、主术训、缪称训、齐俗训、道应训、泛论训、诠言训、兵略训、说山训、说林训、人间训、修务训、泰族训及要略。

本书之要旨乃在确立《淮南子》与《文子》二者资料关联探索之基础，是故对于《淮南子》之考辨，仅及于《淮南子》与《文子》有文字互见之部分，其中"天文训""地形训""时则训"与"要略"等四篇，因无文字见于《文子》，故略去不论，共17篇。

本书撰写体例，于每篇按资料内容加以分章。凡与《文子》文字互见部分，均以楷体标示，并于其后小号字体附示《文子》文字，且加注《文子》篇章号码。《文子》一书之章节排列，则请参阅著者另一本著作《〈文子〉资料探索》。

凡与《淮南子》互见文字中，《文子》有而《淮南子》无之部分，则以"〔 〕"符号标示。而凡《淮南子》引述其他古籍资料者，均予以辑列并加以说明。最重要者，著者于每篇与各章之前，均要述该篇、章之撰写旨意与思想大意。

著者于《淮南子》与《文子》之文本资料比对、思想梳理，用心甚切，用功甚勤，其卓著成果，具有重要的参考价值。（刘见成）

综合与重构——《淮南子》与中国传统文化

《综合与重构——〈淮南子〉与中国传统文化》，雷健坤著。北京：开明出版社，2000年9月第1版，大32开，167千字，系"中华文化学院文库系列丛书"之一种。

雷健坤，1971年生，山西大同人。哲学博士，副教授。

本书由引论、主体四章节、结束语和后记几个部分组成。其中，主体部分第一章历史转折中的艰难诞生，主要阐述《淮南子》一书产生的社会背景。第二章文化专制前的最后呐喊，一方面展现出兼收并蓄、遍采百家的特色，另一方面从基调上表现出当时主流的黄老思想。对本书定位，著者认为是以道为主，兼论名法而又合乎儒墨。第三章贯通天人古今的理论重构，围绕"无为而治"这一思想而展开理论架构。在整个理论体系中，著者认为"道"作为最高的哲学范畴为"无为而治"提供了形而上的根据，同时"道"在现实层面，为"无为而治"提供了理论的论证和经验的验证。第四章流传久远的绝代奇书，着重评论《淮南子》一书对传统文化的贡献。认为书中丰富的历史材料为经学家的文字训诂提供了宝贵的思想材料，其绚烂的辞藻、多彩的文学艺术表现手法是中国传统文学艺术史上浓墨重彩的一笔。其中涉及的天文、地理、历法、医学等古代自然科学，更是不可多得的文化瑰宝。

著者认为刘安谋反说多为冤案。著者提出，刘安献书在前，谋反之事在后。故不能从谋反这一政治背景对《淮南子》成书进行考论，应当将其书看作是刘安领导的淮南学术集团的集体智慧结晶。

著者对《淮南子》中呈现凸的问题进行了独到的剖析。首先，认为《淮南子》中有着限君与尊君的错位。对于王权的诸多限制，使得《淮南子》终难逃被罢黜的命运。其次，任自然与定尊卑的错位。由于本身的道家风骨与儒家入世的杂糅，使得《淮南子》从根本上无法摆脱自身思想的矛盾性。最后，因循与更化的错位。《淮南子》中表现出来的因循之前的黄老思想并不符合汉武帝的政治需求，这也是其难逃最终命运的原因之一。同时，将《淮南子》一书还原于楚文化的土壤中，将其定位为淮南学术集团的产物，是本书对于《淮南子》性质定位的独特见解。

《淮南子》作为"焚书坑儒"后出现的一部综合性文化总结著作，在保存和发扬先秦文化方面功不可没。本书从成书背景、性质、主体重构、影响等方面对《淮南子》进行了全面的分析，从传统文化的大背景中凸显《淮南子》的文化精神和学术地位，有助于我们实现文化的综合和创新。（宋野草）

淮南子与老子参证

《淮南子与老子参证》，刘德汉著。台北：乐学书局，2001年版，精装，32开。

刘德汉，台湾大学中文系教授。长年讲授《史记》《汉书》《历代文选》及《淮南子》等课程，本书之作非校释之专书，其宗旨乃在选取《淮南子》一书中明引或暗用《老子》经文者加以考释，以期两书之相关部分能得到若干互为参证的彰显。

《淮南子》一书，《汉书·艺文志》列为杂家，或以其内容涵括先秦各家学说之故。实则以道家思想为主轴，其《要略》篇中即明白揭示："道应者，揽掇遂事之踪，追观往古之迹，察祸福利害之反，考验乎老庄之术，而以合得失之势者也。"其"考验乎老庄之术"义旨，可谓涵盖《淮南子》一书各面相。然本书之旨仅就《淮南子》与《老子》相关联之处加以疏解，以期略为厘清两者之间诸多相关之问题。

本书以影钞北宋本《淮南子》及武英殿聚珍版王弼注《老子》、《四部丛刊》子部《老子道德经河上公章句》等书为底本，并参阅古今有关《淮南子》《老子》注释书籍百余种。

本书分两大部分。第一部分：《淮南子》明引《老子》考，按《淮南子》篇次，择其有"故老子曰""故老聃曰"或"老子曰"者，逐一排比为例，共得57例。第二部分：《淮南子》暗用或化用《老子》考，盖《淮南子》书中甚多文辞乃合《老子》经义，但未明言系引《老子》而论，故唯衡酌其文意，摘取若干内容为一例，提点乃系暗用或化用《老子》某章或某几章经文，汇为38例。总计95例。

在明引《老子》57例中，著者首录《淮南子》某篇本文，据其所引先与今传各本《老子》校诘，再依各家注释加以解析，以视《老子》经文之出入，审其异同以推定《淮南子》所据者为何版本，最后则有著者总结性按语，以示其学术见解。

在暗用《老子》经文38例中，《淮南子》文本内容之选定及其相互对应之《老子》经文，全系著者衡量中有其特殊意义之文句作为某例主干，然后再释其义理内涵在《老子》某章中择取适当经文相呼应，并援引各家对所择定之经文内容做适当之校释。

本书于《淮南子》与《老子》文献资料之爬梳、文本字词之训释与二书在思想义旨之关系，皆有厘清辨正之一定贡献，值得参考。（刘见成）

自由与秩序的困惑——《淮南子》研究

《自由与秩序的困惑——〈淮南子〉研究》，陈静著。昆明：云南大学出版社，2004年11月第1版，16开，320千字。

陈静，1954年生，四川成都人。中国社会科学院哲学所研究员、《中国哲学史》常务副主编。长期从事汉代思想、老庄哲学研究。主要著作有《秦始皇评传》，译著有《荣格》《剑桥中华民国史》等，发表论文数十篇。

本书分为上、中、下三篇。上篇讨论了《淮南子》流传过程中的各种问题、现存版本的传承问题、淮南王身世与该书思想旨趣之间的关系，从社会背景和文献材料方面对该书进行了学术史的清理。中篇提出《淮南子》是道家立场的思想综合，而非杂家的观点。论述了《淮南子》一书中儒、道两套不同的宇宙理论。指出《淮南子》有一套以真伪论人性的人性理论，试图通过改造人性来改造社会。下篇主题较分散，为研究的背景资料，附录了《说〈淮南子〉的杂》《徐复观和他的〈淮南子〉研究》《"吾丧我"——〈庄子·齐物论〉解读》《"天人感应论"的科学批判与人文解释》几篇文章。

著者以"自由与秩序"为钥匙来解剖《淮南子》，看到了《淮南子》一书的复杂性：从道家思想出发，却涵盖了儒道两家思想。著者以奇、杂两字归纳《淮南子》的特色。淮南王编著《淮南子》一书的目的在于治理天下，而这种初衷与他最后在谋反罪的名义下自杀形成了强烈反差，这为《淮南子》抹上了传奇色彩。另一方面，它保存了先秦思想的大量材料，其史料价值很高。其中许多天文和地理知识，至今仍是我们研究古代天文地理的重要材料。杂在于其独特的文风、对诸多问题的哲学思考、思想立场的游移不定。《淮南子》汉赋铺排渲染，在一个意向上放纵想象和广纳众说；从《淮南子》正文20篇的篇名可以看出它的论域十分广泛，给人杂乱之感；其思想立场游离在道家的追求自由和儒家的维护秩序之间，这是导致其书杂芜的根本原因。《淮南子》中处理的是人的角色属性和由此而来的人际关系，为与不为的矛盾，正是自由与秩序之间的困惑。以上是本书著者的创新之处。

著者立志于通过不断的回望历史而了解中国之所以成为中国，是我们想认清自己的局限而实现自我超越的一种努力。《淮南子》正是我们回望自己精神的历史时出现在我们视野里的一部典籍。著者认为《淮南子》代表着中国文化思想从战国时期的分散而逐渐走向合流的思想综合趋势。（宋野草）

淮南子研究

《淮南子研究》，孙纪文著。北京：学苑出版社，2005年7月第1版，32开，250千字。

孙纪文，1967年生，山东泰安人。文学博士。曾任宁夏大学科技处副处长，人文学院教授、硕士研究生导师。现为西南民族大学文学与新闻传播学院教授、副院长。主要从事中国文学史、文艺理论研究。参编著作一部，发表论文近20篇。

全书先有内容提要、序、绪论，而后是五章的主体部分，末有结论、参考文献、后记。

本书主体分为五章：探究《淮南子》的经学素质；审视《淮南子》的历史哲学思想；考论《淮南子》诸子思想的构成状况；观照《淮南子》的文学特质；解读《淮南子》所录神话的演变状态和相应的特征。本书从哲学、史学、文学等学科角度入手，采用朴学为本、西学参照的研究方法，阐释其中某些精义的深层文化底蕴，透视《淮南子》一书的文化史价值。本书强调的是以历史的和逻辑的心态去理解《淮南子》中的文本内容，感受它们在文化建构中的真正含义。

本书将《淮南子》定义为一部杂家之作，认为《淮南子》一书"视儒道为并列，因阴阳之大体，采墨家之善行，撮名法之长处"。强调其书兼容并蓄的特点，反对高诱将其归于道家的观点，并强调了《易》学思想在《淮南子》中举足轻重的地位。认为《淮南子》是儒、道、阴阳三家思想的鼎足而立。著者倡导回到文献本身去定位《淮南子》的性质，认为《淮南子》20篇文章的思想未曾局限于某一家而是体现出一种各家平衡的特点。认为《淮南子》一书并不具有完整的理论体系，但其中的结构意识应予以肯定。著者认为《淮南子》试图建立一种打通天地人三才的宇宙发生模式。著者对文本的解读十分细致，并有自己独到的见解。从方法论上看，本书从文化价值的角度对《淮南子》做了新的解读和探索，把《淮南子》纳入文化史的视野中去观照，不离朴学也不离西学的参照。

本书对《淮南子》的历史本体论进行了全面的分析，认为其中包含了历史变易、历史规律、历史阶段、历史发展各个层面的问题。《淮南子》中诸子思想并存而竞进，其最终目的在于力求融合各家而又不囿于一家，探求天、地、人三才和谐发展之道。此外，本书还对《淮南子》的文学特质和神话演变进行了讨论，认为神话历史更多地以政治倾向为重。

　　本书的一大特色即围绕一部经典蕴涵着怎样的文化史价值而展开。著者更多的是将《淮南子》一书视为寻求治世思想的圆通，强调其观照现实的情怀而绝非纯粹的学术著作或思想式的说教。本书首次全面研究了《淮南子》的文化史价值，此乃其学术价值之所在。（宋野草）

淮南子考论

　　《淮南子考论》，马庆洲著。北京：北京大学出版社，2009年7月第1版，16开，178千字。

　　马庆洲，1966年生，山东临朐人。文学博士，清华大学出版社编审。主要研究方向为先秦两汉文学与文献，著有《淮南子今注》、《先秦两汉文学研究》（合著）等，发表学术论文80多篇。

　　本书主体分为八个部分：绪论、《淮南子》成书及著者、刘安"谋反案"考辨、汉初学术与《淮南子》的特征、《淮南子》与先秦文献、《淮南子》思想解析、《淮南子》的文学成就、《淮南子》的流传与整理。本书对刘安与《淮南子》之关系、刘安"谋反案"的真伪、《淮南子》的学术渊源、文学成就等问题，在充分辨析前人成果的基础上，重加考论，提出了一些新的见解，力图给予《淮南子》以客观的评价，并对《淮南子》的思想内容、文学成就及历代流传研究等加以归纳总结，为《淮南子》的进一步研究提供了一个新的平台。

　　本书的一大特色是从文献出发，将《淮南子》还原于汉初文化的大背景下，全面考查《淮南子》的著者、产生的学术背景、思想渊源、文学成就及历代研究的状况，提出了自己的结论：刘安不单是《淮南子》的"主编"，更是主要"著者"；《淮南子》旨在建立一套系统的学说，探讨社会兴亡的规律；著者认为"谋反"只是一个借口，为刘安平反；将《淮南子》一书界定为"杂家"，认为《淮南子》是先秦以来学术杂家化的正常发展，反映了汉初由黄老之学向儒学的过渡；《淮南子》一书有系统性和包容性，并非杂乱无章；对

《淮南子》在唐代以前的流传、宋元明清的刊刻与整理进行了考证。值得指出的是，本书有两章内容比较独特。一章从文献角度分析了《淮南子》引用前典的情况，详尽列出《淮南子》中先秦文献的名称、内容及数量，并且分析整理了这些文献在历史发展过程中的存佚情况和与原文献在文字上的异同；一章从文学成就的角度来剖析《淮南子》，如保存了大量的神话，既是研究古代神话的原材料又具有很强的文学价值，是骈体文发展史上的重要一环。

本书比较全面地对《淮南子》的相关情况做了考证和论述，从文献学的角度入手，对《淮南子》进行总体研究。本书学术信息和资料丰富而完整，对相关问题的论析明确而有针对性。注重文献资料的考证，遣词造句秉承言简意赅的原则，文体优美而精简，观点明确。但对于《淮南子》涉及的天文、术数方面的问题提及甚少，稍显遗憾。（宋野草）

淮南子用韵考

《淮南子用韵考》，张双棣著。北京：商务印书馆，2010年3月第1版，32开。

张双棣，1944年生，北京人。北京大学中文系教授，汉语史专业博士生导师。著有《吕氏春秋》《古汉语小词典》《淮南子校释》等。

本书分四部分，从韵例、用韵分析、韵谱、韵读四方面详细介绍了《淮南子》一书中的用韵情况。在第一部分中，罗列出《淮南子》一书中韵语出现的各种位置情况以及韵在韵段中的位置。在第二、第三部分中，著者主要从独韵、通韵、合韵方面对书中的用韵及韵谱做了总结分析。第四部分，著者将《淮南子》全文附录其后，并在每处出现用韵的地方用括号、黑体加粗字的方式将出现的韵加以注明，使读者一目了然。

《淮南子》一书虽为散文体著作，但骈散相见，有相当多的韵语。这些韵语反映了汉初语音的面貌，是研究汉初语音的非常可贵的资料。清儒王念孙曾作《淮南子韵谱》，但最终未完成，没有刻印，稿藏于北大图书馆。著者以《道藏》本校订的《淮南子校释》为底本的基础上，对王谱未完成之初稿，进一步考察整理，分析研究，看出了《淮南子》用韵的特点。

本书在分析上呈现分类细致的特点，如在对韵语出现的位置上，详细分为句尾、句中句尾、句首句尾三种情况。对于韵语的分布，分为排比句用韵、对偶句用韵、较整齐句子用韵、不很整齐句子用韵、引用谚语、引用古籍韵语六种情况。

本书是目前为止较为全面的一部从语言学角度考察《淮南子》用韵情况的专著，较为全面细致，语言平实，内容翔实。（宋野草）

神话叙事与集体记忆：《淮南子》的文化阐释

《神话叙事与集体记忆：〈洼南子〉的文化阐释》，黄悦著。广州：南方日报出版社，2010年8月第1版，16开，300千字，系"神话历史丛书"之一种。

黄悦，1981年生，陕西洛川人。中国社会科学院文学博士，北京语言大学副教授、硕士研究生导师。主要从事比较文学、文学人类学方面的研究，发表学术论文数篇，另有译作10余万字。

本书由导论、正文五章、结语、参考文献、后记构成。内容上，对《淮南子》的神话本质进行深入探讨；着重剖析《淮南子》神话话语特性和形成机制；分析《淮南子》中反映出的各种文化因素；重点分析了《淮南子》中突出的神话意象和早期道家神话之间的关系；对《淮南子》中的女神形象及其演变过程进行了专题研究。本书从宇宙观、空间结构、历史观三个方面对《淮南子》的神话叙事进行了考察，认为书中具有明显的神话思维特色。《淮南子》神话主要来源于楚文化中的巫文化，加之当时流行的黄老之学、阴阳五行思想，又杂糅神仙方术等内容，这使得《淮南子》艺术内容纷杂，成为一部以巫文化为底蕴的巨著，在秦汉文化这个大的坐标系中进行观照，探索神话在文化建构中的作用。

著者循东汉高诱之言，归《淮南子》于先秦道家。《淮南子》本质是熔铸先秦诸子百家思想于一体的治国方案。著者试图通过《淮南子》中的神话思维、神话原型的追溯来揭示神话作为知识和世界观根基的意义。希望通过这样的努力来探索神话在特定文化条件下的存在状况以及其被用来建构文化传统和权威话语的一般规律。著者认为《淮南子》的文学风格是一种独特思维方式和观念体系的反映，这种模式可以追溯到华夏文化的早期阶段。该观点是从神话学角度深入追溯的结果，为一大特色。

本书力图从神话历史新视域解读中国文化的原型编码，从而呈现出具有规模性的人文研究和国学研究的创新成果。本书采用跨学科的综合分析方法，以《淮南子》中所呈现出来的神话为中心，对比不同文化背景和政治条件下对神话的重述和再造，并将这类阐释置入现代神话学理论框架中进行分析。

著者以神话历史的角度重新审视《淮南子》的文化根源，谈论了《淮南子》一书中的神话文化，成为《淮南子》研究中的一面独特旗帜。本书以《淮南子》神话为中心进行横切式研究，并以此为基点延伸至先秦和西汉后期的文化语境。以《淮南子》中呈现出来的神话为中心，对比不同文化背景和政治条件下对神话的重述和再造。（宋野草）

《淮南子》许高二注研究

《〈淮南子〉许高二注研究》，李秀华著。北京：学苑出版社，2011年10月第1版，32开，361千字。

李秀华，1976年生，江西新余人。华东师范大学文学博士。台州学院副教授，主要从事先秦两汉文学与哲学研究，已发表学术论文30多篇。

本书主体分为四个部分：《淮南子》许高二注文献学考察，从许、高二注的流传和保存入手，对比了两个版本之间的差异和流变；《淮南子》许注八篇研究，主要分析了许慎注的训诂特征以及与《说文解字》的关系；《淮南子》高注十三篇研究，着重阐释了高诱注的训释特色及其与经学的关系；《淮南子》许高二注比较研究，对两个注释版本的学术背景、体例、诂训做了较为全面的对比，并揭示了许高二注的学术地位与价值。著者认为，对许高二注的研究应放在汉代学术史和思想史的视野之下。许慎的注释，着重对原书各篇大意的概括，行文简朴明了，少用训诂。其对《淮南子》的注释与其另一名作《说文解字》相互取用，体现了其经学家的主张。高诱的注释，则着重从字词、典章、文句义理等方面，植入大量儒家言论，推崇儒家学术思想。

本书运用考据学的方法，对《淮南子》许高二注的梳理、校勘、辑佚做了大量工作，并考察了许高二注何时相杂而成书、二注古训释义的异同等问题。本书还通过数据统计的方法，进一步确定了关于许高二注的区分结论。

对于注疏的研究，往往容易陷入孤离、断层的研究视角。为避免陷入这种局限，著者注意运用"因世知人、因书究学"的方法，将作品放在当时的时代大背景中进行研究，通过全面探测著者的学术轮廓而加深对其作品的理解。这可谓是本书在研究方法上的创新。

本书从文学、文献学、训诂学、学术史、思想史等各个研究角度入手，形成了一部较为系统、全面的专论著作。著者认为对《淮南子》许高二注的研究，必须放在其成书的大时代背景下。这种视角，可谓一种突破和开拓。著者对《淮南子》许高二注的研究，在一定程度上推进了清人校理《淮南子》注文的成果。对于进一步区分许慎、高诱的作品，起到了重要作用。从行文风格上看，许注略显疏阔，而高注则是集大成者，注文翔实。这种变化，恰恰体现了学术渐进的规律。通过本书的研究对比，可以为《淮南子》正本清源，更好地认识两汉学术史乃至文化史。

本书是一部文采绚烂、义理精深的著作。历来对《淮南子》的研究文献汗牛充栋，但专门针对许高二注的所占比重很小。本书研究许高二注，但对其所蕴含的思想、学术等深层次意义则忽视不置，这点稍显不足。（宋野草）

淮南子

《淮南子》，陈广忠译注。北京：中华书局，2012年1月第1版，32开，750千字，系"中华经典名著全本全注全译丛书"之一种。

陈广忠，1949年生，安徽淮南人。安徽大学文学院教授、中国诸子学会副会长。主要论著有《淮南子译注》《刘安评传》《两淮文化》等。

本书上册11卷，分别为：原道训、俶真训、天文训、地形训、时则训、览冥训、精神训、本经训、主术训、缪称训、齐俗训；下册10卷，分别为：道应训、泛论训、诠言训、兵略训、说山训、说林训、人间训、修务训、泰族训、要略。

著者认为《淮南子》是一部融黄老道家的自然天道观、儒家的仁政学说、法家的进步历史观、阴阳家的阴阳变化理论以及兵家的战略战术等各家思想精华为一体，而以道家思想为主旨的学术创新之作。认为《淮南子》继承了老庄思想中的无为思想，并对无为进行了全新的阐释。无为是按照"自然之势"和人类自身及社会规律办事，实现无为与无不为的完整统一。此外，《淮南子》一书文笔瑰丽，雄浑多姿，成为"文宗秦汉"的典范作品。书中所涉及的杰出的科技成就，更是泽惠古今，令人称绝。作为一部非自然科学的著作，却涉及天文、物理、化学、农学、医药、水利、气象、物候、地理、生物、乐律、度量衡等方面的科技成果，代表了汉代最好的科技水平，流传至今，不可不谓之奇书。

《淮南子》一书版本众多，本书注释选取的底本是上海涵芬楼影印刘泖生影写北宋本，并采用多版本作为对校和参校，学术态度严谨。著者认为《缪称》《齐俗》《道应》《诠言》《兵略》《人间》《泰族》《要略》8篇为许慎注、其余13篇为高诱注，然二注多有相掺。全书采用原文、注释、译文的形式，分段对原文进行解释。考释及注文简明准确，译文以直译为主，采取句句对译的形式，使古今文义一目了然。注释部分对于原文中的部分字词单独解释，说明出处，并对难检字进行注音。注释部分涉及释义、注音、考据、异文、版本等内容，并融汇著者的最新研究成果。书中保留了原文中的通假字、古今字，而异体字大多以简化正字取代，保留了少量的异体和繁体字。

注释中对于生僻字进行注音，对于有异议的版本进行明确注释，信息较为全面而中肯。在每卷卷首，著者会有一部分单独的题解，对卷名的选字、出处进行考证和分析，并对该卷的内容做出总结、提炼。

本书全面地对《淮南子》进行了校对整理，可谓是研究《淮南子》文本的基础读物之一，有助于读者较为全面地了解《淮南子》一书的原貌。（宋野草）

扬子法言研究

《扬子法言研究》，蓝秀隆著。台北：文津出版社，1989年版，32开。

蓝秀隆，1973年毕业于台北政治大学中国文学研究所，导师熊公哲。

扬雄，字子云，汉朝重要思想家，其主要著作仿《周易》作《太玄》，仿《论语》作《法言》。《法言》之作乃扬雄对先秦道法名诸家非毁儒家的情形非常不满，又深感当时蔚为主流的今文经学家也各以其知解经释义，以致诡辞、强辩遮蔽了儒家圣人之道，迷惑了大众。

本书为扬子《法言》的研究专著，除绪言外计分四章各就扬雄生平、《法言》考述、《法言》思想与《法言》之文辞予以探究。

　　第一章扬雄生平，下分两节：第一节略述扬雄生平传记；第二节则建构扬雄年谱，从汉宣帝甘露元年扬雄生至新莽天凤五年扬雄卒，得年七十一。年谱中略述扬雄一生重要事迹。

　　第二章扬子法言考述，下有五节，分述扬子法言校记、扬子法言历代著录及其存本辑存汇录、台湾现藏扬子法言善本书目、台湾近代刊扬子法言版本。其中第一节扬子法言校记乃著者用心致力之处，取秦氏宋本扬子法言为底本，取诸本相与校雠，衡裁诸家之义，企以补阙正讹。

　　第三章扬子法言思想之探究，下分12节，就尊孔、宗经、隆师、治学、尚德、为政、论文、杂说、品鉴人物、绳检诸子、修持之法、法言微旨等面向阐发扬子《法言》一书中的思想要旨。扬雄之学宗孔主儒，《法言》乃仿《论语》而作，意在提要勾元，扶翼儒教，藩卫圣功。

　　第四章扬子法言之文辞，下有四节，第一节乃汇列历来有关法言一书褒贬不一之评论文章，以供读者互参。第二节汇陈法言一书中扬子所用韵语以供参照。第三节汇总法言一书中扬子喻物、拟事、方古、譬诗等取喻之文。第四节扬子法言象式论语之体例句法与文意者，扬雄自序云："故人时有问雄者，常用法应之，撰以为十三卷，象论语，号曰法言。"是知《法言》一书乃象论语而作，其体例、句法、文章常有依范论语者。著者此节例举象式论语者，分体例、句法与申论文意之处，表而例之，以明扬子著《法言》尊孔主儒之旨要。（刘见成）

（二）道家道教文献综合考察与专题探讨

道藏源流考

《道藏源流考》，陈国符著。北京：中华书局，1949年7月初版。

陈国符（1914—2000），江苏常熟人。历任昆明西南联合大学工学院副教授、教授，兼理学院化学系教授，北京大学、天津大学等多所大学的教授。作为我国著名的工业化学家和教育家、《道藏》研究领域及中国炼丹史的世界领先学者与权威，陈国符长期致力于《道藏》研究，对中外丹黄白术等问题的研究也极有造诣。

本书前有罗常培序，正文包括《三洞四辅经之渊源及传授》《历代道书目及道藏之纂修与镂板》两大类，附有《引用传记提要》《道藏札记》。

本书第一部分依照道教传统三洞四辅分类法，梳理考辨了七部道书的渊源、传授、著录、类集、真伪等问题，根据大量资料绘制了《道经传授表》，详细考辨了上清经的传授脉络，将其分为"古灵宝经"与"今灵宝经"。同时还考证了道教三皇文增编成洞神经的过程，并分述了太玄、太平、太清、正一等四辅经的性质及收录情况。首次明晰了《道藏》三洞四辅七部道书渊源，创始之功巨大。本书第二部分的《历代道书目及道藏之纂修与镂板》，详考了历代众多典籍涉及的道教书目，列举了历代道书存在的虚目情况，并分析了政治、思想文化等社会环境对道书搜集、编目、纂修、流传等情况的影响。对《道藏》著述的编修万史、学术源流有许多创见，同时，也方便众多学人以此为门径，了解《道藏》以及道教本身。在附录部分，本书对众多道教传记做了提要，同时也对历史上道教各宗派的演变概况进行了颇为深入的研究。

作为第一部对《道藏》经书进行系统研究的学术专著，《道藏源流考》初版以来受到广泛关注，且多次修订再版。1963年，北京中华书局出版增订版，对初版印刷错误进行了更正，《三洞四辅经之渊源及传授》《历代道书目及道藏之纂修与镂板》略有增补，《道藏札记》增加了十条，同时，增订本加入了《道乐考略稿》《南北朝天师道考长编》《中国外丹黄白术考论略稿》《说周易参同契与内丹外丹》《道学传辑佚》诸文，与原《引用传记提要》《道藏札记》一起刊为附录，共七篇。1963年增订版增加的《道乐考略稿》《南北朝天师道考长编》《中国外丹黄白术考论略稿》《说周易参同契与内丹外丹》《道学传辑佚》诸文，各有创见，在道教诸研究领域都为十分重要的研究成果。如《道乐考略稿》论述了东晋以来道教音乐的发展情况；《南北朝天师道考长编》则是继陈寅恪《天师道与滨海地域之关系》后天师道史研究难得的重量级论文。（杨燕）

道家四子新编

《道家四子新编》，严灵峰编著。台北：台北商务印书馆，1968年10月初版。

严灵峰简介详见《老子宋注丛残》提要。

本书实为《老子章句新编》《杨子章句新编》《列子章句新编》《庄子章句新编》等一般被视为道家诸子原典之新编本合集，在四子书之各篇目前，均有严灵峰为该编所写的《章句新编序》和所采古籍原版本之原注家《序》及《章句新编目次》；在各篇目最后，必附有《老聃新传》《杨朱传》《列御寇传》《庄周新传》等编者根据史料新撰的传记；而各篇之附注，大抵可分为"章句""校释""辨伪"各栏，或有或无，视内容而定；而《老子》全书因多有韵之文，故增"音韵"一栏。编者在四子书全书最前页，还特别志有"谨以此书纪念：陈韶、黄理、张葆达三位先师"之语，之后依序为《道家四子（老杨列庄）新编总目》《道家四子新编自序》《凡例》，接下来即是四子书新编之正文。由于《庄子章句新编》之篇幅较长，另分为《上编》《下编》；而在四子全书的最后，则附有《道家四子新编校后记》《本书著者著述年表》。

编者在本"新编"中所做的更新幅度非常大，其中《老子章句新编》部分，于1955年已先由中华文化事业出版过，收入本书成四子书时，已修正到第4版为定本。书前先画了《道家哲学思想体系图》《道家哲学基本概念比较表》，又写了《原道》一文；之后将《老子》原文拆解成《道体》《道理》《道用》《道术》四个概念来重新分列分述。而《杨子章句新编》内容则从《列子》书中单独抽出，又仿《庄子》书体例，分为内、外、杂三篇，且每篇均新订标题。另《列子章句新编》部分，更认为《列子》一书乃列子门人与私淑弟子所记述，并非全为后人所伪托，故也重新整理，将内容分为内、外、杂三篇，且每篇也均新订标题。又《庄子章句新编》部分更做大幅变动，将传统《庄子》书内、外、杂三篇之体例内容完全打散，依编注者所认为的"寓言故事主题"及"思想重点"，重新编排成新的章节，又每篇也均新订标题。本书因标题清楚、概念分章精细，故颇适合初学者跟随严先生上课以当作讲义，并藉此完全了解严先生对道家四子之理解方式。但若要透过此书而认识四子原貌，却可能会有争议。因四子之思想内容，是否完全如严先生之拆解归纳恐待讨论，但若要研究严先生本人之思想，本书将成为不能不读之重要参考书。（赖慧玲）

道教史资料

《道教史资料》，中国道教协会研究室编。上海：上海古籍出版社，1991年5月第1版，32开，284千字。

本书主要参与人员李养正，其简介详见《当代中国道教》提要。

1961年，中国道教协会成立了道教研究室，开展收集、整理道教文献资料，研究中国道教史的工作，在这期间，研究人员在史书中摘录了众多有关道教的资料。同时，道教协会还举行了一系列的道教知识进修班，在学习的过程中，也收集到许多重要资料。本书就是将道教协会道教研究室和道教知识进修班所收集摘录的一部分有关道教史的文献资料，由李养正、张继禹、赵秋宇等整理编订而成。

本书是一个资料汇编，所辑资料，主要选自"二十四史"、《资治通鉴》等史籍，也有部分选自文集、笔记和道教碑文。前有序言，后有附录，不分章节，选用的资料按照年代先后，从黄帝时期开始到清德宗结束，分为黄帝、周、秦、西汉、东汉、魏、晋、南朝、北朝、隋、唐、五代十国、北宋、南宋、辽、金、元、明、清19个部分，每一部分又按帝号分成不同的小类，大致可以反映道教的历史演变。本书中选用的人物传记，一般按照事迹编入相应的历史时期，无法编年的神话则按史书所记时间编入。本书史料均注明出处到卷、册，利于学者翻检、参考。

本书最后是中国道教协会研究室编的《中国道教史提纲》，包括前言、道教的起源、早期道教、道教的发展和改革、道教的分宗分派、明清时代的道教，共五编十七章。简单勾勒了中国道教史发展的大概脉络。

整体来说，本书前面是资料，附录是纲领，颇像一具未烧炼的瓷胚，形态质朴，但自有其价值所在。在20世纪90年代道教研究勃兴之时，其开创式的史学架构、道教分期对学者的启示意义不言而喻；其整理收集的大量资料，对其他学者来讲，助力也是不可小觑的。（杨燕、付腾月）

道经总论

《道经总论》，朱越利著。沈阳：辽宁教育出版社，1991年12月第1版，32开，358千字，系"国学丛书"之一种。

朱越利简介详见《中国道教宫观文化》提要。

本书首先在宏观上从道经的两个基本特点出发考察道经的思想源头。著者认为：道经的第一个特点是"从内容到形式均以中国传统文化为主干，并融合有外来文化"；道经的第二个特点是"内容广博，形式多样"。之所以得出这样的结论，这是对道经形成之源考辨而来。著者指出，中国道教经典在形成过程中继承了传统的神仙信仰，吸收了道家哲学、阴阳五行学说、术数、巫术、鬼神观念、自然崇拜以及儒家思想、宗法宗教和佛教教义，这无疑造成了道经既植根本土，又有多种文化源头，既博又杂的状况。接着，本书以朝代为纵轴，以道教派别、道经内容为横轴，梳理了两汉、六朝、隋唐五代、宋元、明清及近现代五个历史阶段中重要的道派经典，以及重要的道教外丹、内丹、善书、哲学等方面经典的产生、发展脉络。阅读这一部分内容，我们会发现著者在分类时有多标准并存的情况，这是因为道经自身十分复杂，极具多元化的实际情况造成了无法以单一标准进行分类梳理的窘境。在这样的宏观线索梳理基础之上，本书重点讨论了道经总集——《道藏》的编纂史，并比较了道教修藏与佛教修藏的不同情况，对道教私人修藏不如佛教的原因、《道藏》是否驳杂、《道藏》研究的主要成果等问题进行了大概探讨。在分析讨论《道藏》这一最重要的道经汇集之后，本书对道经三洞、七部、十二类、三十六部的分类方法及局限性进行了探讨，介绍了历史上重要的著录有"道经目录"的道经。除了历史上影响巨大的重要道经外，本书还考辨了近年来非常热门的敦煌道经的基本概况和史学价值，对藏外道经也做了一定程度的

梳理。最后，本书对道经在哲学、史学、文学、自然科学等方面的价值进行
了整体评价。

　　道教经典浩如烟海，要想有一个全面的梳理非常困难，这本书可以说是
抓住了道经最重要的内容和特征，给读者呈现出了最基本的道经概况和脉络，
著者花了很多功夫，在查找了大量史料基础之上写作而成，是学者入门、研
究道教和道教经典非常重要的基础类工具书。对于道经的研究、保存、发展
都具有重要意义。（杨燕）

道教要籍概论

　　《道教要籍概论》，朱越利著。北京：北京燕山出版社，1992年12月第1
版，32开，206千字，系"道教文化丛书"之一种。

　　朱越利简介详见《中国道教宫观文化》提要。

　　本书前有中国道协道教文化研究所《道教文化丛书》编委会所作的序以
及著者的自序，无后记、跋。主要内容按时间分为十卷，包括两汉、魏晋、南
北朝、隋、唐、五代、宋辽金、元、明、清。共选择论述了在道教史中具有重
要地位、在某一类道经中具有代表性或具有较高资料价值的159种道书。

　　分卷以内容为准，所收大部分要籍的撰者、注释或编集年代与卷别相符，
个别要籍因为注释或编集年代与经文内容时代不一，因此与所属卷别时代不
符。同一卷中，各要籍排序与经文出现的时间无关。对每本典籍的论述主要包
括卷数、成书年代或源出疏考，或版本考证、著者简述或编者简述，内容辑要
或门目，或目录，或品目以及要旨评介、史料价值等内容。内容十分简洁，对
每本书的基本论述内容大体一致。个别典籍无要旨评介。惟卷一开篇第一本经
典《太平经》论述中有"不同阶级的态度"一类，为其他篇所无，且该篇要旨
评介的内容也颇有这种气息，与后面基本素朴直白的学术评价有别。

　　本书概述每本典籍涉及的基本面虽然大致统一，但是，各篇又有许多差
异，因经制宜，采取自由灵活的方式，详略以及具体内容全依要籍的实际情
况和著者的研究程度而定，是一本朴实的资料研究类书，也是一本较好的道
教研究工具书。如果有学者想了解一些重要道书的出现年代、基本流传情况
等，这本书应该可以做一个很好的参考。（杨燕）

文白对照道教十三经

　　《文白对照道教十三经》，宁志新主编。石家庄：河北人民出版社，1994年9月第1版，精装，3册，32开，1130千字。

　　宁志新，1947年生，湖南邵东人。1981年考取河北师范学院历史系硕士研究生，毕业后留校任教。历任讲师、副教授、教授。1994年考取厦门大学历史系博士研究生，获得博士学位。主编或参编过著作十余部，除本书外，还有《李勣评传》等学术专著。

　　本书是一部集体完成的道教经典普及著作，由门玥然、王文涛、王俊才、刘秀凤、华莹等18人参加编纂。

　　书前有主编宁志新作的前言，简单介绍了道教的历史渊源、基本典籍、思想等情况，说明了本书所注译的道教十三经的选择标准、目的。这十三本经典分别是《道德真经》《南华真经》《冲虚真经》《通玄真经》《洞灵真经》（上册）、《太平经》（中册）、《太平经圣君秘旨》《抱朴子·内篇》《阴符经》《常清静经》《度人经》《心印妙经》《玉皇经》（下册）。这些经书反映了道教的基本教义和各种修炼之术，同时也体现了历史上主要教派的信仰和思想特点，学者阅读这些典籍，可以对道教形成一个基本全面的印象。本书分三册对选择的十三本道教经典进行注译，字数颇多，篇幅也比较大。

　　全书写作遵守统一的格式，先有"题解"，对每本经典在道教中的地位、著者、成书情况、主要思想等进行大概的介绍。然后分章、段按照"经文""注释""译文"的顺序，逐一注译经书。这种编辑方式，对于学者阅读学习还是比较方便的。

　　本书的长处是将重要的道教经典集合起来做解读，对难字词有读音，有解释，又有整段的白话翻译，且注、释都比较精准，对初学者全面了解道教比较有利。特别是对一些喜欢道教，但苦于古文阅读能力较差的道教文化爱好者来说，是一本很得力的入门书。但本书没有分册目录，查阅起来颇有些不方便。（杨燕）

道藏分类解题

《道藏分类解题》，朱越利著。北京：华夏出版社，1996年1月第1版，32开，336千字。

朱越利简介详见《中国道教宫观文化》提要。

本书是著者在前人《道藏》分类研究基础上，参照我国现代图书分类法设计分类系统，对明代《道藏》进行分类和解题的一部著作。

从具体内容来看，本书将明《道藏》著述分为15部：哲学、法律、军事、文化、体育、语言文字、文学、艺术、历史、地理、化学、天文学、医药卫生、工业技术、综合性图书。15部下又分成33类：哲学部七类，分别为易与诸子、伦理学、佛教、道论、斋醮、法术、术数，共题解569种著述；法律部一类：中国法制史（科律），题解16种著述；军事部一类：古代军事史，题解4种著述；文化部一类：图书学，题解9种著述；体育部一类：体操（导引），题解3种著述；语言文字部两类：语音、特种文字（符），语音类2种，特种文字类12种，共题解14种著述；文学部三类：作品综合集、戏剧（科仪）、神话，共题解257种著述；艺术部两类：各种用途画、乐曲，题解23种著述；历史部两类：历史事件与史料、传记，题解47种著述；地理部一类：名胜古迹（宫观山志），题解18种著述；化学部一类：外丹黄白术，题解87种著述；天文学部一类：天气预报，题解2种著述；医药卫生部五类：中医基础理论、其他疗法、气功草药方书、性科学（房中术）等，题解408种著述；工业技术部一类：铸造仪器，题解2种著述；综合性图书部四类：丛书、类书、词典、目录，题解14种著述。这33类每类又按历史顺序、学术派别、思想内容、体裁等具体标准进行三级划分，将《道藏》1473种著述分门别类收入其中。除书后面的索引表外，本书在每一子目下都标明其书在明《道藏》及五种影印本中的类别、函目、册码、页码，帮助读者翻检《道藏》和本书。

本书的最大特点就是采用了现代图书分类法，注重图书分类的灵活性和实用性，更适应现代学科研究要求，这是其他《道藏》目录提要类研究著述所不具备的。当然，本书在分类中也有许多可能著者都非常困惑的问题，那就是大量综合类图书的分类其实是可此亦可彼的。因此，读者在通过本书进行检索、了解《道藏》著述时，也要注意这一问题，除了对某一直接标注的内容进行阅读外，还要关注具有一定相关性的主题。（杨燕）

道教典籍百问

《道教典籍百问》，丁培仁著。北京：今日中国出版社，1996年9月第1版，32开，160千字，系"宗教文化丛书"之一种。

丁培仁简介详见《中国近世道教的形成：净明道的基础研究》提要。

1989年，今日中国出版社开始出版"宗教文化丛书"。这套丛书包括专著、译著和普及三个系列，《道教典籍百问》是普及系列的一本。

作为一本普及型读物，本书以100个读者关心的道教典籍问题为核心，用著者自己的感悟心得，吸收当时中外学者的相关研究成果，深入浅出地进行了回答。这一百个问题中有概括性、趣味性非常强的，如道经是怎样产生的？最早的道经、最长的道经、最短的道经、传本、注释本最多的道经是哪一部？道教典籍跟道家书有何关系？什么是"四子真经"？道教的"五经四书"是哪几部？等等。也有针对性和专业性特别强的，如对《道德经》《南华真经》《文始真经》《老子西升经》等重要典籍的著者、内容、特色等情况介绍。本书的100个问题，整体来看，涉及面非常广，包括了道经基本知识介绍，具体的重要道经介绍，还包括了道书分类方法、书写形式、装帧形式、收藏管理等内容。从文字上看，通俗且不失学术的准确性。是一本非常好的、可以让人快速了解道教典籍的普及型读物。（杨燕）

道教志

《道教志》，胡孚琛、陈耀庭、王卡、刘仲宇撰。上海：上海人民出版社，1998年10月第1版，32开，328千字，系"中华文化通志·宗教与民俗典"之一种。

胡孚琛简介详见《魏晋神仙道教——抱朴子内篇研究》提要。

陈耀庭简介详见《道教在海外》提要。

王卡简介详见《道教史话》提要。

刘仲宇简介详见《钦赐仰殿与东岳信仰——一个宗教人类学视角的考察》提要。

本书是一部记述道教文化的专志。书前有导言，后有后记，全书由"道教的历史沿革""历代高道""道教规范与科仪""道经、教义和教理""丰富多彩的神仙方术""宫观、胜迹和道教文化"六章组成。第一章分七部分，对道教的定义、文化渊源、创教过程以及从汉末到明清的发展史进行了较为详细的梳理；第二章主要记述了历代高道的生平及贡献，如张陵祖孙创天师道，葛洪家族修仙传道，寇谦之清整道教等等；第三章则主要围绕道教的教规、戒律、斋醮程式、符箓法术、道门生活等问题展开；第四章主要讨论了道经、教义和教理，对道教典籍的由起、道书的增多及整理编目、道书分类法及经教体系以及《道藏》的形成和发展历史进行了考辨，介绍了道教"道"的信仰与体道合真论、宇宙论、变化观、形神观、灵魂观、生死观、伦理思想、社会政治理想以及道教神仙灵谱、诸仙真和民俗神等教理教义；第五章围绕神仙方术展开，介绍了存思、导引、气法健身术，对道教的养生功法、医药学、美容术、房中术及占验术数进行了解读、揭秘，同时还对道教文化中最神秘的外丹黄白术和内丹仙学进行现代科学和哲学式的剖析；第六章介绍了道教名胜、宫观、洞天福地等知识，并探讨了道教文学、艺术与科技卫生方面的成就。

从内容来看，本书的特色是简洁、丰富、全面。与一般道教类书籍单纯叙述道教历史文化的某一方面不同，本书对道教的历史发展、道教中人、道教文化、宫观、胜迹等都进行了探究，是全面了解道教及道教思想和文化的入门书籍。（杨燕）

道教劝善书研究

《道教劝善书研究》，陈霞著，成都：巴蜀书社，1999年9月第1版，32开，170千字，系"儒道释博士论文丛书"之一种。

陈霞，1966年生，四川万源人。1998年于四川大学道教与宗教文化研究所获哲学博士学位。中国社会科学院哲学研究所研究员、博士生导师。从事宗教学理论与当代宗教、道教善书、道教与当代社会等领域的研究。主要论文有《道教劝善书的界定及主要特征》《道教公平观念与可持续发展》等数十篇。

除序、导言、结语和后记外，本书共五章。全书梳理了道教劝善书的酝酿、形成、盛行历史，分析了道教劝善书的主要内容、实质和伦理特色，并从明清小说、其他善书以及民俗等方面考察了道教劝善书的社会影响。本书认为道教劝善书的发展演变有三个阶段：酝酿于汉魏至隋唐，形成于宋金元，盛行于明清，而其影响则延续至民国。道教的劝善思想和观点散见于早期道教经书，其形成标志为宋代《太上感应篇》的出现。同时在宋代还出现了惩恶性道教善书《玉历钞传》，金代出现了操作性善书《太微仙君功过格》，元代出现了说理性和纪事性结合的善书《文昌帝君阴骘文》。到了明清时期，随着社会变革，道教世俗化进度的加剧以及统治阶级对宗教伦理功能的重视，道教劝善书被大量造作、印行并广泛流布民间。这一时期除继续解说、注释早期的《感应篇》《阴骘文》外，还出现了大量道教修真故事为题材的纪事性善书。道教传统的积善成仙理论在明清道教劝善书中有了新的进展，道教善书的世俗化程度更高，伦理色彩也更浓；同时，其中三教融合的影响更明显。道教劝善书作为一种宗教伦理道德劝化书，它所涉及的道德内容既有宗教成分，也有传统的儒家忠孝理论以及世俗民众的道德伦理。在伦理宣传上，道教善书表现出强烈的人本位特色，但同时有过分强调道德，道德至上论的倾向。随着道教善书在社会上的广泛传播，它的影响除了道德教化外，也广及文化普及、小说创作、社会娱乐、民俗等众多方面，甚至对人们的生活方式都产生了重要影响。

本书是国内学界研究道教伦理的早期著作，在有关道教劝善书的梳理和分析中，既能从宏观上进行把控，也能在微观上进行细致分析。虽然在分析的深度和全面性方面尚有待商榷的地方，但是，本书无疑在国内道教劝善书研究方面具有开创性的意义，此后，有越来越多的学者参与到道教劝善书的研究中，开创了许多新的研究视野和领域。（杨燕）

道教学

《道教学》，朱越利、陈敏著。北京：当代世界出版社，2000年6月第1版，32开，325千字。

朱越利简介详见《中国道教宫观文化》提要。

陈敏，1947年生，河北安新人。长期从事道家、道教文化研究，主要著作《道教典籍》，合著有《今日中国宗教》等。

本书前有吴云贵作的序，后有著者所写后记。主要内容分为十二章。另有结束语和参考文献。本书的研究对象是道教学本身。

在第一章开创性地探讨了道教学的定义、范围和从事道教学研究的基本条件、方法，并梳理了中、日、韩、西欧、俄、北美以及澳大利亚道教学史。第二章阐述了有关道教的产生与流传。第三章主要考察道教经典，对道经的界定、产生、《道藏》编纂史、道经分类方法、各历史时期主要道经目录、敦煌道经、藏外道经及其他一些道经的发现、研究情况做了整理。第四章讨论了道士的所指、称谓、职务等一些基本常识，并简单介绍了道教名山和著名的一些宫观。第五章论述道教对《道德真经》、道、老子的崇拜活动。第六章讨论了道教神仙信仰的相关问题，如神仙的类型、品级、成仙理论以及重要的神仙等。第七章围绕道教的济度思想展开，探究了道教济度思想的演变，济度活动及所用到的器物，如斋醮、符箓、咒语。这一部分还讨论了道教宫观供奉的主要尊神，著者之意应该是这些尊神与道教济度思想有关，但行文中似乎并没有体现这一点，这一部分内容与第六章讨论"神仙"的部分应该更为类似。第八章主要研究道教的养生术、内外丹、斋醮、杂术等方术，关于"斋醮"的部分，存在与第七章对斋醮的讨论分开的问题。第九章讨论道教的戒律和科仪制度，三要涉及道教戒律的历史、内容以及科仪制度的一般程序、礼仪、道教节日等问题。第十章从道教与传统文化的关系入手，研究了道教与儒、释、文学、医学、音乐、美术、建筑、风俗等的互动关系。十一、十二两章旨在总结道教学研究成果。中国方面梳理了1900年以来的主要成果，国外的则远溯到19世纪。最后，在结束语中，著者展望了道教和道教学的未来。

本书虽然字数不多，但所涉内容相当驳杂，是一部既全面专业又细微浅显的道教研究著作，既适合初学者对道教的整体情况有一个整体的了解，也适合研究者对某一部分问题进行专门了解。其中关于近代、现代、当代道教史的梳理，以及对海外道教学史、港澳台地区和海外道教的传播情况，海外道教学研究成果的研究，是本书比较有特色的地方。本书同时提供了许多考察道教的角度，为后来的研究者、学习者提供了很好的研究路径，这也是本书的重要价值之一。但是，本书因为涉及面特别广，内容多，篇幅却有限，难免存在对有些问题说"到"而未能说"深"，对有些内容的分类也颇有前后割裂的情况。（杨燕）

敦煌古灵宝经与晋唐道教

《敦煌古灵宝经与晋唐道教》，王承文著。北京：中华书局，2002年11月第1版，32开，647千字，系"华林博士文库"之一种。

王承文，1962年生，湖南澧县人。历史学博士。中山大学历史系教授，博士生导师。主要从事隋唐五代史、汉唐道教史、敦煌学研究。先后发表《南朝天师道"七部经书"分类体制考释》《论道教三洞学说的思想渊源》《敦煌古灵宝经与道教早期礼灯科仪和斋坛法式》等数十篇有分量的学术论文。

20世纪，敦煌道经的发现使大批唐代写本六朝道教经典重见天日，并成为国际学术研究中的一个热点。本书就是这一研究热潮中的一种。本书除"主要参考文献"与"跋"外，共六章。第一章为绪论，总结评述了20世纪初以来，特别是50年代以来国内外有关灵宝经研究的学术发展史，阐明了本书所要讨论的主要问题和研究思路。第二章主要从敦煌本古灵宝经两部佚经《灵宝威仪经诀上》《太极左仙公请问经》出发，讨论中古道教宗派灵宝派与佛教的关系。第三章探讨古灵宝经"三洞"思想与东晋、南朝道教的整合。指出中古道教"三洞"一词的最初出现与三皇经的"三洞尊神"有关，而"三洞尊神"又根源于汉代以来气化宇宙论及道教"三一"理论的发展。东晋末年的灵宝经，使中古道教具备了"三洞经书"的关键涵义。"三洞"思想的意义在于为各派道教经典确立了共同的本源，为隋唐道教统一经教体系的形成奠定了基石。第四章研究古灵宝经对汉晋天师道教法的整合及其分界。通过讨论古灵宝经中对天师张道陵的记载，指出与上清派相比，早期灵宝派更多地保留了汉魏天师道的传统。在第五章中，本书通过对敦煌本东晋古灵宝经《灵宝三元威仪自然真经》的研究，提出了一些新观点，如：古灵宝经斋官制度源于天师道经典《玄都律》；东晋道教斋官制度源于中国古代儒家的讲经制度和宫廷祭祀制度；佛教的讲经制度借鉴了中国本土宗教传统等。第六章以道教教主元始天尊为中心，讨论了《隋书·经籍志·道经序》与东晋末年古灵宝经的关系，指出《道经序》的道教教义主要是依据东晋末年成书的一批古灵宝经写成的，其叙述形式借鉴了《魏书·释老志》。后论指出，从东晋末年一批古灵宝经来探究晋唐时代道教演变的轨迹以及这批经典在中古道教史上的意义是本书的主要目标，通观全书，本书应该已经在相当的程度上完成了这一目标。

这本书的特点是资料翔实，论证有力，且多有不同以往的新观点，是一本不可多得的研究敦煌文献及中国道教的优秀著作。（杨燕）

敦煌道教文献研究——综述·目录·索引

《敦煌道教文献研究——综述·目录·索引》，王卡著。北京：中国社会科学出版社，2004年10月第1版，16开，288千字。

王卡简介详见《道教史话》提要。

敦煌典籍文献写本是我国进入刻本时代之前现存的最大一批文化典藏，道教文献是它的重要部分。本书是著者从事敦煌道典整理与研究20多年的一次学术集成。

本书综述篇分三部分：敦煌道教的历史概况、敦煌道经与一切道经、敦煌地区的道教行事。本部分综合分析了汉末至安史之乱后敦煌道教的发展、兴盛、衰落历史，梳理了唐代道藏经的形成过程，整理了敦煌道经中可能是唐编开元道藏写本或转写本的部分内容，对敦煌道经的文献价值做了较为中肯的评点，整理了敦煌道经的分类编目情况，根据敦煌道经的记载，考察了敦煌地区道教写经造像、讲经文、斋醮法事、修持活动及法术等道教行事，对敦煌道经中反映的道佛关系也进行了考察分析。

目录篇除叙例外共四部分：一份敦煌道教文献的简明目录、一部按三洞四辅体例分类的敦煌道教文献分类叙录、一部按馆藏编号顺序编制的敦煌道教文献经名索引、简要介绍敦煌道教文献收藏及著录背景知识备览。本篇是在大渊目录及各种馆藏目录的基础上做的，着重揭示敦煌道教文献的内容，为利用敦煌遗书研究道教的学者提供方便。所涉内容简明扼要，资料搜集非常完备。著录的各类敦煌道典达800件之多，囊括了英国、法国、俄国、中国国家图书馆四大敦煌庋藏地，范围几乎遍及已出版的大型敦煌遗书图录集以及国内外主要的图书馆、博物馆等地的散藏敦煌文献以及部分未公开的馆藏资料。所著录的800件文献中，有140件为被割裂的423块残片缀合而成，拼合细密，成果惊人。当然这种残片拼合难免挂一漏万，后来著者对本部分的疏漏部分进行了补正，一共12条，形成《〈敦煌道教文献研究·目录〉补正》一文，发表于《敦煌学辑刊》2007年第3期。

本书属于工具性著述，特点是资料翔实，分类合理，查找方便，是近年来研究敦煌文献的代表性著作。对研究道教、敦煌学的学者提供了极大的方便。（杨燕）

明清民间宗教经卷文献续编

《明清民间宗教经卷文献续编》，王见川、车锡伦编。台北：新文丰出版公司，2006年版，12册，精装，16开。

王见川，1966年生。南台科技大学通识教育中心助理教授，研究领域包括近代道教、当代佛教、民间信俗等，著有《汉人宗教、民间信仰与预言书的探索：王见川自选集》，合著《台湾妈祖庙阅览》《台湾的寺庙与斋堂》等，编有《近代中国民间宗教经卷文献》等书。

车锡伦，1937年生，山东泰安人。扬州大学中国俗文学研究中心名誉主任，专研俗文学的各种领域，如古代小说、戏曲、民俗、民间故事，皆有所涉猎。撰有《中国宝卷研究》，主编有《中国民间宝卷文献集成》。

本书旨在接续《明清民间宗教经卷文献初编》的收集工作，出版更完整的明清民间经卷文献，希望有助于明清流行宗教尤其在民间宗教与信仰领域的学术研究，能有更深入的研究成果。本书尽量搭配《初编》，以不收录公私图书馆的典藏文献为原则，所搜集的文献资料来源有三：1.编者十余年来在台湾、香港、大陆的寺庙、文物市场搜集所得。2.车锡伦与宋军来自田野、北京文物市场等的收藏。3.学者的赠与。

本书是一本结合学界与民间之力，完成收录200余种明清民间流行的经卷文献。本书收录的文献内容有五，摘录书中序言所示：1.教门宝卷类：如黄天道经卷、先天道文献等多种。2.民间信仰神明经典：如关帝、妈祖、城隍等经卷。3.预言书：如推背图与多种预言书。4.救劫书：如王母救劫经、弥勒尊佛救劫真经。5.善书：如鸾书、劝戒书。

　　搜罗资料广泛且集中、重要经卷有不同版本的收录、拥有海内外罕见珍本，则成为本书的三大特色。如《虎眼禅师传留唱经》《佛说大乘通玄法华真经》皆为黄天道关键性的经典；又如明代成化年间被官方列入查禁书单的《三煞截鬼经》，本书收录了类似的经卷《佛说三煞截鬼经》，足见其学术价值。

　　本书除广泛收藏明清民间流行的经卷文献外，编者就书中所收藏的预言书与救劫书的《推背图》《五公经》《烧饼歌》与黄檗禅师忏诗，针对各经卷的特质，就各经卷的演变发展与其问题，逐一地剖析与探究，以作为文献资料的补充性说明，让读者对于较陌生的预言书与救劫书能有更加系统性的认识。（萧百芳）

妈祖文献史料汇编

　　《妈祖文献史料汇编》，刘福铸主编。3辑10卷16册，精装，16开，3300千字。

　　本丛书三辑体例统一，每卷目录、正文前有彩插、编辑说明和三辑统一的序、前言；每篇文字均包括予号、标题、正文、著者简介、出处及"校记"，大体依年代顺序编排，所选文献资料最晚断代至1949年。

　　第一辑4卷4册，包括《碑记卷》《档案卷》《散文卷》《诗词卷》，由中国档案出版社于2007年10月出版。《碑记卷》编录各地妈祖庙现存碑刻（含少量崖刻、木刻）资料及载于历代典籍中有关妈祖信仰的碑文史料，共534篇；《档案卷》编录南宋至清末与妈祖信仰相关的朝廷档案史料，其文体包括诏诰、敕谕、奏疏、起居注等，共194篇；《散文卷》收录与妈祖相关的一些独立文章，体裁包括笔记、传记、序跋、疏引、记游等，共214篇；《诗词卷》编录南宋以来与妈祖有关的诗、词、曲作品，共472题，602首。

　　第二辑3卷5册，包括《著录卷》（上、下编）、《史摘卷》和《匾联卷》，由中国档案出版社于2009年11月出版。《著录卷》编录明清和民国时期修订的以妈祖信仰为题材的专著10种；《史摘卷》编录各种散存于政书、类书、正史、野史、地理总志等典籍中涉及妈祖史迹而大多不能独立成篇的章节或段落，并以其出处为篇题，共148篇；《匾联卷》包括《匾额编》和《对联编》两部分，汇编史籍中记载的及各地妈祖宫庙所存的具有史料价值的匾额、对联。《匾额编》计收362处匾额共980余块，《对联编》记收356处妈祖对联1020余副。

第三辑3卷7册，包括《方志卷》（上、下篇）、《绘画卷》（上、中、下篇）和《经籤卷》三大部分；《经籤卷》又包括《经懺》和《籤诗》。本辑由海风出版社于2011年9月出版。《方志卷》编录历代修纂的省、府（州、厅）、县三级地方志书及一些乡镇志、卫所志、采访册中有关妈祖宫庙、祭祀、民俗等方面的文献史料，收录方志达1008种；《绘画卷》编录元代至1949年间产生的与妈祖信仰有关的绘画作品，包括寺院水陆画、宫庙挂轴、宫庙壁画等，共790余幅；《经籤卷》编录明代以后出现的典籍记载和民间流传的有关妈祖信仰的经书、宝诰、懺仪以及籤诗、杯珓辞等文献资料共65种。

本丛书卷帙浩繁，涉及大量原始文献和田野考察，丰富了妈祖文化研究的史料，有利于进一步挖掘妈祖文化内涵，弘扬与发展传统文化，同时也将推进海内外妈祖文化的交流与发展。（付腾月）

道藏说略

《道藏说略》，朱越利主编。北京：北京燕山出版社，2009年6月第1版，2册，16开，965千字。

朱越利简介详见《中国道教宫观文化》提要。

本书是一本多人合写著作，上、下册各收文15篇，共30篇。书前有主编朱越利写的前言，讲述了本书的写作缘起和对著者的遴选标准。本书是一本国学基础读物，遴选的著者都是在学术界活跃于一线的学者，他们不仅了解年轻学子的现状，洞悉他们的特点，而且具有相当的专业水准，所以这本书虽然是基础读物，但学术性和高品位还是得到了很好的保证，是一本既有普及道经知识性质，又是学术入门向导的著作。

本书上册前三篇文章介绍的是道教最重要的三种丛书：《道藏》《敦煌道经》《藏外道书》，著者分别是朱越利、王卡和陈耀庭。这三篇文章从整体上对道教经典的形成、分类、价值、研究概况等做了介绍。如果说本书是一本学习道经的入门书的话，那么这三篇文章应该说是学习本书的入门之文。接下来的经典介绍，基本按照《道藏》三洞四辅十二部类的模式展开，如《洞真部道经说略》《洞玄部道经说略》《洞神部道经说略》等。本书下册则更多引入现代学术研究的分类方法，既有对传统的法术类、易学类、数术类、内丹、外丹经书介绍，也有科技类、碑文类介绍，还有围绕某道派的主要经书介绍，如《全真道经说略》等，写作形式更加灵活。

围绕《道藏》进行的研究一直很多，对《道藏》或道教经典进行介绍的书籍也不少，如陈国符的《道藏源流考》，施舟人、傅飞岚编纂的《道藏通考》，朱越利的《道藏分类目录》等，都是道教文献学研究水平很高的著作。这本书与上述著作一一条分缕析具体道经的情况不同，是将同类道经放在一起进行综合性介绍，概括性更强，更便于入门者了解。同时，本书各文在写作过程中加入了对道经研究情况的介绍，也是比较有利于初学者的。如果需要资料性、学术性更高的参考书，则可以选择《道藏源流考》这类，而如果想在短时间内对道教经典及其研究情况有个概况了解，则本书无疑是很好的选择。（杨燕）

东晋唐初道教道德经学：
关于道德经与重玄思想暨太玄部之讨论

《东晋唐初道教道德经学：关于道德经与重玄思想暨太玄部之讨论》，郑灿山著。台北：学生书局，2009年12月初版，25开，320千字。

郑灿山，1966年生，台湾台南人，台湾师范大学国文研究所博士。曾任教澎湖科技大学通识教育中心、玄奘大学宗教学系，现职台湾师范大学国文学系专任教授。研究领域为道教思想文化与制度、儒道哲学。

此书主论分上、下两篇，上篇前列有李丰楙教授序、自序及绪论、序章；下篇之后则有余论及附录共四篇单篇文章（《〈宝玄经〉之年代、经系与相关考证》《道教"玄"与"重玄"观念考》《道教道德经传本暨"太玄部"经典之考辨》《南北朝唐代道教"太玄部"经典辑佚》）及参考书目。而在上篇《东晋唐初道教道德经的诠释》中，依重点时序分章为：第一章道教重玄思潮之形成原因、第二章东晋道德经之诠释、第三章南北朝道德经之诠释、第四章唐初道德经之诠释、第五章道教重玄思潮之思想史意义；下篇《南北朝唐代道教"四辅"中之"太玄部"》则包括：第一章太玄部经教系统、第二章太玄部的传授仪式、第三章太玄部经教之道法。

本书立足于"道教"主体性而展开"道教道德经学"的研究。主要研究有两个重点：一为《道德经》注疏学，二是以《道德经》为核心所整合而成的经教系统——"太玄部"经群。前半部偏向对道教思想与教义，特别是"重玄"概念与相关议题之阐述；后半部主要探讨《道德经》变成"道教"制度性传承之"圣典"，而与"太玄部"经群在道教内部传授的实况。还涉及"太玄部"授度制度的问题，包括传授仪式、教阶法位的授予，乃至"太玄部"经群的内容、修行与实际运用等面向。著者认为透过比较，可看出"玄学之世间理性"与"道教的宗教信仰"实泾渭分明，尤其从对"老子"与《道德经》的态度，就可看出道教中人对于"圣者"与"圣典"的"神圣性"崇拜。尤其到了南北朝时期，整合成型的"道教"已确立《道德经》的"圣典"地位。所以东晋南北朝道教史对于《道德经》而言，可说是一条借着注解《道德经》与建立制度化的"太玄部"之双轨铺成的"迈向圣典之路"。作为一本学术研究论著，本书内容十分扎实，将"仙道派老学"从"东晋到唐初"这一断代之发展状况确实厘清，补足了中国思想史对相关重点议题之忽略，是研究中国道教史及中国思想史必要参考的一本专书。（赖慧玲）

玄天上帝典籍录编

《玄天上帝典籍录编》（一名《玄天上帝道典汇编》），萧登福主编。台北：楼观台文化事业公司，2009年印行。

萧登福简介详见《周秦两汉早期道教》提要。

本书收辑玄天上帝相关道典，将《正统道藏》《道藏辑要》《续道藏》《藏外道书》中相关的经典、符箓、科仪等道书辑录出来，依各书原序编制，重新排版并加新式标点符号，前置导读一篇。是史料的汇编，旨在方便学者从事玄天上帝信仰之研究参考。

玄天上帝简称玄帝，亦称真武，真武即玄武。著者谓始源于远古时代的星神崇拜，原是北方七宿所成龟蛇之形貌，也是自然神。自史前时代一直到唐世，玄武是守护北方天界的星神，也是安宅、镇墓的神祇，守护着天（北方星空）、地（幽冥地下）、人（安宅佑民）三界。至北宋时，玄武更由自然神成为人格神，斩妖除魔、护国佑民，安镇北方玄武之位，并由"玄武"改称"真武"。

著者指出今日研究玄天上帝，有三本必读的重要道典：《太上说玄天大圣真武本传神咒妙经》《元始天尊说北方真武妙经》《玄天上帝启圣录》。前二者是玄帝的专属道经，经中说明玄帝神格的来源及伏魔事迹。《太上说玄天大圣真武本传神咒妙经》经书正文仍以"玄武"称呼真武，撰成年代应该在北宋真宗前。《元始天尊说北方真武妙经》一书撰成于真宗朝，此二经南宋陈伀《太上说玄天大圣真武本传神咒妙经注》经题下之注语，考证为南宋孝宗朝张明道扶鸾，托名董素皇所撰，其书是改编自北宋仁宗朝宋庠《真武启圣记》而来。《玄天上帝启圣录》则详细叙述玄帝生平事迹，自金阙化身，降生净乐国，辞亲慕道，天帝赐剑，入武当山修炼，成道伏魔，琼台受封等，以及载述历代信仰玄帝者所发生的灵验故事、供祀仪法等。

著者析道，真武故事在元代增入了新题材，如元人杂剧《桃花女破法嫁周公》，周公斗法桃花女，后来二人皆被真武收为侍将，也影响民间信仰在真武庙中配祀这二神像。到了明代，由于帝王崇敬真武，使真武故事广传于民间，并逐渐通俗化。记载真武事迹者，有官方修订的道书，如任自垣奉敕编纂的《大岳太和山志》、张国祥奉旨校梓的《搜神记》等。有民间鬼神类书，如《新编连相搜神广记》《三教源流圣帝佛祖搜神大全》等，特别是余象斗以小说形式撰成《北游记》（一名《北方真武玄天上帝出身志传》），使玄帝故事产生了巨大的变化。

研究强调，今日玄帝的信仰，遍布在中国大陆、台湾、香港及海外华人社区中，拥有众多信徒，是道教的重要神祇。玄帝威震北方天界，巡弋诸天（守天），在人间保护宅第平安（安宅），在冥界镇慰墓中亡灵（镇墓），是守护天地人三界的神祇，对中国的灵俗及信仰都有重要影响。（林翠凤）

广州道书考论

《广州道书考论》，王丽英著。武汉：华中师范大学出版社，2010年1月第1版，32开，205千字，系"广州人文历史丛书"之一种。

王丽英简介详见《道教南传与岭南文化》提要。

本书的主要内容有三部分：上、下两篇和附录，上篇考辨广州人（含寓居）道书，下篇考辨广州版道书，附录为已佚或未见的广州人（含寓居）道书。

上篇以时代为总的分类依据，各时代以人物为小节点进行研究。搜集整理了三国两晋、隋唐五代、宋元、明代、清代、民国时期，共六个阶段，55位著者（其中一位姓名不详），136种道书。本部分先介绍道书著者基本情况，包括生平、主要事迹、在道教中的主要贡献、主要著述等。然后依次介绍著者的相关道书。对道书的介绍包括道书的卷数，出版时间，重要版本、规格，藏于何地，序、跋内容摘录，历史上与该道书有关的重要评论，道书目录（包括每部分页码），并有著者对各版本优劣点评的按语。

下篇以版本为总的分类依据，搜集整理了24个版本，共39种道书。对每种版本道书的介绍包括著者，出版时间、规格，藏地，序、跋内容摘录，道书目录，总页码。

附录与上篇一样以时代为总的分类依据，各时代以人物为小节点进行研究。搜集整理了见于各种记载，却佚失或暂时未见的道书。包括三国两晋、隋唐五代、宋元、明代、清代五个阶段，43位著者，120种道书（其中35种佚失，85种未见）。本部分有些人物与前面重合，不再介绍，新出现的则与上篇写作模式相同。

本书查考资料详实、客观、全面，行文简洁，既有利于研究道教或者对广州道教有兴趣的读者快速了解广州道教的典籍情况，又有助于对典籍版本的选择。是一本不错的区域道教研究工具书。（杨燕）

元代道教史籍研究

《元代道教史籍研究》，刘永海著。北京：人民出版社，2010年4月第1版，16开，270千字。

刘永海，1968年生，河北遵化人。现为唐山师范学院教授。主要从事中国古代史、历史文献学及道教文献方面的教学与科研工作。主要著作《化书校注译论》等。

本书在前人研究道教的基础上，首次全面梳理、考察了元代道教史籍的发展、编纂、刊刻、流布、内容、影响等问题，具体分析了元代道教史籍对道教三教圆融思想、修道成仙理论以及大众传播理念的发展，阐发了这些史籍中所蕴含的平等、向善、重生等思想内涵。对元代道教史籍在记载道教人物、事件，金元时期的政治、经济、文化等方面的史料价值做了较为深入、恰当的分析和定位。

本书共五章，前有序、绪论，后有主要参考文献、后记。

本书第一章从元代相对稳定、统一的大环境，金元帝国的崇道政策以及当时较为发达的学术文化水平、出版印刷技术等方面分析了元代道教史籍发展的外在因素。第二章具体从元代道教史籍编纂人员的组成、特点，编纂目的，编纂形式以及刊刻和流在情况，对元代道教史籍的整体情况进行梳理。这些史料总体上讲都具有弘扬道教文化的目的，具体来说，其主旨又主要可分为整理道教史，阐明传授源流；表彰山林、昭示世人；彰显各派祖师；宣传伦理纲常等四种。第三章甄别了元代道教史籍的主要体裁，将其分为谱录、仙传、山志、碑传、游记、目录六类；又从元代道教史籍的材料来源、取舍标准、内容结构、语言风格等方面对其编纂义例进行分析；同时，还阐述了道教史籍中神秘化倾向与史书直书之间的矛盾问题。第四章着重考辨了元代道教史籍在道教发展史以及社会政治思想、经济、民间信仰等问题上的史料价值。第五章主要关注了元代道教史籍在三教圆融、道教修道成仙理念以及社会思想方面的内涵和价值。最后结语部分，全面总结了元代道教史籍在道教史、思想史、古代史、文学史等领域的学术地位和影响，分析了元代道教史籍的不足之处及利用元代道教史籍时需要注意的问题。

本书可以说是国内全面研究元代道教史籍的破冰之作，对深刻认识道教史籍在中国文化史上的意义，深入了解道教自身发展，尤其是元代道教的发展，合理利用道教史料，发挥元代道教史料对元史及其他阶段社会史研究的补充作用等问题都具有一定的价值和裨益。（杨燕）

道教科技思想史料举要
——以《道藏》为中心的考察

《道教科技思想史料举要——以〈道藏〉为中心的考察》，蒋朝君著。北京：科学出版社，2012年5月第1版，精装，32开，408千字，系"中国科技思想研究文库"之一种。

蒋朝君，哲学博士，现任华侨大学哲学与社会发展学院宗教文化研究所副教授。

　　本书以《正统道藏》（以下简称《道藏》）为底本，参照陈国符《道藏源流考》《中国外丹黄白法考》、丁培仁《增注新修道藏目录》等著作，从天文学、物理学、化学等多个方面阐述了《道藏》所存科技史料并对其进行评述。全书包括总序、绪言、正文、参考文献及后记五大部分。

　　本书绪言部分开宗明义，首先为道教与道教科技思想正名，梳理了道教科技思想研究的大概脉络，介绍了道教科技史料的基本类别和范围如《道藏》《道藏辑要》《敦煌道藏》《道藏精华录》等。接下来，本书从《道藏》入手，讲述了从东晋至明，历代《道藏》的演变历程，着重介绍了《道藏》的成书、版本、分类法，以及《道藏》科技史料的检索、取舍标准、分布特征等。从宇宙创生、元气、阴阳、五行、自然变化过程及科学认识等诸多方面的，对《道藏》的相关记载进行梳理。同时，本书还介绍了《道藏》天学、历法和地学方面的史料。指出《道藏》中的天文学思想史料大致有四类：宇宙演化过程、天体结构、星宿星图、天体运行思想史料。地学史料则包括大地理观（道人对世界地理的想象）、"世界地理图景"（《道藏》中"五岳真形图"）、名山宫观志、文化地理学、矿物学等方面。另外，本书还介绍了《道藏》物理学和化学、医学、医药学及养生方面的史料。《道藏》中与物理学思想相关的史料比较多，但大多是分散的，著者分六部分讲述与物理相关的思想史料。《道藏》中的化学为外丹黄白之术，其史料多且集中，与外丹黄白之术相关的道书最多的要数隋唐五代时期。著者对《道藏》中与医学、药物学相关的思想史料分为两类，一为道人炼制丹药方面的著作，一为传统的医学本草学著作，如《孙真人备急千金要方》；道教养生思想是道教医学思想的延伸。最后，本书介绍了《道藏》生物学、农学、数学、机械、器具史料，包括以特定生物作为研究对象的著述和以农学技术、农学思想相关的道书，以及涉及"数"、数术、阴阳五行等方面的史料。

　　《道藏》一书所涉及的史料不仅多，而且杂，涉及的学科也十分丰富，对《道藏》中大量科技思想史料进行列举与评述，实为一个艰巨的学术工程。著者进行了相当辛苦的考辨和梳理，虽然本书的分章因分类范围出现叠加重合等问题，但总体来看，本书仍是一部不错的道教科技史料著作，也是一部比较严谨的《道藏》研究著作。（付腾月）

六朝隋唐道教文献研究

《六朝隋唐道教文献研究》，赵益著。南京：凤凰出版社，2012年12月第1版，32开，172千字。

赵益简介详见《丘处机：一个人与一个教派的传奇》提要。

本书所选史料来源于《正统道藏》，内容围绕五本六朝隋唐时期的道教文献展开，分别为：《上清大洞真经三十九章》《汉武帝内传》《真诰》《三天内解经》和《三洞奉道科戒营始》。按著者的说法，虽然现当代学界对这五种道经着力甚多，并已取得了丰富的成果。然而这些道经内容复杂，值得研究的问题众多，因此，本书拟对其再作探讨，以期"还原"道经及"重构"道经的多重宗教价值。

在具体研究方面，本书对这五种道经的文献考察各有侧重。对《上清大洞真经三十九章》（亦称《上清大洞真经》或《大洞真经》）的研究重在文本还原和原型追索。此经是上清系最初尊奉的根本经典，著者对此经的研究主要从三个方面展开：文本还原、原型追索和文体意义。而对《汉武帝内传》，著者则主要从文献问题、宗教性及文学性等方面入手，着力分析了该经的宗教内涵及文学史意蕴，并探讨了此经的成书时代及著者情况，分析其与"外传"的关系，认为此经不仅是道教"仪式宗教"本质的自然反映，也是中国古代戏剧起源和早期形态的某种旁证。著者对《真诰》的探讨舍去了文献研究而专门讨论上清系的宗教特色，围绕"句曲洞天""地下主者""冢讼""六天""鬼官"等诸多概念展开，探析了本经与"启示录"及"启示文学"的联系。最后以唐诗为中心，分析了本经的文学价值。著者对《三天内解经》的研究围绕"六天"意义之确指、"三道"说的基本立场、本经与《玄妙内经》的关系及"三道"说的独特性，即它的"地域"观念展开。而对《三洞奉道科戒经》（《正统道藏》本题为《洞玄灵宝三洞奉道科戒营始》）的研究，则再次从其文本出发，重点探讨了科范的形成、发展及意义。对该经的文本发展过程进行了补充证明，讨论了南北朝至唐道教科范的内容组成及其发展变化，并分析了本经与唐初之际道教整合的关系。

本书对上述五本道经的研究从不同的角度展开，思考及分析都比较广泛，且有一定深度，但因为是在多篇论文的基础上形成的著作，难免存在研究角度过于跳跃，篇与篇之间缺乏联系，未能从总体上深刻概括这五部道经与"道经"总体之关系等等问题。另外，按本书著者的说法，其最初考虑的研究范围并不限于以上五种道经，还包括不少北朝和唐代的其他重要道教文献，出于种种原因，最后未能充分达成原初目标，实属憾事。（付腾月）

六朝隋唐道教文献研究

《六朝隋唐道教文献研究》，郑灿山著。台北：新文丰出版公司，2014年12月初版，16开。

郑灿山简介详见《东晋唐初道教道德经学：关于道德经与重玄思想暨太玄部之讨论》提要。

本书收录六篇文章，以及一篇附录。第一篇论文《南朝道士陆修静论灵宝斋仪与〈道德经〉之著作考》，首先探讨两部重要灵宝道经：《太上洞玄灵宝法烛经》《洞玄灵宝斋说光烛戒罚灯祝愿仪》的斋仪；其次在汉晋儒学讲经的影响下，陆修静将《道德经》融入灵宝斋仪，让仪式更加重视讲经说法，重新整理道教教义学以适应新时期的道教发展需要。第二篇论文《〈玉皇经〉与玉皇信仰》，分析从北宋起的玉皇崇祀，并推论《高上玉皇本行集经》是依仿《佛本行集经》编造而出，很有可能是在五代以迄北宋才成书，认为道教内部对"玉皇"的崇祀在陶弘景之后。第三篇论文《〈养性延命录〉著者孙思邈新考》，著者企图证明该书著者应为孙思邈而非陶弘景，成书年代约在唐高宗在位期间。第四篇论文《道教辞典的编纂及其意义——关于唐初〈道门经法相承次序〉的讨论》，研究道教史上第一部具有辞典性质的道书——《道门经法相承次序》，著者认为梁朝以后"道教学"越具规模，七部道书和七阶道法、教阶渐成定制，并分析道教教义学变化，从一些关键概念，找寻道教教义发展轨迹。第五篇论文《唐代道教三篇〈坐忘论〉考证》，著者认为道藏本《坐忘论》之著者应是唐初赵志坚，他强调"坐忘"之概念在当时已十分流行，偏往心性论发展。第六篇论文《〈秘传正阳真人灵宝毕法〉的基础性研究》考察了《灵宝毕法》，著者以为该书成于后晋石敬瑭朝天福元年（936）之前，并将《灵宝毕法》比对灵宝道经，认为在内丹修炼上两者有所差异，而且《灵宝毕法》运用大量汉代卦气说，说明唐代道士使用八卦学说发展内丹思想。在六篇论文之后，著者有附录《汉唐〈道德经〉注疏辑佚》一篇，全文将近百页，著者参照前人研究成果，搜罗各种《道德经》注本与其他经典的注本，整理汉唐之间的《道德经》注疏情况。

　　整体来说，依据著者在序言所做的说明，本书收录文章多属文献学研究性质，以及道教经典文献之考察，反思道教思想史的研究课题。著者认为已故哲学家傅伟勋教授所提出的"创造的诠释学"（creative hermeneutics）可作为思想史研究者的借镜，藉此形成研究的客观性。因此郑灿山教授的这部道教文献研究，论文的思考脉络便是与上述所提之研究方法紧密相连，是当代道教研究的创新典范。虽然书中所收录之论文多为旧稿新修，但是仍对后辈有相当大的启发，无论是善用学界既有的学术成果或是根据文本的脉络而得出的新见解，表现出著者几十年来严谨的治学态度与扎实的考证功夫，值得有心志学者看齐。（熊品华）

（三）道教典籍的个案整理与研究

《长春真人西游记》地理考证

　　《〈长春真人西游记〉地理考证》，［元］李志常撰，［清］丁谦考证。杭州：浙江图书馆，1915 年校刊版，线装木刻，系"浙江图书馆丛书"之一种。另有上海：上海古籍书店，1979 年版。

　　李志常（1193—1256），字浩然，道号玄通大师，观城（今河南范县）人。元初著名全真道士，为丘处机（1148—1227）觐见成吉思汗十八随行弟子之一。著作有《又玄集》20 卷，已佚，《长春真人西游记》2 卷，现存于《正统道藏》中。

　　丁谦（1843—1919），清末历史地理学家，字益甫，同治举人，嵊县人（龚剑峰考证）。家富藏书，收藏各代地理、方志和舆图书籍，藏于"蓬莱轩"中。精医学，笃嗜金石，尤长于历代边疆及域外地理考证。晚年致力撰述，所著《蓬莱轩舆地丛书》69 卷，由浙江图书馆出资刊行，本书即是其中之一，到现在该丛书仍然是地理考证之丰富资料库。

　　《长春真人西游记》是金元之际的道教书籍，讲述道教全真派丘处机应成吉思汗邀请，从黄海之滨到中亚大雪山（今阿富汗兴都库什山）觐见并传授长生术的经历。考证者是以《连筠簃丛书》本还是以《正统道藏》本为底本作此考证现已不可考。但观其文中所引，盖以《正统道藏》本为底本，参考《连筠簃丛书》本进行考证。

　　本书只是地理考证，所以考证者引用的原文约占三分之一，重点突出了地理路线的考证。主体内容部分，引用原文顶格，考证则提行并且空一字间距行文，一般按逻辑意群或一日行程之记录为断，进行地理考证。"按""说明""校注"等内容，则在原文中以两列小字标明。考证内容包括：释地名、国家之所在，指明当时（清末）为何地；说明音同字不同之转化，释地名之所在；指明前人考证之误；指明何种地理书记载以为据；对于地理位置存疑的，皆列其出处，分辨各种史书记载的同异；指明地名以讹传讹的原因；在原文校勘上亦下了功夫等等。

　　经过考证，大致确定了长春真人丘处机西行和东归的路线图。由于历时久远，很多资料欠缺，地名、人名、时间、事物都有很多变更，考证起来困难较大，再加上蒙古和中亚地区的荒远和一些社会不稳定因素，很多当年丘处机一行经历处研究起来出现困难。当年考证者正是在这种环境下，率先开始了这项工作，其后有沈垚、王国维、王汝棠等从不同方面进行了研究。

本书对于历史地理学有重要的学术价值，且值得注意的是，《长春真人西游记》乃是道教的一部重要典籍，其对于道教，特别是全真道的发展兴盛之过程、历史文化背景等等都是有价值的史料，这有待深入研究。（何欣）

评注抱朴子精华

《评注抱朴子精华》，张谔撰。北京：国家图书馆出版社，2016年10月第1版，系方勇主编《子藏·道家部·抱朴子卷》之一种，据1920年上海子学社排印《评注䣌子精华》本收录。

张谔简介详见《评注老子精华》提要。

本书是专门针对《抱朴子外篇》所作之评注，涉及《抱朴子外篇》之君道、时难、官治、臣节、博喻、贵贤、任能、钦士、务正、广譬、用刑、勖学、嘉遁、良规等篇。本书对其所注内容并未言明篇名，也非评注全篇，故名《评注抱朴子精华》。书中评注位于原文之下，字小一号，注明标点，并于每段评注书页上方注明该段主旨，每段评注之后引王阳明、唐荆川、徐文长、陈眉公之言为结尾。书中注释甚为详实，每逢典故必详书其事。

著者认为为君者应思治于未乱，甄别贤愚任用贤能且量才任官役长舍短，避免用人失当而使天下大乱；为君者应恩威并施，恩赐与刑罚如同春温而秋肃，二者缺一不可。为臣子者应学而不辍，遵道守节，不可同俗；为臣子者应名副其实，可以有德而无官，不可有官而无德；为臣子者应审时度势藏器待时，遇明主则进言上谏尽为臣之责，无明君则独善其身隐遁于世。君臣本为一体，君为元首，臣为股肱，虽有尊卑之别，实则一体相赖。君有君责，臣有臣职，纵观治世，必是君明而臣忠，根深则末盛。

总而言之，本书脉络清晰通俗易懂，其评注细致严谨，自成风格。（曲丰）

抱朴子残卷校勘

　　《抱朴子残卷校勘》，罗振三著。北京：国家图书馆出版社，2016年10月第1版，系方勇主编《子藏·道家部·抱朴子卷》之一种，据1923年刊《永丰乡人杂著续编》本收录。另有上海：上海古籍出版社，2010年版，系《罗振玉学术论著集：敦煌唐写本周易王注残卷校字记（外十二种）》之一种。

　　罗振玉简介详见《道德经考异附老子考异补遗》提要。

　　本书开篇记载了《抱朴子》残卷的由来，此残卷共三篇，系敦煌石室本，因不避唐讳而确定为六朝写本。其卷藏于皖江孔氏，其中一篇赠与定州王氏，其余两篇售于海东。罗振玉从孔氏处借得并与其校孙渊如观察刊本对比，发现其异同多达三百余处。其时恰逢罗振玉罹患小疾键户不出，便费三日之力著成此《抱朴子残卷校勘》。

　　《抱朴子残卷校勘》共三篇，分别为畅玄第一、论仙第二、对俗第三。书中三篇皆非全篇，而是仅对于其校孙渊如观察本三百余处异文分别勘校。其校勘记位于正文下方，比正文字小一号。大部分校勘只有数语，少者两三字，如"华作朱""难作艰"等。

　　纵观本书可知，罗振玉秉承客观认真的校勘原则，对三百余处的校勘可谓精细之至，其言甚简，其意甚深，可谓校勘之典范。（曲丰）

《长春真人西游记》校注

　　《〈长春真人西游记〉校注》，［元］李志常撰，王国维校注。北京：清华研究院，1927年刊行，线装木刻。另有台北：广文书局，1973年版，精装，32开。

　　李志常简介详见《〈长春真人西游记〉地理考证》提要。

　　王国维（1877—1927），初名国桢，字静安，亦字伯隅，初号礼堂，晚号观堂，又号永观，谥忠悫，浙江省海宁人。王国维在教育、哲学、文学、戏曲、美学、史学、古文学等方面均有造诣和创新，为中华民族文化宝库留下了广博精深的学术遗产。

本书先有王国维序、孙锡序，而后有上、下卷正文，末有四个附录：诏书、圣旨、请疏、段玉裁跋。

著者是以《正统道藏》本为底本进行校注的。书前王国维序，介绍了李志常掌教、生平、与佛教辩论等相关情况，并对李志常之文采给予很高评价。随后的孙锡序主要介绍长春真人丘处机的生平与觐见成吉思汗事迹。正文按《道藏》本分为上、下卷，校注之断句或据其内容，或依其句中字词而定，短则十几字，长则一百字以上；排版为引用原文顶格，校注则提行并且空一字间距行文。校注主要针对人名、地名、史实、事件背景、字词等内容，颇为详尽可靠。所引书籍包括《辽史》《湛然居士文集》《元朝秘史续集》《蒙鞑备录》等多种资料。附录部分则只有文本校对，并无注释。

本书为后来的研究者扫清了文本障碍，为后人进一步围绕全真道的历史发展、兴盛过程、文化背景等角度对《长春真人西游记》进行研究有强大的助力和深刻的意义。（何欣）

《黄庭经》讲义

《〈黄庭经〉讲义》，陈撄宁撰。上海：翼化堂书局，1935年出版发行，2015年1月收入《中国近代思想家文库·陈撄宁卷》（郭武编，中国人民大学出版社）第1篇。原连载于《扬善半月刊》第1卷第1期至第1卷第14期（1933年7月1日至1934年1月16日）。

陈撄宁（1880—1969），原名元善、志祥，后改名撄宁，字子修，号撄宁子，安徽怀宁人。清末秀才，毕业于安徽高等法政学堂，中国近现代道教领袖。20世纪三四十年代主编《扬善半月刊》《仙道月报》。1957年中国道教协会成立，当选副会长兼秘书长。1961年当选为第二届中国道教协会会长。曾任中国人民政治协商会议第二、三届全国委员会委员。主要著作有《静功疗养法》《仙与三教之异同》等。

《黄庭经》有《内景经》《外景经》《中景经》三种，一般认为《中景经》出现晚于前二种。《黄庭经》系道教上清派的早期经典著作，由西晋著名坤道魏华存所传。

《黄庭经》大多由七言韵文写成，其中《内景经》分为36章，每章以句首二字作为标题，主张"存思身内诸神"的炼养法，提出了"三宫三田"理论，即上中下三宫的"三部八景二十四神"和上中下三丹田。《外景经》则分为上部经、中部经、下部经三部分，也是倡导"存思法"，同时还强调了吐纳行气和咽津固精的重要性。本书主要对《内景经》《外景经》的一些关键词进行分析。

本书分为八章，分别对黄庭、泥丸、魂魄、呼吸、漱津、存神、致虚、断欲八个关键词进行分析阐述。在八章之前有一篇弁言，对《黄庭经》的成书过程和内、外景经的关系以及历代名人崇尚咏诵《黄庭经》的代表性诗句进行了介绍。正文八章中，每章结构均由阐释该词内涵、引证摘录《黄庭经》原文和对原文进行解释三部分构成。值得注意的是，第一章中著者对"黄庭"一词的内涵进行颇有新意的阐释。梁丘子注释本曾对"黄庭"和"内景""外景"的含义解释道："黄者，中央之色也；庭者，四方之中也。外指事，即天中、人中、地中；内指事，即脑中、心中、脾中，故曰黄庭。内者，心也，景者，象也。外象谕，即日月、星辰、云霞之象；内象谕，即血肉、筋骨、藏府之象也。"也就是说，"黄庭"有三个位置：脑中、心中、脾中。而著者则认为"黄庭"位于"脐内空处"，可谓另辟蹊径、别开生面。另外七章也对"泥丸"等词的实质含义和修习要领进行了一针见血的阐释和分析。

尽管本书篇幅较短，解释的丹道词语也不多，但言简意赅、直击本质，对内丹学的研究和修炼有着莫大的助益。（颜文强）

抱朴子校补

《抱朴子校补》，孙人和撰，佚名批校。北京：国家图书馆出版社，2016年10月第1版，系方勇主编《子藏·道家部·抱朴子卷》之一种，据民国间排印本收录。

孙人和（1894—1966），字蜀丞，江苏盐城人。文献学家、词学家、词人。毕业于国立北京大学，获文学学士学位。1920年左右，在北京与黄侃、邵章、杨树达、陈垣等成立"恖辨社"。抗战前后任中国大学国文系主任、辅仁大学名誉教授、北京古学院文学研究会研究员。著作有《论衡举正》《三国志辨证》

《唐宋词选》等。

本书在结构上未分章。前段为《抱朴子内篇》之校补，涉及《内篇》之畅玄、论仙、对俗、塞难、释滞、道意、辨问、极言、勤求、杂应、登涉、地真、遐览、祛惑等篇。后段为《抱朴子外篇》之校补，涉及《外篇》之嘉遁、逸民、勖学、崇教、君道、良规、钦士、审举、交际、酒诫、安贫、仁明、博喻、诘鲍、穷达及自叙篇。文中先书其校补之篇名，再书其校补之句而非全文。其校补之言与原文字体一致，而其引据他人之注释则字小一号，居于文下。文中多以古写残卷和《太平广记》《云笈七籤》《黄氏日抄》《桓谭新论》《神仙金汋经》《岁时广记》《搜神记》《神仙传》《淮南子》等为据对《抱朴子》进行校补，有时亦以文句通顺为据。其校补之言细致详实，多处多于原文。如：原文"我等不知今人长生之理"，其校补为"人和按此句语意不明，古写残卷作我等不知所以令人长生之理是也。今本令以形近误为今又脱去所以二字，故难解耳"。

纵观全书不难看出著者的博文广知和科学严谨。本书在《抱朴子》的校注中具有举足轻重的地位，亦是后世《抱朴子》校释引用的重要典籍。（曲丰）

太平经合校（附插图）

《太平经合校（附插图）》，王明编。北京：中华书局，1960年2月第1版，精装，大32开，383千字。此后，数次加印本书。1997年，中华书局将本书列入"道教典籍选刊"丛书中，分上、下两册装帧印刷。

王明（1911—1992），原名清椒，谱名兴椒，字存椒，又字则诚，别号九思，笔名王明，以笔名行于世，浙江乐清人。1932年，考入北京大学中文系；1937年，以《先秦儒学字义考》为题，完成毕业论文，得到导师胡适好评。1939年，赴云南昆明，考取西南联大北京大学文科研究所首届研究生。读研之际，在汤用彤指导下研读《道藏》，着手编纂《太平经合校》。1941年，以《太平经合校》作为申请学位的研究成果，通过答辩，获哲学硕士学位。1945年日本投降后，接任乐清师范学校校长。1947年，王明返回南京中央研究院历史语言研究所复职，在《史语所集刊》上陆续发表了《〈论太平经钞〉甲部之伪》等高水平学术论文，这为《太平经合校》编纂完善奠定了很好的基础。

经过了较长时间的补订、校勘，《太平经合校》首次付梓即引起学术界关注。

作为汉代的一部重要道教经典，《太平经》涉及哲学、文学、史学、民俗学等广泛领域，具有很高史料价值。原书分甲、乙、丙、丁、戊、己、庚、辛、壬、癸十部，每部17卷，共计170卷；但在流传过程中，该书散失严重，收录于《正统道藏》的《太平经》仅存57卷，甲、乙、辛、壬、癸五部经文全佚，流传下来的部分也衍误甚多、不容卒读。可见，此书校勘，难度颇大。

本书先有前言、凡例、引用书目，而后是170卷正文；末有四个附录：太平经佚文、太平经复文序、太平经著录考、太平经校后杂记。王明以《正统道藏》中的《太平经》（简称《经》）为底本，以唐代节抄本——《太平经钞》（简称《钞》）以及《太平经圣君秘旨》《三洞珠囊》《云笈七籤》《道教义枢》等27种古文献对《太平经》的征引为参校史料，经过补遗和精心校勘，基本恢复了170卷的原貌。

本书创立了一种颇具特色的体例。其中，最重要的是"并""附""补""存"。所谓"并"是指合并，凡《经》及《钞》之文字出入少者，以《经》文为主，《钞》之异文则作为校勘记，随文起讫，加"起止"二字以标识之。所谓"附"就是附载，凡《经》及《钞》文字出入多者，即以《经》文为母，以《钞》文为子，低三格写附《钞》文于《经》文之后，并于相对之《经》文起讫，加"起止"以示明之。所谓"补"，就是补录《经》文之缺漏，凡《经》所无而《钞》有者，便将《钞》文补入《经》文的适当位置。所谓"存"就是续存他书征引《太平经》之佚文，如《太平经圣君秘旨》等书往往引用《太平经》之佚文，凡知其在经卷之地位者，则分别依照上三例校订之；若其地位失考而知其卷数者，则附存卷末；若仅知其帙数者（每部17卷为一帙），则附存于帙末。若卷帙均不知者，则附存于全书之末。为了方便读者，《太平经合校》于书眉上随文标明《经》及《钞》的上海商务印书馆涵芬楼影印本页数及行数，并依校例，分别标出"并""附""补""存"四字，可谓提纲挈领，井然有序。这种编订体例使《太平经》《太平经钞》等不同本子的经文原貌得以保存，路径清晰，检索便捷。

本书关于《太平经》一书的由来与作者的判断是以充分的考证为依据的。向来，关于《太平经》的问世年代与作者问题，颇有争议。1935年，汤用彤在《国学季刊》第5卷第1期上发表了《读〈太平经〉书所见》，认为《太平经》为汉代作品，为《太平经》研究开辟了先河。此后，编者以更加翔实的史料和颇具说服力的论证，充分证明了这一断言的准确性。《太平经合校·前言》在对《太平经》卷98《男女反形诀》以及《仙苑编珠》的史料反复推敲之后总结：《太平经》170卷不是一时一人所作，他相信《太平经》先有"本文"若干卷，后来崇道的人继续扩增，逐渐成为170卷；不能简单地说这书就是于吉、宫崇或帛和个人所著。他还指出，现存的经书里，固然不免有后人改写增窜，可是大体说来，它还保存着东汉中晚期著作的本来面目。这些判断为《太平经》的整理与校勘奠定了基础。

关于《太平经》年代、作者的判断是与考证《太平经钞》"甲部之伪"密切相关的。《太平经合校·前言》里有一节专论《太平经钞》的文字，其中言及：现存的《太平经钞》，以甲部的字数为最少，"疑《钞》甲部是后人所伪补"。编者的"疑"是经过长期考察之后形成的。1947年，编者便在《国立中央研究院历史语言研究所集刊》第18本上发表《论〈太平经〉甲部之伪》长文。通过《太平经钞》甲部与《灵书紫文》等道经的文字比照，发现《太平经钞》甲部实际上多来源于《灵书紫文》《后圣道君列纪》等晋代以后道书；接着，该文又从金丹、符书、文体、佛道名辞四个方面证明《太平经钞》甲部与其他九部不类。将甲部与其他诸部分开，这就避免了以甲部作为判断《太平经》问世年代的错误，从而使《太平经》的整理校勘回归于东汉中晚期的文化背景。

在翔实考证《太平经》问世年代、作者的前提下，遍寻《太平经》的著录史料，前后涉及30余种文献，其中既有《后汉书》等正史著作，也有《文献通考》等目录学著作，更有《辨正论》《法苑珠林》等佛教经典，足见著者涉猎极广。遵循考据学、校勘学的传统，《太平经合校》对《太平经》及《太平经钞》文本做了仔细考察，发现原书错漏甚多，《校后杂记》将之概括为脱落例、错简例、伪谬例三种，一一加以纠正。

本书是在特定的动荡历史环境下编纂的。由于历史条件所限，著者未能看到敦煌文献中关于《太平经》的资料，因此本书也留下了一些遗憾，例如有20篇经文目录为"阙题"。对此，编者一直耿耿于怀。在英国人斯坦因盗走的那部分敦煌经卷中，有一份手抄本《太平经目录》，尽管这份目录也存在着严重的文字讹谬和脱漏现象，但因其相对完整性，而能校补《道藏》本残缺的《太平经》目录。后来，编者在《自传》里回忆说："在抗日战争期间，我从北京大学教授向达处得知在英国伦敦博物馆藏敦煌经卷中有《太平部卷第二》（Ｓ．四二二六号），未见内容。抗战结束后，也没有去寻检，这是很大的疏忽。"1965年，王明在仔细审读敦煌经卷的《太平经目录》之后，在《文史》第4期发表了《〈太平经〉目录考》，说明"《敦煌目》和《道藏》本《太平经》篇目可以相须为用"。由此可以看出编者探索不止的精神。（詹石窗、姜守诚）

《抱朴子内篇》校释

《〈抱朴子内篇〉校释》，王明著。北京：中华书局，1980年1月第1版，32开，207千字。1985年增订再版，此后多次再版。1985年增订版乃是由于著者新收集到两个之前未见版本，一个是宋绍兴二十二年（1152）临安刊本《抱朴子内篇》，一个是日本田中庆太郎所藏的古写本《抱朴子》，依据这两个本子对之前的校勘做了个别订正。

王明简介详见《太平经合校（附插图）》提要。

本书分三大部分，第一部分为序言与凡例，乃是对葛洪之生平、《内篇》之思想以及本书校释之体例做简要之概括介绍。第二部分"抱朴子内篇"校释，是本书之核心部分。第三部分为两篇附录与增订版后记，附录一包括严可均辑之"抱朴子内篇佚文""抱朴子内篇序""抱朴子外篇自叙"以及"晋书葛洪传"；附录二录有孙星衍之"新校正抱朴子内篇序""抱朴子内篇目录"，方维甸之"校刊抱朴子内篇序"以及"葛洪撰述书目表"。本书以清孙星衍平津馆校刊本为底本，参校版本与校本计达12种之多。本书采用通行20卷之分章结构，每章先录出校勘后之原文，文末随附校释，采用先校后释之体例。

《抱朴子内篇》之注释与校勘千余年来甚少人问津，校勘只有清人与近人做了一些工作，而注释历来只有陶弘景做过注释，然此注在历史上未留下任何线索。本书是对《抱朴子内篇》第一次做了集校与注释，为后人之研究提供了扎实可靠之文本材料。（屈燕飞）

抱朴子内外篇思想析论

《抱朴子内外篇思想析论》，林丽雪著。台北：台湾学生书局，1980年5月初版，平、精装，16开。

林丽雪，台湾大学中文系学士、硕士，美国南卡罗来纳大学图书馆与资讯科学硕士。曾任教于台湾大学中文系、美国科罗拉多大学东方语文学系、南卡罗来纳大学延长教育中心，现任职于南卡州哥伦比亚市公立图书馆，旅美期间推动多元文化交流。

本书共分为三章，第一章《抱朴子》内外篇的形成，论述葛洪生平与内外篇的著成，以及内外篇思想渊源、背景，考证内外篇篇卷的多寡与存佚。第二章《抱朴子》内篇思想析论，包括有神论、神仙与道、神仙养生说的实践、内篇在道教发展史上的意义、内篇立论方法的特色。第三章《抱朴子》外篇思想析论，分别以"穷达""君道臣节""审举""讥俗救生"阐释外篇思想的精神，内容包括葛洪与汉代诸子，内外篇思想的关系。本书附有前言、结论与参考书目，是一部观点清晰、论述完整的专著。

著者整理出葛洪一生的经历，强调虽然葛洪一生笃信道家神仙之学，不过其涉世思想主要承袭儒家，还分析了葛洪对于世俗的行为和观念多有不满的原因。

综观全书，著者认为葛洪深处乱世，竟能承袭汉儒所遗留的学术传统，以儒学立论，对抗当时流行的玄学，其精神令人感佩，力挽狂澜而不颓，护卫儒学，这是葛洪巨大的贡献。同时他调和儒道，让后世学者对魏晋思想有新的观照，并非全然以玄学概之。这表现在《抱朴子》内外篇的关系，如内篇以鬼神说来劝善戒恶，强调忠孝和顺仁信的道德观，这与外篇说明的儒家礼教思想异曲同工，两者并非互斥关系，而是呈现互补的连结。结论分析葛洪内道外儒的性格，分别有两方面，一方面是源自葛氏的家学与师承，另一方面则是受时代背景及学术思潮影响。

本书刊行时间已逾30年，这期间国内外关于葛洪的研究多达数十种，国际学者也注意到葛洪在中国思想史或中国宗教史的地位，是不可忽视的研究对象，分别出版翻译与研究成果。本书著者在20世纪80年代，在当时各项研究资料阙如的时空环境下，懂得善用古籍、日人文献、欧文资料，写出学术严谨、结构完整的论著，补充中国思想史研究的空缺，足见其深厚的研究能力，是当今学者所需效法的典范。（熊品华）

《周易参同契》新探

《〈周易参同契〉新探》，周士一、潘启明著。长沙：湖南教育出版社，1981年9月第1版，32开，57千字。

周士一，1930生，湖南长沙人。著有《中华天启——彝族文化中的太一、北斗与太阳》。

潘启明，1945年生，湖南醴陵人。早年就读于国际关系学院英语专业，1967年毕业。主要著作有《周易参同契通析》《周易参同契解读》。

本书分爱因斯坦的惊奇和李约瑟的研究、莱布尼兹和《易图》、古代中国方士皇冠上的一颗明珠、《参同契》象征性符号释密、《参同契》要点研读、《参同契》的图像、《参同契》的意译、对《参同契》研究后的初步小结和附录《周易参同契》考异几个章节。大体而言，可分为三个部分，第一部分为前两节，引西人对中国古代科技文化的肯定与认同以作研究的引言。第二部分为本书之核心内容，其中"明珠"实为真正意义上的绪言；"释密"论药物、火候、操作与运用；"要点研读"专择《参同契》文本之重点章句下引朱熹、俞琰等古代名家注释附按著者本人的解读；"图像"一节抽先天"太极图"与《参同契》对释；所谓"意译"非是对《参同契》原文的译释，只是摘引王船山《〈译梦〉十六阕——调寄渔家傲》十六首诗明《参同契》行功之阶次。第三部分附录《四库全书》本之《考异》全文，随文偶附记几则简短按语。

本书之贡献约可概括为两点：其一，扭转了近代以来对《参同契》之研究注重化学炼丹术之倾向，真正开启了从气功、内炼（包括内丹）之角度探讨研究《参同契》。其二，借"科学"之风，注重从科学尤其是人体科学之角度参证、解释《参同契》所论之丹道，实有特别的意义。然本书不足之处亦可由此而论。"特异功能"与"气功热"之理想欲开一新时代之科学革命新形式，然其实际运用之理论又不出当时数学、物理认知范围，所以所谓"人体生命科学"云云只能是比附、转释。虽然，"气功热"未能将以《参同契》为代表的炼养学说"科学化"，不过在某种程度上确实为后人研究炼养开辟了一条可行的新途。又，本书每节论述较为简约，章节之间缺乏联系，未能形成系统深入的研究。（屈燕飞）

《无能子》校注

《〈无能子〉校注》，王明校注。北京：中华书局，1981年12月第1版，32开，37千字。

王明简介详见《太平经合校（附插图）》提要。

《无能子》一书系唐末无名氏所作，根据附录序言记载可知，"无能子"既是书名，也是人名，是著者于唐光启三年（887）蛰藏于"左辅（今陕西东南部）景氏民舍"的自号。校注者是以明《正统道藏》为底本，以景明刻《子汇》本、明孙矿批点沈景麟李廷谟订正本和《二十二子全书》本为参校本进行校勘和注释。本书分上中下三卷共34篇，上中两卷各10篇、下卷14篇。《道藏提要》概括指出"上卷论理，中卷论史，下卷皆问答、见闻和寓言"，可谓精准。不过由于年代久远、几经传抄之故，全书有阙文11篇。在正文前，校注者以《无能子的哲学思想》一文代序，对该书进行了介绍，并特地加了副标题《唐末农民大起义影响下一部突出的著作》。全文介绍了《无能子》一书的成书背景和主要观点。文章指出，《无能子》是著者在躲避唐末黄巢起义、战争纷乱的背景下撰写而成，著者否定纲常名教提出了"圣过论"、气一元论的自然观和主张回归自然本性的哲学思想等观点。正文中校注者对《无能子》一书进行了详细校勘和注释、诠解。

本书是迄今为止对《无能子》一书进行校勘注释的重要版本，对唐末道家道教思想以及历史背景、中国哲学思想的研究起到了不可估量的作用。不过，需要指出的是，校注者在序言中指出"无能子的朴素唯物主义的自然观带有浓厚的形而上学的特色……缺乏辩证法的思想"，此观点似有"以今度古""以西解中"之嫌。诚然"以今度古"难以避免，但辩证法和形而上学、唯物主义和唯心主义毕竟是站在西方二元对立的视角来评判的。（颜文强）

玄珠录校释

《玄珠录校释》，朱森溥校释。成都：巴蜀书社，1989年3月第1版，32开，90千字。

朱森溥，曾任四川大学公共管理学院哲学系教授，现已退休。有《〈老子〉论兵之作简析》《试析〈易经〉谦卦的理论》《浅论杨慎与老庄》等论文，主要从事道家道教、中国哲学研究。

《玄珠录》是唐代著名高道王玄览门人王太霄根据益州谢法师、彭州杜尊师、汉州李炼师及诸弟子记录王玄览讲道的笔记整理而成的一本语录体著作，收入《正统道藏》太玄部。根据《玄珠录序》的记载，王玄览是唐代广汉绵竹（今四川绵竹）人，俗名晖，法名玄览，号洪元先生，祖籍并州，先祖于晋末移居广汉，精研道教、佛教学说，曾受益州长史李孝逸礼遇，后因机缘在至真观度为道士。著有《真人菩萨观门》《九真任证颂道德诸行门》《老经口诀》《遁甲四合图》《混成奥藏图》等，惜皆遗佚，唯《玄珠录》一书传世。

《玄珠录》由序言、上卷、下卷构成，收语录120余则。序言是王太霄介绍王玄览生平，特别是学道、修道的传奇经历以及辑录本书的目的。正文阐述了道物、道体、道性、动寂、心性等道学理论。本书最大的特点是吸收了法物、相性、色空等佛教术语、观点来阐释道教理论内涵。

《玄珠录校释》主要分为两大部分，第一部分是王玄览《玄珠录》评述，包括王玄览的生平及《玄珠录》的成书、《玄珠录》的主要内容及其特色两节，分别对王玄览的生平事迹和《玄珠录》成书的原因、体现的新道论、融佛入道思想以及对《老子》一书几处文字的解说发挥等特色进行了介绍和分析。第二部分是对《玄珠录》一书的校释，主要由三部分构成：《玄珠录》原文的断句校勘、原文关键字词的注解诠释、略义。略义是对本段原文的主旨进一步概括、分析和评论。为了加深对《玄珠录》全文的贯通和理解，在全书最后，朱森溥教授还按照"道""有无""体用""心境""知见""定慧""法""空""色""相性"等主要概念分类辑录出了原文的一些语句。

本书最大的亮点一是对《玄珠录》原文中用佛教术语阐释道学理论的部分进行了比较详细的分析；二是在本书之前，尚未发现有前人对《玄珠录》进行系

统点校、注释。无疑，本书对研读《玄珠录》起到了较大的助益作用。（颜文强）

《周易参同契》通析

《〈周易参同契〉通析》，潘启明著。上海：上海翻译出版公司，1990年7月第1版，32开，194千字。

潘启明简介详见《〈周易参同契〉新探》提要。

本书由"注释"与"讲义"两部分组成。"注释"部分主要依照元陈致虚《〈周易参同契〉分章注》章句分类方法，然中间又有细微的差别。不同于《分章注》，《通析》将《参同契》共分成27章，中间个别章节合为一章并重新命名，个别章节名称也做了修改，如：上篇第五章"君臣御政"由第六章"炼己立基"与第五章"君臣御政"合为一章，原陈致虚"明两知窍第七"章名改为第六章"两孔穴法"等；下篇未作改动。"注释"有五小部分组成，首先为《参同契》每章节全部原文；第二部分为"注解"，是对个别词句的解释；第三部分为"章解"，对整章文意的解释，主要讲的是行功理论；第四部分为"释义"，白话解释《契》文；最后一部分是"复习思考题"。"讲义"由"玄学""天文历学""易数学"三章组成，实际上是从三个角度对《参同契》丹法理论的理论解释。

本书是著者继《新探》而后的又一部研究《参同契》丹法理论的著作，整体内容大为扩充，结构也更加完整，正如其内容提要所云，本书系"用现代科学观点，进一步研究《周易参同契》的专著"。浓厚的"科学性"是本书最大的特点，本书将现代科学理论与《参同契》所论之丹法理论做了最大程度的结合。（屈燕飞）

天仙金丹心法（附气功秘文破译）

《天仙金丹心法（附气功秘文破译）》，旧题八仙合著，松飞解读。北京：中华书局，1990年8月第1版，32开，133千字，系"道教典籍选刊"之一种。2014年重印此书，书末增加《关窍探奥》和《浅说两呼两吸法》两文，其余未作改动。

松飞，1922年生，花甲之后，开始对气功有所爱好，尤对长生久视之道兴趣浓厚，经过一年多的冥思苦想，终将《天仙金丹心法》书中秘文全部破译。

本书先有前言、序言等，而后是16卷正文，末有跋等。

关于《天仙金丹心法》的成书年代，闵智亭、李养正认为当在清嘉庆十八年至二十年（1813—1815）之间，因为明《正统道藏》、清初《道藏辑要》皆不见收录，至清光绪年间重刊《道藏辑要》始见收录。

《天仙金丹心法》共分为立志、端品、悔过、迁善等十六章，每章有一节引文和十二节正文，正文各有标题，其中共有八十一节正文是用"秘文"（与"明文"相对）写成，约占全书文字的一半。道家的内丹修炼秘诀，一般都是口传心授，不见文字。写成文字时，都是用隐语和暗示，但此书在用隐语和暗示表述口传心授秘诀的同时，还有意将文字按一定的规律错杂排列，更加入一些符号和代字（"秘文"），致粗心的读者望而却步。

著者破译《天仙金丹心法》，花了很大功夫，八十一节秘文后各有两个部分：秘文破译和破译说明。秘文破译部分将破译后的"秘文"，用简体写出，并加以标点，破译说明部分，用文字、图示、序号排列、形近字互译、符号与字互译、两字译一字等等方式清晰明白地给出了"秘文"是怎样转化为"明文"的。"秘文"之文字排列规律有的简单如"中间隔八个字跳读"，有的十分复杂，只有用图示排列才能找出正确顺序，非对全书上下贯通，不可破译之。通过著者破译后，看出该书对内丹的理论、方法、步骤均有系统而详尽的论述，文字较通俗易懂，"秘文"中很多内容，在一般丹经中是不见文字的，的确属于口传心授之机密，观其理论系统，系全真道北宗主性命双修之功法。

本书的出版，解决了读者阅读《天仙金丹心法》的文字问题，这是理解其思想、理论或对其进行研究的基础。闵智亭、李养正也说："《金丹心法》经松飞巧为破译，去其衶秘之烟雾，使庐山真面目得以显现，使读者易晓，使炼者得法。"（何欣）

悟真篇浅解（外三种）

《悟真篇浅解（外三种）》，［宋］张伯端著，王沐浅解。北京：中华书局，1990年10月第1版，32开，216千字，系"道教典籍选刊"之一种。1997年、

2008年、2014年，中华书局重印此书。

张伯端（983或987—1082），字平叔，改名用成，号紫阳，道教南宗初祖，浙江天台（今临海县）人。自幼涉猎三教经书，刑法、书算、医卜、战阵、天文、地理、吉凶、死生之术，皆有所通。

王沐（1908—1992），河北唐山乐亭人。道教学者，丹功专家。于1936年皈依济南郝姓高道，受龙门律宗戒，为"宗"字辈。其一生致力于道教和内丹研究，主要著作有《内丹养生功法指要》等。

全书先有目录与三篇序文，而后是上中下三卷、《外篇浅解》和《外三种》，末有两个附录。

《悟真篇浅解（外三种）》主体结构与清董本相同，《外三种》是著者自行辑校。其中上中下三卷是本书的主体，上卷可视为总论；中卷可视为分论，在分论中还具有总分之别；下卷则是对上中二卷的归纳总结。尔后是《悟真外篇》收的四篇文章，《悟真篇后序》是张伯端再次指明其《悟真篇》之要，叮咛后人认真修学；《读周易参同契》主要讲述乾坤、阴阳、五行与八卦之间的关系；《赠白龙洞刘道人歌》实际上是卷一中一、三、五、七首律诗内容的演绎；《石桥歌》是浓缩了的《悟真篇》，着重谈了沿着任督运气、坎离交会、五行与火候匹配等内容，以上四篇皆有"校注"。然后是《外三种》合辑。最后是附录：《悟真篇丹法要旨》和《悟真篇丹法源流》（原文分别发表在1981、1982年《道协会刊》）。在上中下三卷的解析中，以一首诗或词为断，先有"点校"以明诸版本中字词异同，并择优而校，再有"注释"以明字词在"内丹学"术语体系内所隐喻的意思，部分注释配有图画，后有"笺"，在总体上理解这首诗或词所隐喻的意思、所强调的重点及其前后的关联等。

历来注释《悟真篇》的有很多，著者也在书中列举了十家具有代表性的注本提要，各家也有不同侧重。就整理思想内涵和系统理论来看，著者的注解基本还原了《悟真篇》先命后性、先有为后无为、在入手时即强调丹诀与修心并重的基本思想，但对于一些具体名词涵义，也有待进一步研究。本书对当代道教界和学术界影响很大，有道教学院以此书为《悟真篇》课程指定教材，本书对于学术界研究《悟真篇》及其阐释的流变、南宗丹法及其源流等有重要价值，在目前各项关于《悟真篇》的研究成果中，也几乎都有本书的引用，足见其影响。（何欣）

《老子想尔注》校证

《〈老子想尔注〉校证》，饶宗颐著。上海：上海古籍出版社，1991年11月第1版，32开，124千字。

饶宗颐（1917—2018），字固庵、伯濂、伯子，号选堂，广东潮安人。曾于广东文理学院、香港大学中文系、新加坡（国立）大学、耶鲁大学等多所高校任教。其著述宏富，代表作有《敦煌书法丛刊》《殷代贞卜人物通考》等。

本书第一部分为《校证》正文，亦即原《校笺》原文；第二部分是五篇研究论文，依次编排目次为：想尔九戒与三合义、老子想尔注绪论、四论想尔注、天师道杂考、有关天师道家令戒之通讯。第三部分为《老子道经想尔注残卷》写本26页与《唐天宝十载系师定本道德经写卷》《古钞道士索洞玄经》《唐景龙三年写本道德经卷六唐真戒受戒文》《敦煌本成玄英老子开题第四"文数"》各1页计4页，此两部分写本原文排在本书扉页与著者像之后。《校笺》共分十小节，章节前尚有一小篇"自序"，章节附"别字记"与"跋"。《校笺》十小节依次是：题解、录注、校议、笺证、《想尔注》之异解、《想尔注》与河上公《注》《想尔》本与索洞玄本比较、《想尔注》与《太平经》《想尔注》佚文补、张道陵考述。"题解"乃是对《想尔注》之年代与著者之考证；"录注"则是对《想尔注》做了注、文之分解，并依照河上公本之章次做了处理，还对原文中之讹夺文字做了修改；"校议"是对《想尔注》原文、原注文字做的校证；"笺证"通过考察《想尔注》注文中某些核心范畴概念为对象参证《太平经》与其他史料或早期道经抉发《想尔注》之"奇辞奥旨"；"《想尔注》之异解"是对《想尔注》别改《道德经》原文做的探讨；其余几篇义如其篇名。"别字记"是著者捡别出45个"别字"与见于汉至隋代碑刻中的文字进行对勘。

《想尔注》千余年来早已失传，直到近代"敦煌本"复出，世人才又得见此一对道教发展而言具有重大意义的珍本。然敦煌写本残缺不全，文注不分，文字讹夺严重，加之注文"奇辞奥旨"甚是难读，更遑论厘清其思想。著者先检阅文本，分出《老子》原文与《想尔注》注文，又按照河上公《章句》之章节结构对残卷写本做了分疏。如此，基本厘清《想尔注》残本之文、注，使得残卷基本可读。又，著者对《想尔注》残卷之著者、文字、重要范畴、思想与文化背景都做了详细之考证，对于评价、鉴定《想尔注》都有巨大的意义。某种程度上，本书打开了研究《想尔注》之大门。（屈燕飞）

长生不死的探求——道经《真诰》之谜

《长生不死的探求——道经〈真诰〉之谜》，钟来因著。上海：文汇出版社，1992年6月第1版，32开，258千字。

钟来因（1939—2001），江苏无锡人。曾任江苏省社会科学院研究员、东南大学文学院中国文化系兼职教授。在国内外发表古典文学研究论文200余篇，已出版的专著主要有《杜诗解》《〈真诰〉长生经精华录》《苏东坡养生艺术》等。

《真诰》一书为道教上清派早期经典著作，明《正统道藏》太玄部载有七篇二十卷，每篇均以概括本篇内容或揭示其主旨特征的三个字题眼作为标题。《真诰》系东晋年间诸多仙真扶乩降笔于"一杨二许"（杨羲、许谧、许翙）等人的记录；而后顾欢整理成《真迹》一书，陶弘景在此基础上进一步增补编撰、注释而成。

本书特将《从胡适的〈陶弘景的《真诰》考〉说起》列为引论第一章，介绍了胡适《陶弘景的〈真诰〉考》一文的写作背景、篇章结构和主要观点；而后以八章篇幅分别从陶弘景生平、上清经派与《真诰》、《真诰》记载的东晋中期政治上的重大事件、《真诰》的房中观、《真诰》的长生术、《真诰》的历史渊源、《真诰》与《上清握中诀》等上清派经典关系以及在文化史上的意义进行了分析和探讨；最后还列第十章《评胡适〈陶弘景的《真诰》考〉》，从"《真诰》的核心内容是反对魏晋流行的房中术""关于《真诰》的渊源"和"关于《真诰》'剽窃'《四十二章经》"三个方面剖析了胡适观点的不当之处；为了便于读者理解和对照，著者还增设了《本书引用〈真诰〉人名查索》《胡适〈陶弘景的《真诰》考〉》《西王母五女传说的形成及其演变》《六朝人神之恋故事选》《日本京都大学出版〈真诰索引〉》五个附录。

整体上看，本书亮点主要有四：一是分析了《真诰》中记载的东晋政治事件，突出其史料价值；二是破译了关键隐喻术语，剖析还原了《真诰》以人神之恋为载体是反对魏晋流行的粗鄙低下的黄赤之术而要回归清净存思的上清房中观，拨开笼罩在《真诰》上的历史迷雾；三是解读了隐藏于《真诰》中的气功、药饵、按摩、导引、针灸等长生术，强调了《真诰》修道思想淡化宗教情绪、增加理性成分的一面；四是分析了《真诰》文献来源：以道经为主，融合儒、佛思想，澄清了胡适有失偏颇的观点。本书有理有据且引证史料丰富、论证缜密细致、评价公允客观，是中华人民共和国成立后大陆学术界早期研究《真诰》分量较重的学术专著，为此后学术界进一步研究《真诰》扫清了思想偏见和阅读障碍。（颜文强）

《黄帝阴符经》·《黄石公素书》释义

《〈黄帝阴符经〉·〈黄石公素书〉释义》，任法融著。西安：三秦出版社，1992年8月第1版，32开，77千字。另有北京：东方出版社，2009年与2012年版。

任法融简介详见《道德经释义》（修订版）提要。

《黄帝阴符经》和《黄石公素书》是两本道教经典。《阴符经》全书贯彻"观天之道，执天之行"的主旨。《黄石公素书》旧题为黄石公著，《正统道藏》太清部收录了宋代魏鲁和张商英两个注本。根据《史记》《汉书》记载，黄石公曾授张良《太公兵法》，故黄石公当为秦汉时人。根据张商英序，黄石公授张良乃是《素书》六篇。当然，也有《三略》的说法。《素书》分为六章：《原始章》《正道章》《求人之志章》《本德宗道章》《遵义章》《安礼章》。对于全书的主旨，著者概括指出："《素书》是以道家思想为宗旨，集儒、法、兵的思想发挥道的作用及功能。同时以道、德、仁、义、礼为立身治国的根本、揣度宇宙万物自然运化的理数，以此认识事物、对应事物、处理事物的智能之作。"此言颇为精准。

本书前有原国家图书馆馆长任继愈推介的《序言》。正文由两大部分构成，第一部分《黄帝阴符经》释义，是对该书的主要内容、版本考证、基本思想和原文关键字、词、句的释义。其中原文的释义根据李筌三章分法予以阐释。此外，还对道家始祖——黄帝的主要事迹和发明创造进行了介绍。第二部分《黄石公素书》释义，包括对黄石公其人其书进行考证、对《黄石公素书》的基本思想、该书与儒家伦理规范以及与《黄石公三略》关系进行分析，接下来按照六章先后顺序对《黄石公素书》原文关键的字词、重要语句进行阐释。本书的最大亮点有二：一是将《阴符经》的三章分法分别概括为"论修""论政""论兵"，可谓一字传神；二是将《黄石公素书》与《黄石公三略》进行了比较研究，并概括指出："《三略》重'略'，《素书》'韬''略'兼备。"并且对"韬"与"略"的内涵作了界定："'略'是指计谋，'韬'是指事物的本质内涵。"仅从这两点可以看出，本书对《阴符经》和《素书》的解读是颇具功力的。（颜文强）

太乙金华真经

《太乙金华真经》，王魁溥译。北京：中国医药科技出版社，1993年5月第1版，32开，161千字。

王魁溥，1920年生，辽宁辽阳人。曾任职于中南军政大学、北京师范大学，为中国环球百岁养生研究中心专家组长、世界太极修炼大会学术委员会副主任、中国气功科学研究会理事。曾编译注释《纯阳吕祖功理功法诠释——太乙金华宗旨今译》，主要从事道教内丹研究和实践。

本书最大的亮点是考证了其传播欧洲和日本的经过。本书由三大部分构成：第一部分是《太乙金华宗旨》一书的相关序言和介绍，包括《太乙金华宗旨》今译序、《太乙金华宗旨》今译后记、译者说明、《太乙金华宗旨》今译序言、《太乙金华宗旨》的由来与内容、西洋人对道的认识、欧洲的曼陀罗、《太乙金华宗旨》德文版译成日文的说明、吕祖的传记及其神话故事九个小部分。该书第二部分是对《太乙金华宗旨》全书的译注，每一章先列原文，加以断句标号，而后是译注。每一章后面有《本章趣旨》和对关键术语的注解。全书的第三部分是《〈太乙金华宗旨〉阐幽问答》的原文和译注。《〈太乙金华宗旨〉阐幽问答》是托名吕祖回答全真教弟子修炼金丹过程中遇到困惑的问答录，可以说是研读《太乙金华宗旨》的教辅书。

总的来看，著者翻译的文笔比较流畅，是研究《太乙金华宗旨》等钟吕天仙法脉丹道经典的参考书之一。当然，书中的排版和翻译也存在一些不到位甚至错误的地方。这点冯广宏在《〈太乙金华宗旨〉今译》一书中已明确指出。对此，笔者认为如果出现较多错别字等排版失误，则是工作不严谨之故，应接受冯广宏的批评；对于翻译上是否有错误，则应根据每个研究者的理解不同，不应全部视为错误，而是学术界不同观点上的争鸣。如著者将"天心居日月"翻译为是"在两眼的中间'玄关'内"，这是他的个人观点——认为两眼中间是玄关所在。不管怎样，本书代表了早期研究者的成果，为后人研读《太乙金华真经》起到了助益作用。（颜文强）

道教三字经

《道教三字经》，易心莹著，卿希泰、郭武等注。成都：四川大学出版社，1993年6月第1版，32开，140千字，系"儒佛道三字经"之一种。

易心莹（1896—1976），俗名良德，字综乾，道号理伦。生于四川遂宁县，自幼体弱多病，因常闻长辈讲道家有强身保国之术，遂锐意向道，于1913年只身至青城山天师洞，拜全真龙门派碧洞宗魏至龄为师，成为全真龙门派第二十二代道士。主要著作有《老子通义》《老子道义学系统表》《道教系统表》等。

卿希泰简介详见《中国道教史》提要。

郭武简介详见《道教历史百问》提要。

《道教三字经》原文只有3163个字，内容涉及道教的历史、宗派、修持、教义，乃至宗教制度、戒律以及各种斋、醮、拜忏仪式等等，刘仲宇教授曾称它是一部微型的道教百科全书。易心莹对道家道教的经典、故事、神话、传说、信史相当熟稔，取材其中，圆融一体，虽三字一句，容量却不小，体现出著者的史学功底和信仰特色。信史与非信史材料有机组合，也反映出道教的多元性和复杂性。

注者注释《道教三字经》主要分为字或词注释、解释或理解两个部分，依其文意，以48、36、24或12等字为断。先是字或词注释部分，多引《云笈七籤》《历代神仙通鉴》等道教或相关的权威典籍，对于语意不详或本有多种说法者，则多种解释及说法并存，对于需要额外说明的地方以"按"的方式进行说明。在解释或理解部分，是对上一段内容的一个衔接和这一段内容的理解，类似于不严格的全段翻译。全文整体来看，基本实现了《道教三字经》的白话文理解和翻译。为尊重原著者的立场和谋篇布局，注者对于很多地方的处理，不得不按原著者的思路进行解释，与史实有别，读者在阅读时需要加以鉴别。

《道教三字经》对道教的义理、神仙、教派等作了简要的介绍，对人们了解我国这一土生土长的宗教有一定的帮助。对其进行注解，有利于在道教界人士中更广泛流传，同时也可为学者研究《道教三字经》作参考。其后有张振国注释讲解《道教源流三字经》（上海古籍出版社，1997年），再版后配有图片，更易于理解。（何欣）

《周易参同契》考辩

《〈周易参同契〉考辩》，孟乃昌著。上海：上海古籍出版社，1993年8月第1版，32开，238千字。

孟乃昌（1933—1992），山西太原人。著名化学史家、炼丹史家，同时精通太极拳。20世纪50年代开始从事古代化学炼丹术的研究，80年代渐入佳境，研究不断深入，不仅将《参同契》有关外丹的研究推向深处，同时涉及《参同契》著者、文本、思想乃至内丹诸方面。主要著作有《道教与中国炼丹术》《万古丹经王：〈周易参同契〉三十四家注释集萃》等。

本书实则是孟氏集合数十年研究论文成果而成。分为两个部分，第一部分收录三篇论文：《〈周易参同契〉通考》《〈周易参同契〉通解》《〈周易参同契〉通释》。此三篇论文讨论了《参同契》真伪、著者、文本、文化背景、思想内容诸多方面，其中尤以第一、三篇论述最精。第二部分收录五篇论文，依次为：《〈周易参同契〉及其中的化学知识》《〈周易参同契〉的实验和理论》《中国炼丹术的基本理论是铅汞论》《中国炼丹术"还丹"的演变》《论中国炼丹术内外丹之联系》，除最后一篇讨论内外丹之关系外，其余四篇集中讨论了《参同契》的外丹理论。

本书是20世纪研究《参同契》最有分量的著作，也是后来者继续深入研究不得不参考的著作。其主要成就可概括如下：首先，深入《道藏》筛查出了引述《参同契》原文的26本唐宋炼丹书以及数百条引文，确然无疑证实《参同契》非伪书。其次，深入考察了《参同契》之时代文化背景，尤其着重考察了与汉代谶纬之间的关系，虽然其结论尚有讨论的余地，然则其努力与成果仍值得充分肯定。再次，全面考察了《参同契》外丹理论中的实验设备、技术、操作、炼丹理论以及铅汞、还丹理论，对近代以来研究《参同契》化学炼丹术成果做了深入的推进。最后，从历史演进之角度论《参同契》之内外丹关系，实是很有说服力的论证。然亦有不足之处，如本书由数篇论文集合而成，孟氏之研究虽有意从各个方面综合论证，然事实上论文之间依然存在着论述重复，彼此之间未能系统连贯等问题。又，书中具体的结论尚有很多值得继续讨论的余地，如《参同契》与纬书之关系、《参同契》与古今文学派之间的关系等。（屈燕飞）

万古丹经王：《周易参同契》三十四家注释集萃

《万古丹经王：〈周易参同契〉三十四家注释集萃》，孟乃昌、孟庆轩辑编。北京：华夏出版社，1993年9月第1版，32开，327千字。

孟乃昌简介详见《〈周易参同契〉考辩》提要。

本书体例特殊，乃属于编辑者独创。本书以五代彭晓注本为底本，分《参同契》为81章，每章先录原文，然后根据著者搜集到的历史上34家注本校勘文字，再附注释，此注释乃著者精心拣选34家注本中若干论述精详者按照历史年代依次罗列而出。书末有两种附录：《〈周易参同契〉题解》《三十四家注本、批注本、批校本目录》。

本书虽在体例上属于集注，然此一新形式又体现了编辑者的努力与成果。其中文字校勘一项全然属于编辑者之研究成果，而注释部分之选择也同样体现出编辑者的研究态度与思路。（屈燕飞）

《周易参同契》释义

《〈周易参同契〉释义》，任法融注释。西安：西北大学出版社，1993年9月第1版，32开，144千字。另有北京：东方出版社，2009年修订版，2012年再版。

任法融简介详见《道德经释义》（修订版）提要。

本书主要分为总论与正文。总论占35页，对《参同契》做一综合的介绍，包括著者、内容，又逐条简要解释鼎炉、药物、日月、火候、药物剂量、关于丹之命名、自然界以及河图与洛书，实为著者一简要的入手准备功夫。第二部分是本书之主要内容，其分章乃袭元陈致虚《〈周易参同契〉分章注》之思路，分《参同契》为上中下三篇，共计三十五章，上篇十五章，中篇十五章，下篇五章。与《分章注》稍异者，是《释义》将《赞序》单独抽出置于最后。《释义》本质上属注解本，其注解之体例与方煦之《讲解》类同，即先逐句陈《契》原文，后依文拣重要词句注解其义，最后重点阐释此句所蕴之丹理。此书注解之特点在于随文附注许多图文，颇有互助启发之效。

本书之价值在于其为近代以来严格意义上第一部出版的道教教内学者注解之作。《参同契》发展之历史基本由教内学者注疏而延续，近代以来此一传统颇有冷落之嫌，虽20世纪30年代末陈撄宁在上海仙学院讲解《参同契》而有《讲义》遗稿，然此稿直到21世纪初才正式出版，故本书别具意义。注释者为全真龙门派传人，其丹法自亦传自龙门，故其注释亦从自身传承与实践互相参证而笔之于书，此则本书之实践价值不同于其他著作。然而，本书没有对《参同契》之著者、文本、思想、历史等问题做深入研究、剖析，"总论"只是属于介绍性的导读或研读之准备知识。（屈燕飞）

太乙金华宗旨今译

《太乙金华宗旨今译》，冯广宏编译。成都：四川科学技术出版社，1995年4月第1版，32开，150千字。

冯广宏简介详见《道教之源》提要。

《太乙金华宗旨》系明清时托名吕洞宾的扶乩之作。书名"太乙"又名太一，为中国古代星官之一，属于紫微垣。根据《史记·封禅书》的记载，汉武帝祭祀"太乙坛"有"天一""地一""泰一"三神。"太"者，至、最也；"一"为"道生一"的"一"，表万物化生之始。"道"为"体"，表无极；"一"为"用"，表太极。"金华"即"金花"，即性命交媾神炁凝结成胎的金丹之意。书名"太乙金华宗旨"表示本书是一本阐释修炼至高无上的金丹之术以返回万物化生之始的典籍。本书自20世纪20、30年代先后被译为德文、英文、日文在国外刊行，深受欢迎。全书共分13小节：天心、元神识神、回光守中、回光调息、回光差谬、回光证验、回光活法、逍遥诀、百日立基、性光识光、坎离交媾、周天、劝世歌。《太乙金华宗旨》摒弃了以前丹经常用的隐语，故而语言表达朴实无华、一针见血，特别是对元神、识神的作用区别、具体位置和如何制服识神、回归元神的修炼关键诀窍作了细致的阐述，堪称一部内丹修行不可多得的上乘佳作。

本书主要由三大部分构成：第一部分是著者对《太乙金华宗旨》的综述，包括对版本、出处、哲理、创见、著者、章义的介绍和分析。第二部分是对《太乙金华宗旨》13小节关键字词的注释（含校勘）。书名的"今译"实际上仅指注释而言。第三部分是附录，包括辑要本《金华宗旨》弁言、辑要本《金华宗旨》按语等。本书最大的亮点，是在注释中对《太乙金华宗旨》相关字词、语句的版本校勘十分细致，值得研究者学习。（颜文强）

化书

《化书》，［五代］谭峭撰，丁祯彦、李似珍点校。北京：中华书局，1996年8月第1版，32开，54千字，系"道教典籍选刊"之一种。

谭峭，字景升，号紫霄真人，五代泉州人，为唐国子司业谭洙之子，其早年虽通经史，却不慕功名，好黄老之学，后游学终南、太白、太行、王屋等名山，又师从嵩山道士修道十余年，后隐居青城山。

丁祯彦（1934—1999），重庆人。曾任华东师范大学哲学研究所所长、上海市哲学学会副会长、上海市哲学学会中国哲学专业委员会主任委员等，代表作有《中国哲学名论解读》《哲学的变革：马克思主义哲学中国化问题初探》《先秦哲人与哲学》等，主要从事马克思主义哲学、中国哲学史研究。

李似珍，1952年生，上海人。1999年获华东师范大学哲学博士学位，曾任华东师范大学教授、上海市科技史学会副秘书长、中华医学会上海市医史委员会委员等。主要著作有《形神·心性·情志——中国古代心身观述评》《五经选读》《静心之教与养生之道》等，主要从事中国哲学史、中国哲学与自然科学、道教养生观等研究。

《化书》，又名《谭子化书》，该书围绕"人无常心，物无常性"的主题，描述万物可顺逆化生，论证虚化万物、逆化修道可成仙，为金丹修炼提供了哲理依据。

本书主要由《谭峭〈化书〉的社会政治思想和哲学思想（代序）》、正文校记和附录三部分构成。《代序》一文，著者对《化书》的流传版本、著者生平以及本书蕴含的社会政治思想和哲学思想进行了介绍和分析。第二部分是对《化书》原文的断句和校记。第三部分收录了不同版本的序跋文7篇、《郡斋读书志》等有关《化书》记载的著录14种、古籍考释7种以及著者生平史传辑要10种。这些第一手资料对研读《化书》起到了较大的帮助。

总体来看，最大的亮点是《代序》部分对《化书》的两个主要观点——社会政治观和虚化万物的道教哲学观阐释得较为详细。当然也存在两点不足：一是《代序》部分带有比较明显将唯物与唯心、客观与主观分开对立的色彩，如著者指出"唐代佛教各派和道教、儒家学者各自抓住认识的某个环节加以夸大，以虚构唯心主义体系"，"谭峭在论证虚实相通时暴露了明显的逻辑错误和他的主观主义思想方法"。这样下结论似乎比较草率，与中国哲学唯物唯心、客观主观相互融合渗透的特点相违背。当然著者这样的观点也从一个侧面反映了20世纪八九十年代中国哲学界整理研究中国古代典籍普遍持有的观点与风气。二是本书只对正文进行校勘和断句，如果能够对一些关键的字词进行注释乃至全文翻译，相信对研读《化书》一书的助益会更大。（颜文强）

《抱朴子外篇》校笺

《〈抱朴子外篇〉校笺》，杨明照撰。北京：中华书局，1991年12月第1版（上册），1997年10月第1版（下册），2册，32开，459千字。

杨明照简介详见《庄子校证》提要。

本书分上、下两册，上册首列一篇长长的"前言"，主要对《外篇》之文学价值做了评价，正文录《外篇》前二十五章之内容与校笺；下册录后二十五章原文与校笺，书末有附录。附录之具体内容依次为：传记第一、著录第二、佚文第三、序跋第四、杂纂第五、葛洪家世第六、葛洪生卒年第八。此附录乃是集历代之有关资料于一体，并对每条资料都做了简短之注释。《校笺》之正文校注部分与王明之《校释》稍有差别，《校释》乃首录《抱朴子》

之每卷原文全文，随次才是对此卷之内容的校勘与注释；而《校笺》每卷之校笺则是逐段进行，将每卷原文分为若干小段，校笺放在每段原文之后。

《校笺》体量庞大，总计一千多页，其中著者校笺之部分又占去多数，乃是著者历经半个多世纪辛苦撰集之结果。其校笺之详备，用心之良苦，足可照鉴后人。《抱朴子外篇》较《内篇》内容远为庞杂，然其与《内篇》一样历史上一直不受学者重视，校勘与注释少见难睹，明清以来逐渐有学者从事文字之校勘工作，然对《外篇》注释者杨氏为第一人。杨氏参校十一种历史上各类版本，倾注半个世纪的心血，完成如此详实之文本，本书实为相关领域研究者必备之资料。（屈燕飞）

道教源流三字经

《道教源流三字经》，易心莹著，张振国注释讲解。上海：上海古籍出版社，1997年初版，32开，92千字。2002年及2010年再版。

易心莹简介详见《道教三字经》提要。

张振国，1946年生，上海人。1977年考入上海师范大学中文系，毕业后在中学任教，1992年调入上海市道教协会，任副秘书长。著有《悟真篇导读》、《道教常识问答》（合著）、《道教景点故事》（合著）等。

本书先有前言，主要介绍了《三字经》文体的来源、本书的内容、著者、道家与道教等内容。而后的正文，著者将原文分成二十章，每章用一句七言诗作为名称，如第一章：大道一炁化三清。在讲解中，原文以大字排列在前，注释讲解以小字排列在后，重点字、词、术语等著者都有解释，且大多注明相关典籍出处。除了字词术语等，注者根据自己的认识与理解，补充一些了相关内容，既拓展道教史知识，又增强了可读性。由于《三字经》本身容量有限，留下的空间很大，也为自由评价提供了方便。所以，注者对于其分的每一章，都有一个评价或总结。

本书讲解者注意到通俗化有利传播弘扬，在讲解中侧重通俗理解，非严格学术著作。著者的某些注解，也有一些有争议之处，但总的来说，本书是弘扬道教文化的一种文字样式，其知识性、趣味性、通俗性深受道教爱好者喜欢。（何欣）

洞天福地岳渎名山记全译

　　《洞天福地岳渎名山记全译》，王纯五译注。贵阳：贵州人民出版社，1999年11月第1版，32开，104千字。

　　王纯五简介详见《青城山志》提要。

　　著者译注的《洞天福地岳渎名山记全译》一书由前言、洞天福地岳渎名山记序和正文九部分构成：岳渎众山、海外五岳仙岛十洲、中国五岳、十大洞天、五镇海渎、三十六靖庐、三十六洞天、七十二福地、灵化二十四。著者将写在"岳渎众山"后面的描述海外的五岳十山十洲，单独列出成为一部分"海外五岳仙岛十洲"，于是正文共有九部分。前言部分介绍杜光庭的生平和主要的学术贡献，分析《洞天福地岳渎名山记》一书属于宗教地理专著特点，同时也介绍了译注本书所依据的底本和译注的原则等情况。正文每部分均由四部分构成：一是题解，总论本部分的主要内容；二是原文，即列出原文，并加以点校断句；三是注释，对原文关键的字词进行解释、剖析；四是译文，将原文翻译成白话文。本书最大的亮点是对关键字词的注释十分细致详尽，援引了多种古籍进行比对考证，尽力将洞天福地名称的由来以及对应的今天的行政区域、具体地点，尤其是对不同古籍记载的洞天福地名称、地点不同等细节也进行了分析和比对。要言之，本书的注释的学术研究方法值得我们研究者多加学习。（颜文强）

太平经全译

　　《太平经全译》，龙晦、徐湘灵、王春淑、廖勇译注。贵阳：贵州人民出版社，1999年11月第1版，3册，32开，1242千字。

　　龙晦，1924年生，又名显明，四川岳池人，系四川省教育学院中文系教授。

　　《太平经》是道教早期重要经典，内容丰富，包括道教教义哲理、对教徒行为要求的教诫及修持道教的方法、方术等，它是在总结秦汉以来的方仙道、阴阳五行、哀平以来的谶纬，以及民间巫筮俗习的基础上而成的一本著作。最早对《太平经》进行研究的是王明所著《太平经合校》，其以明《正统道藏》所存的57卷《太平经》为底本，参照多本古文献资料，经过补遗和校勘，基本恢复了170卷的原貌。本书是在王明《太平经合校》（下文简称《合校》）的基础之上，几位学者群策群力、分工合作完成的。包括校勘、注释和翻译三部分工作，分别由徐湘霖、王春淑、廖勇、龙晦及黄建珑承担。本书在注释《太平经》的过程中，根据敦煌卷、道藏本《太平经》和其他古籍资料，从音韵学的角度，对《合校》中漏校、错校以及标点断句错误做出了再校和修正。

四川省社会科学院哲学文化研究所的李远国教授曾于2000年从三个方面对本书进行了评价：其一，本书在《太平经》文句的点校方面取得了许多新成果，如卷167中"辰以巳垂枝于南"当为"辰与巳垂枝于南"，类此校改之处多达370余处；其二，本书广征博引，义理贯通，其注释言必有据，译文流畅明白。在本书之前的许多研究论文均从某一角度对《太平经》加以探讨，如《太平经全译》这样的综合、系统、全面的研究可谓仅一；最后，本书的问世，为中国道教研究领域的一大硕果。《四川师范大学学报》（哲学社会科学版）2000年第4期载有《太平经全译》的出版简讯，称本书"率先通过对《太平经》的注释工作，对《太平经》一书中关于道教方术、服食、符文、医药等鲜为人知的秘籍作了较为详细而系统的阐释和研究……译注者首次将其翻译成浅显通俗的白话文，这对于研究中古语言、了解两汉历史及道教文化的普及不无裨益"。

本书对《太平经》进行了全面的校勘、注释和翻译，具有重要的学术价值，其与后出的俞理明、杨寄林等人的译注本，共同为我们研读《太平经》提供了丰富的研究资料。（付腾寸）

玄门日诵早晚功课经注

《玄门日诵早晚功课经注》，闵智亭主编。北京：宗教文化出版社，2000年10月第1版，32开，200千字。

闵智亭（1924—2004），河南南召人。1941年出家，拜华山刘礼仙道长为度师，法名智亭，号玉溪道人，为全真道华山派第十九代"智"字辈玄裔弟子。曾任中国道教协会会长、中国道教学院院长、西安市道教协会会长等。

其主要著作有《道教仪范》《全真正韵谱辑》《道教全真派五祖七真金元高道传》等。

道教的早晚功课制度大约形成于明代晚期，明代《正统道藏》及《万历续道藏》并无相关记载，清代《道藏辑要》始有《清微宏范道门功课》和《太上玄门功课经》。明末清初，道教宫观才较普遍实行早晚功课制度，且《功课经》内容大致相同，分为韵、经、诰、咒等几个部分，各宗派、地区略有差别，如湖北武当山地区道观皆用《太上全真早晚坛功课经》，与《玄门日诵早晚功课经注》大体内容一致，但也有差别。

本书先有前言，而后是上、下编正文，末有后记。正文辑校了道教内部有关《功课经》注解。

本书由道门人士辑成注解，中国道教学院组织、中国道教协会支持出版。其注释主要是为道教徒理解经义，所以其注皆从道教自身教义、教理出发，有别于一般学术著作。上编有"经前诸韵赞""八大神咒""诸品真经""诸真宝诰""中堂赞及邱祖忏文等"五个部分；下编有"经前诸韵赞""诸品真经""诸真宝诰""中堂赞及报恩宝诰等""小赞及结经偈等"五个部分。

《功课经》与其他道书略有不同，其目的是在早晚做功课时按一定的音律、节奏，配以鼓、笛、锣、铙钹、木鱼等乐器和法器，"唱诵"出经文。所以，选取的经文除了能体现教理、教义和自身修持有关外，还可能以"合音韵"为标准，选取经文。本书排版与一般书籍不同，如本书无目录，不便于读者快速检索，且由于这是一项集体成果，在注释详略、文字风格等方面有不统一的地方，个别注释内容也可以讨论和斟酌。但对于教门道士了解经义，对于学者研究《功课经》及其制度、影响等有重要价值。（何欣）

《道教义枢》研究

《〈道教义枢〉研究》，王宗昱著。上海：上海文化出版社，2001年1月第1版，32开，247千字。

王宗昱，1954年生，河北安次人。1986年毕业于北京大学哲学系中国哲学专业，获哲学硕士学位。现为北京大学哲学系教授、博士生导师。主要从事梁漱溟哲学、道教、民间宗教研究，代表著作有《金元全真教石刻新编》等。

　　《道教义枢》是一部通过解释概念范畴和名词术语来阐释道教教义的唐代道书，其序题为"青溪道士孟安排集"，收入《正统道藏》太平部。孟安排是唐代武则天时期荆州青溪山一带的著名道教义理学家。根据孟安排的序言，《道教义枢》是以隋朝经书《玄门大义》为蓝本，"芟夷繁冗，广引众经，以事类之"，从而"显至道之教方，标大义之枢要"。全书共分十卷37条教义的义理，每卷阐释3—4条教义，每条教义皆以"义曰"开始，摘录重要经典语句，接着以"释曰"对每条教义作了系统论述。

　　本书共分为四章：第一章《道教义枢》的成书，首先对学术界关于该书是否为孟安排所作等观点进行辨析，进而探讨《道教义枢》一书的时代背景和与《玄门大义》的关系。第二章道体论，首先介绍道教教义体系的结构，进而对道德义、法身义、三宝义、混元义的教义内涵进行详细分析和探讨。这一章主要围绕道教世界本体观进行论述。第三章道典论，分为五节进行探讨：三洞缘起、道教经典体系的神学基础、三皇文之讼、关于《升玄内教经》、说十二部事。这一章主要对道教经典分类的缘由和依据进行分析。第四章修道论，对三一义、两半义、道性义、位业义的内涵及教义进行深入剖析探讨。全书前有北京大学汤一介作的序言，书末附有"《道教义枢》校勘"，系对《道教义枢》一书全文的断句、点校，便于阅读者对照研究。

　　整体来看，本书主要围绕道体论、道典论、修道论三大部分对道教的世界本体、经书传播与分类、修道成仙的依据和规程要点进行介绍和分析。本书亮点有二：一是对相关术语、概念的出处和内涵进行详细考证；二是大量引用了相关道教经典原文语句进行相互对照、比较研究。当然，本书也有两点不足之处：一是并没有对《道教义枢》所有的教义都进行阐释考证，二是《道教义枢》一书的不少教义如因果、净土援用了佛教术语，著者并未对这些术语的佛道内涵的不同和隋唐时期佛教对道教的影响进行分析。但整体来看，本书对阅读和研究《道教义枢》起到了很好的助益和启迪作用。（颜文强）

《周易参同契》研究

　　《〈周易参同契〉研究》，萧汉明、郭东升著。上海：上海文化出版社，2001年1月第1版，32开，218千字，系"道家文化研究丛书"之一种。

萧汉明，1940年生，湖北孝感人。现为武汉大学人文学院哲学系教授，博士生导师。专著有《船山易学研究》《阴阳——大化与人生》，合著有《医易会通精义》等。

郭东升，1945年生，河北昌黎人。长期从事医用基础化学教学和化学史、医学史的研究工作。

本书分上、下两篇。上篇为"研究"，下篇为"校释"。上篇分有11章，依次为：魏伯阳及相关人物生平考，《周易参同契》的流传及著者归属，《参同契》与《五相类》辨析，《周易参同契》的宇宙模型，《周易参同契》易学特征，《周易参同契》的阴阳五行观，《周易参同契》的炉火金丹术，《周易参同契》的人体生命模型，虞翻易学与《周易参同契》，唐、五代三种注《周易参同契》之作的外丹术异同，论易学中的道教易。上篇所论甚杂，涉及《周易参同契》真伪、著者、文本、思想、易学以及对后世之影响。下篇校释，是作者根据上篇考证结论做出的编排，与传统编排结构颇不相同。

本书为第一部系统、全面研究《参同契》的著作，几乎对《参同契》涉及的主要问题都做了较为深入的探讨，其所得之结论亦颇可观。大体而言其贡献有如下几点。其一，在孟乃昌等人研究基础上对《参同契》真伪、著者、文本之问题再次做了检讨，补充了许多论证材料，得出了若干新颖独特的观点；其二，近代以来虽然有很多学者对于《参同契》的思想做了多方位的考察，然只有本书真正形成了较为系统连贯的研究；其三，基于萧氏深厚的易学功底，其对《参同契》涉及易学方面的思想之剖析全面而深入；其四，除孟乃昌外，本书亦坚持《参同契》兼设内外丹之观点，并专设两章论述之；其五，本书对唐、五代三种注本做了考察；其六，本书之校释亦有补于学界。不足之处在于，其某些结论尚值得商榷，如魏伯阳身世问题、《参同契》著者分属问题等。此外，上篇章节之间的关系也颇可再论。（屈燕飞）

《悟真篇》导读

《〈悟真篇〉导读》，张振国著。北京：宗教文化出版社，2001年2月第1版，32开，180千字。2006年再版。

张振国简介详见《道教源流三字经》提要。

本书的定位是对《悟真篇》的通俗化解读，淡化了学术考据。著者把《人人本有长生药》作为书的序言列于篇首，从"张伯端其人其书""悟真篇基本内容""内丹理论的渊源"等六方面展开全方位的论述。而后以王沐《悟真篇浅解（外三种）》的基本篇章结构为框架，在导读部分，以每首诗或词为单位，将整体导读分为三部分，即意译、评述和注释。先按王沐《悟真篇浅解（外三种）》引用原文，随后是意译部分，相当于翻译，但并不严格按诗词的断句翻译，而是前后关联，从整体上进行意译，有的地方进行补充，有的地方则省略；然后是评述部分，著者结合前人经验、经典论述、与著者自己的感悟进行简单的评述以引领阅读；最后是注释部分，逐步阐明了很多术语与概念，如：鼎炉、真铅、坎离、采药火候、沐浴、性情、返本等等。道经之术语，大多因先贤垂教示范，恐泄天机，不敢直说，为内丹修炼披上了神秘大氅，著者在释疑上尽了努力。在《悟真外篇》和《悟真篇外三种》中，只有意译和注解，没有述评，这可能是为了避免与《悟真篇》的内容有重复，文中个别情况用"按"的形式做一点提示。从整体上看，著者也从思想源流上考察了《悟真篇》的理论渊源，他认为张伯端的内丹理论渊源出自《阴符经》《道德经》《参同契》等，也有钟吕丹道的影子，并基于此做了阐述说明。

本书也存在不足之处，如关于药物火候的论述不够清晰。又如关于玄牝、玄关一窍问题，著者只是理解为"活子时"，缺少论证依据，与传统理解相异。但总的来说，本书不失为道教内部修行入门的一本典籍著作。同时，由于其从道教信仰的角度来解读《悟真篇》，对于学者从学术角度来看，是一种补充。（何欣）

《太平经》正读

《〈太平经〉正读》，俞理明著。成都：巴蜀书社，2001年4月第1版，精装，32开，475千字。

俞理明，1952年生，上海人，祖籍浙江宁波。现任四川大学中国俗文化研究所研究员、博士研究生导师、四川省学术和技术带头人，四川大学文学与新闻传播学院中文系主任。主要著作有《佛经文献语言》《汉魏六朝佛经代词探新》《汉语缩略研究》等。

本书前有卿希泰和向熹二人所作序及著者所写例言，后为170卷正文正读，书末有五个附录（分别为《太平经佚文正读》《太平经疑误文字正读》《敦煌经卷太平经目录序》《敦煌经卷太平经目录跋》《太平经复文序》）以及参考文献和跋。

《太平经》原书170卷，按天干分为10部，每部各17卷，是研究汉代道教和汉代哲学、历史、语言、风俗等社会各方面的重要文献。在本书之前，已有龙晦、罗炽等人的《太平经》研究成果，《〈太平经〉正读》在这些前贤时哲研究的基础上，以《太平经》本经为基础，本经缺处采用《太平经钞》补入，并参以《敦煌目录》，对全书的编排作了调整（全书的分部和各篇标题参用《敦煌目录》加以补充和调整），使之在整体上尽可能地接近原貌。

本书在研究《太平经》的过程中，着重解决《太平经》阅读过程中存在的语言文字方面的障碍，尤其是其中的文字夺衍讹误。首先，订正因字形相似、字迹不清、虫蛀破损等原因出现的文字讹误，对本经中出现的文字倒误互错予以纠正，标出经中出现通假字和异体字，并试补经中空缺文字。其次，由于本经的口语特点，本经所用语言既有个别词语的跳跃省缺，又有重言赘语，因此著者对经中的脱略和衍赘问题进行适当说明，以方便读者对本经的阅读。最后，本书对《太平经》中的异文作了处理，其中可补正文缺失并为各家采摭的，迳作各家之说。对于通用字、古今字、异体字、讹误字以及字面不同意义相同的异文，以正文为准，不存异文；意义不同的酌情保留。从上述诸方面可知，著者主要从文献学、词汇学等角度研究《太平经》，并致力于恢复本经的原貌。然而著者有时也为经中所存古今意义相同的字词作注，如《解承负诀》中为"先人虽有余殃"中"余"字、"囹圄"一词等，则略显多余。除却以上注释《太平经》的特点外，向熹认为，本书从语法和音韵角度为《太平经》作注，补正了经中的文字脱误，同时也纠正了经中存在的标点错误。卿希泰评价本书着意于经文语言文字的校释，屡有自我发明之处，本书也将有裨于早期道教与汉代社会文化的研究。（付腾月）

太平经今注今译

《太平经今注今译》，杨寄林译注。石家庄：河北人民出版社，2002年4月第1版，2册，精装，32开，1322千字。

杨寄林，1950年生，河北秦皇岛人，祖籍辽宁绥中县。现为河北师范学院历史系教授，《中华大典·政治典》主编。

本书前有太平经综论，而后是170卷正文，末有四个附录：太平经佚文、太平经复文序、敦煌写本太平经目录、二十五家引用太平经书目，并有后记和三个附图。其所引书目包括《太平经钞》《太平经圣君秘旨》《后汉书·襄楷传》（李贤注）《初学记》等共25家。

《太平经》自撰就之初直至后世，对其主题思想进行扼要阐发者不乏其人。襄楷称此"神书专以奉天地、顺五行为本，亦有兴国广嗣之术"；《后汉书》著者范晔指出，"其言以阴阳五行维嘉，而多巫觋杂语"；晋葛洪、唐沙门玄嶷、明白云霁等均阐述了对《太平经》的看法。依译者之言，《太平经》的基本思想主要包括以下几个方面：一为以自然气化包贯宇宙世界，二为以阴阳五行统摄天下凡事，三为以神仙天国辅正人间皇朝，四为以大道真法驾驭儒家经术，五为以布善废恶消弭承负流灾，六为以长寿成仙执领尘世富贵。《太平经》在道教图籍传统的三洞四辅分类体系中，既为太平部的弁冕之作，又为周秦诸子群书之外的最古著述。全经分为10部170卷366篇，缺漏3篇，实为363篇。在实存的363篇中，包括"法""术""诀""戒""文""敕""要记（或记）""戒难""戒决"等。以"法""诀"为大宗，依次为80篇、250篇；其次为"戒（诫）"，共计21篇；再次为"文""图"，各计5篇；复次为"复文"与"敕"，各计4篇；此外尚有《两手策字要记》《人君急记》《得道长存篇》等。本经的表述方式具有狙到之处，通观全篇，大都采用天师答六方真人问的对话体，也不乏直述体或韵语。韵语或为隐语型，如《师策文》；或为四言、七言、杂言式，如《八卦还精念文》等；或单独成篇，或夹杂在正文之内等。同此相契，本经在卷99至卷110处绘有独幅绘画，卷140至170处有四篇复文。

2013年4月，中华书局出版了杨寄林译注版《太平经》，分上、中、下三册，它是在本书内容基础上进行修正、补充而成。在内容方面，删减了本书中的综论部分，将注释部分从句中调整至段落后，更加方便阅读；在题解、注释及译文方面，语词经推敲后有所修改，并适当增补了一些内容，可以称为《太平经》注本中的经典版本。（付腾月）

钟吕传道集注译·灵宝毕法注译

《钟吕传道集注译·灵宝毕法注译》，沈志刚注译。北京：中国社会科学出版社，2004年9月第1版，16开，246千字，系"道学经典注译丛书"之一种。

沈志刚，1963年生，甘肃玉门人。曾任甘肃省社会科学院文化研究所特约研究员、兰州商学院宗教研究所教授。曾师承钟吕丹道法脉传人王力平学习钟吕丹道近30年，主要从事钟吕丹道的研究、实践和教学，著有《钟吕丹道经典译解》等。

《钟吕传道集》共三卷18小节，收入《道藏·修真十书》，题为"正阳真人钟离权云房述，纯阳真人吕嵒洞宾集，华阳真人施肩吾希圣传"，系钟离权、吕洞宾师徒关于内丹修炼的问答录。本书通过论真仙、论大道、论天地、论日月、论四时、论五行、论水火、论龙虎、论丹药、论铅汞、论抽添、论河车、论还丹、论炼形、论朝元、论内观、论魔难、论证验18小节，系统阐释了内丹修炼的要旨，其最大的亮点是在《论真仙》一节提出了"法有三成，仙有五等"的次第修炼法，为后世修道者构筑了由凡而仙的具有可操作性的阶梯。

《灵宝毕法》全名《秘传正阳真人灵宝毕法》，题为"正阳真人钟离云房著，纯阳真人吕嵒洞宾集"。收入《道藏》太清部。书名"灵宝"的"灵"指至微至灵的先天一炁，"宝"指金丹，"灵宝"一词指通过致虚极、守静笃获得先天一炁进而逆转周天实现性命交媾凝结成金丹。"毕法"意为全法。因此书名"灵宝毕法"是指本书是一本系统、完整阐述修炼金丹的典籍。本书共分为三卷十小节：上卷"小乘安乐延年法四门"含匹配阴阳、聚散水火、交媾龙虎、烧炼丹药四小节，中卷"中乘长生不死法三门"含肘后飞金晶、玉液还丹（附玉液炼形）、金液还丹（附金液炼形）三小节，下卷"大乘超凡入圣法三门"含朝元炼气、内观交换、超脱分形三小节。

本书正文前有长达40页的导言——从钟吕丹道的形成渊源、经典考证、实修验证和思维方式、气理学论、修炼系统以及现实意义等方面进行了介绍和分析。值得一提的是，该导言还绘制了两幅修炼金丹过程的示意图——乾道天梯图、坤道天梯图。两图均将从引仙法（炼身摄气）、人仙功（炼精化炁）到地仙功（炼炁化神）、再到天仙功（炼神还虚）的修炼操作逐一次第和要点标于图上，层次分明、一目了然，颇具指导意义。正文以段落为单位分别对《钟吕传道集》《灵宝毕法》两书的原文进行了全文翻译。每一段落由注释、译文、提示构成。正文中还穿插了不少图画，较为形象。从整体看，注译者的"注释"与"译文"部分颇为详细，"提示"部分则精炼概括本段的主旨，起到画龙点睛的作用。本书与《钟吕丹道经典译解》一书系注译者阐释钟吕丹道主要经典的姐妹书，可作为研究或习练天仙法脉功法的参考书。（颜文强）

《周易参同契》注译·《悟真篇》注译

《〈周易参同契〉注译·〈悟真篇〉注译》，陈全林注译。北京：中国社会科学出版社，2004年9月第1版，16开，344千字，系"道学经典注译"之一种。

陈全林，1969年生，笔名雪鸿、释法宏、兴南子，甘肃甘谷人。发表有关中医、养生、修真、参禅、佛学研究论文数十篇，出版数部著作。

本书编排体例与历史上任何一家不类，其所据之底本又未明言。在序言中，陈氏认为古文派将五言、四言分离的做法会造成文义的割裂与不通，故其遵循的分章模式乃是彭晓一路。观其将《参同契》依然分为上中下三卷，然不同于《通真义》90章分章结构，《注译》不仅分105章，而且还将章节名称全部取消。又，《注译》将《五相类》单独拎出作为一卷，此与朱子《考异》相类，然其将《五相类》分为8章又与《考异》不分章不同。最后，《注译》又将《鼎器歌》作为附录放置在最后，并分为7章。就正文注释体例而言，《注译》将每页竖隔为两列，左侧上方为每章原文内容，同行对侧则为"译文"，正文下方为"注释"，底部转译文区域。注释部分与一般体例也不同，其分摘文中重要的句子而非字词作为训释的对象，先对整个句子解释之后再对其中个别字词解释。注释后又设置"提示"，此一提示比较独特，乃是从实修之角度注重总结此段文义。

本书注解走的是实修实证的路子，乃是一个积年累修者对《参同契》丹理的理解与把握，其意义与价值亦在此。然而实修实证毕竟只是少数人的事业，其注解之是否允当，是否真阐释了《参同契》之要义，则不是普通人所能甄别。（屈燕飞）

朱熹与《参同契》文本

《朱熹与〈参同契〉文本》，钦伟刚著。成都：巴蜀书社，2004年11月第1版，32开，100千字，系"儒道释博士论文丛书"之一种。

钦伟刚简介详见《金代道教研究：王重阳与马丹阳》。

本书是著者1999年向东京大学研究生院提交的博士论文，故整篇结构较为集中简约，论点简单明晰，共分上、下两篇和一简单的结语。上篇名为"《参同契考异》成书前《参同契》文献实态的考察"，包含三章；下篇名为"朱熹与《参同契》文本"，包含四章。文末附有10个附录，是著者筛选出的不同文本之间若干《参同契》原文的对比表格。上篇第一章，著者通过对《道枢》所收之三篇《参同契》之考察，认为《参同契》在隋唐到南宋期间文本存在着不统一、不安定的状况；第二章著者又认为，彭晓《参同契》注本存有疑问，一般研究者所据之证据不足以证明《通真义》乃出自后蜀彭晓；第三章著者通过《通志·艺文略》对《参同契》类文献著录情况的分析，从目录学角度得出朱熹前《参同契》文本存在不安定状况。总之，上篇通过《道枢》、目录学以及历史上认为最早之注本的三个方面考察，认为朱熹前的《参同契》尚未形成后世通行之版本。下篇第一章著者认为是朱熹第一次把《参同契》所藏的易学思想与陈抟、邵雍等人发展出来的"先天易学"做了联系；第二章考察了《通真义》流播之情况，并认为朱熹最后选择彭注本作为底本可能由于彭注本喜采用易图来阐释丹理；第三章通过考证认为，朱熹对《参同契》文本做了删改以适应他对《参同契》的定位；第四章对朱熹之《考异》对《参同契》文本定型的贡献做了分析，认为直到朱熹《考异》本出现之后，

《参同契》之不安定状况才彻底消失。结语认为，宋元时期的南北宗丹法都没有《参同契》的痕迹，只有到了俞琰沿着朱熹《考异》的思路才将南北丹法与《参同契》做了融合。

本书所提出之问题对于《参同契》研究者而言实为最基本之问题，如若不将《参同契》文本之真实情况研究清楚，其余一切之相关研究皆是空中楼阁。必须承认《参同契》确实存在着文本演变的问题，这已成为诸多研究者之共识，然对于钦伟刚、吾妻重二等人提出此一问题，学界多未涉及。就这一点来说，本书实有振聋发聩之功。（屈燕飞）

《净明忠孝全书》研究：
以宋、元社会为背景的考察

《〈净明忠孝全书〉研究：以宋、元社会为背景的考察》，郭武著。北京：中国社会科学出版社，2005年8月第1版，32开，321千字，系"香港道教学院丛书"之一种。

郭武简介详见《道教历史百问》提要。

本书先有黎志添序、导论，而后是四章正文，末有结论、参考文献、附录：《〈净明忠孝全书〉点校》、后记。

《净明忠孝全书》虽然号称"全书"，但篇幅不大，明《正统道藏》本仅录有六卷约三万字。前有《〈净明忠孝全书〉序》，后是六卷正文，内容涉及早期净明道的祖师生平、教团历史、教理教义、道德规范、修炼方法、科仪符法等，并记录了元代儒家文人士大夫对该书的态度。该书在元代已有过几次编纂，至后世更有不同版本流传。著者所用底本，是目前仅能见到的两个版本：明《正统道藏》本与清嘉庆年间云南刊印本。

本书深入探索产生于元代的《净明忠孝全书》的历史来源和发展经过。从讨论《净明忠孝全书》与元代刘玉净明道教团产生的关系开始，进而论述净明道派在江西西山地区的兴起和传播，并追溯至隋、唐时期有关净明道派祖师许逊的传说。就本书主体内容而言，导论是研究回顾和其书研究范围与方法介绍，正文共分为四章：《净明忠孝全书》的结构与编纂，《净明忠孝全书》的形成背景，祖师传纪：元代以前的教团历史，思想主旨：仙道与人道。

诸章之内容和论证皆建立在其以《净明忠孝全书》为中心而进行的非常扎实的文献考据基础之上。

本书的学术贡献，尤见于著者不甘重复前人对"净明"与"忠孝"这两个重要概念的研究。前人对这两个概念的讨论，多停留在世俗伦理价值的层面上；著者另辟方向，从宗教学的角度出发而力图指出"净明"与"忠孝"都是净明道团在当时历史处境下所追求的宗教理想和终极信仰。借用本书中的话来说："净明"乃是净明道求仙和济度的宗教境界，而"忠孝"则是一种用以修炼心性、追求净明的宗教法门。这种研究的价值，正是要把净明道教团的"宗教性"重新提炼出来，还净明道派一个"宗教的位置"。（何欣）

丹道今诠：乐育堂语录注解

《丹道今诠：乐育堂语录注解》，［清］黄元吉著，戈国龙注解。北京：华夏出版社，2007年7月第1版，16开，332千字。另有北京：中央编译出版社，2013年增订版，16开，将书的注解部分分为今注、今译、今诠，此版最大变化是增加了全文翻译即今译。

黄元吉简介详见《道德经讲义》提要。

戈国龙，1971年生，江西临川人，道号云山风。中国社会科学院世界宗教研究所研究员、宗教学系教授、道家与道教文化研究中心主任，兼任丹道与养生文化研究会副会长等职。主要著作有：《道教内丹学探微》《道教内丹学溯源》《存在与逍遥》等。

本书先有前言和三家序言，而后是四卷注解正文，末有跋。《乐育堂语录》是黄元吉在讲授道家内丹养生法的时候，由门下弟子笔录编撰而成。本书以北京天华馆四卷本为底本，参考蒋门马校注本，对四卷本《乐育堂语录》进行分章注释和研析，蒋本之第五卷并未收入。蒋本基本解决了《乐育堂语录》的点校问题，所以著者重点在注解和评析。

本书在前言部分着重介绍了《乐育堂语录》的著者与成书、丹道思想和特色等情况。随后是四卷正文及注解部分（三家序言也有注解）。正文部分也并未完全照搬蒋本原文，而是以其为底本，进行了点校，改动了个别字词。注解部分的基本体例是以《乐育堂语录》原文中的每一大段为单元，每一大段作为一章，每章提炼四字词作为标题，每卷分章从"一"开始，以大写数字标序，每章依"本文、章旨、注释、研析"四项为顺序进行注解。"章旨"则概括大意，是从整体上把握主旨。"注释"则是对字词的解释，一般内丹学作品多隐语譬词，殊难了解其真义，而《乐育堂语录》对内丹学的重要名词术语虽然都有直接、根源性的提示，在当时是属于完全口语化的文本，但到今天也难于理解，将内丹学术语体系的隐语与隐喻用现代化语言进行解释，同时还伴有道家内丹文化的阐述，这是注释的特色。"研析"则申述奥义，结合著者自己的体悟，进行了论述，并凭借其多年的内丹学功底，总结研究了《乐育堂语录》的内丹思想特色，给出了现代性诠释。

　　在本书之前，除一些点校本外，国内外尚没有对这部道经作系统的专门的研究，殊为遗憾。本书通过对《乐育堂语录》进行全面的注释与疏解，把文献的整理与思想的诠释有机结合，一方面普及了内丹学的基本知识，对丹道的基本理论及其话语系统进行了详尽的注释；另一方面通过对《语录》的丹道思想的阐释，研究了《语录》的内丹学理论及其思想特色，并结合著者多年的内丹学研究心得，对《语录》所涉及的内丹学理论进行了富有现代意义的诠释。这是道教基础研究和应用研究中一项具有重要学术意义的开拓性的研究工作。（何欣）

《太平经》研究：以生命为中心的综合考察

　　《〈太平经〉研究：以生命为中心的综合考察》，姜守诚著。北京：社会科学文献出版社，2007年10月第一版，32开，472千字。

　　姜守诚，1975年生，山东烟台人。自1995年起，先后就读于聊城大学、厦门大学、中国社会科学院研究生院，历获学士、硕士、博士学位。曾任中国社会科学院哲学研究所研究员。现任中国人民大学哲学院教授，主要研究方向为道教史、道教文献、道教斋醮科仪、出土文献与早期道教。已出版学术专著3部，发表学术论文100余篇。

　　本书是著者在博士论文《〈太平经〉的生命思想》的基础上进行修改和增饰后出版的，书末附有胡孚琛、詹石窗、王卡等诸多宗教学研究名家对本书的部分评价。本书以王明编《太平经合校》为研究底本，参校《道藏》本《太平经》残卷、《太平经钞》等，行文中或采用敦煌卷子《太平经目录》补充《合校》中所缺某些篇章的标题，对个别引文的标点略作修正。在充分吸收前人成果基础上，进行了新的开拓。著者从《太平经》成书的中间环节——《太平洞极经》与《太平经》关于"洞极之经"概念的关系考察入手，进而分析《太平经》的"命论"思想、房中观念、生育礼俗以及疾病观与治疗方法，最后剖析《太平经》的"死后世界"。

从本书的具体内容方面来看，著者将本书分为七章。第一章介绍《太平经》成书的中间环节，主要是对"洞极之经"的年代考察；第二章述及《太平经》的命论思想，包括生死之道、两种命论观及"命"之承负与解除；第三章讲述《太平经》的房中观念，介绍其影响及道教对房中术的态度；第四章为《太平经》的生育礼俗，包括汉代的生育观念、《太平经》对婚育的看法和经中的"广嗣"之术；第五章论述经中的疾病观与治疗法，陈述了三种"疾病"含义、六种病因论和七种疗疾手法；第六章讲述《太平经》中的死后世界，包括大庭、冥界、丧葬、阴宅、祭祀等多方面的内容；第七章为本书的结束语，对以上各章内容进行总结，概括经中"恶死乐生"的生命价值观、种族繁衍的婚育设想、救死扶伤的巫化医术、人鬼殊途的死后世界及祭依法度、反对"淫祭"几方面的内容，而这也正是《太平经》的生命学说。在本书的最后，著者还附录了1900—2006年多达400余条的《太平经》研究文献目录。

本书本着史论结合的学风，既追求形上的思辨分析，也注重史料的钩沉稽考，同时配合运用语源学、统计学等方法，将《太平经》放在一个宏观的历史背景下，结合先秦、两汉及魏晋时社会文化和道家道教的发展脉络，力图对该典籍加以深层解读，以期对《太平经》予以系统和全面的诠释和把握。总而言之，本书不失为一本研究《太平经》生命学说的经典著作。（付腾月）

新译《黄庭经》《阴符经》

《新译〈黄庭经〉〈阴符经〉》，刘连朋、顾宝田注译。台北：三民书局，2008年1月初版，16开，系"古籍今注新译丛书"之一种。

刘连朋，1963年生，吉林大安人。吉林大学哲学社会学院副教授，研究方向为中国哲学。著有《在佛学与哲学之间：熊十力与牟宗三哲学方法论研究》等论文。

顾宝田简介详见《庄子译注》提要。

本书合刊注释《黄庭内景经》《黄庭外景经》《阴符经》，主要阐述道教内丹理论与内丹修炼等理论。

《黄庭内景经》，又名《黄庭为景玉经》，亦称《太上琴心文》。行文采七言韵语，共198行，不分章，分上中下三部，全书内容有36章。根据上述内容，黄庭指的是人体修炼的中空景象，亦即人体的脑、心、脾与外在天、人、地相应；内景则是心的景象。因此，此经是教人保持身体虚静，以存思内外景象，藉此修仙成道。在《治生章第二十三》说明人是集万神于一身的概念，这当中包含著名"三丹田"之说的起源。

《黄庭外景经》分成《上部经》1—8章、《中部经》9—16章、《下部经》17—24章。内容以七言诗体写成，上部65行，中部64行，下部69行，共198行。此经比《内景经》短，内容也相似，主要趋向通俗说法，也是强调修仙长生，存思人身体各部之神，固精保身。其次叙述虚静守一，说明人体内阴阳二气依天地之道循环，更进一步提出内丹的重要性。特别是存思肝肺心脾胃等部位，对养生炼气有关键性影响。

《阴符经》，历代注本将此书分为上篇、中篇、下篇。《阴符经》有两种传本，一种约300字，另一种约400字，本书注者采第二种版本注释。《阴符经》思想主要承续先秦道家与阴阳王行的学说，阐释道家的天道自然与人应当效法天道的观念。

总括而言，本书是一部注疏清晰，以现代观点诠释古代经典的作品。注疏者在版本考证方面着力甚深，分析不同朝代的版本流通情形，提出书中主要的核心概念，进行深入探讨。除了经文考订以外，更附各章题解、名词注释与白话语译，方便读者全面了解经典，与古人对话。（熊品华）

智慧的宝藏：《阴符经》详解

《智慧的宝藏：〈阴符经〉详解》，张家诚著。北京：金城出版社，2008年1月第1版，32开，200千字。

张家诚，1927年生，湖南溆浦人。气象学家、研究员。1951年毕业于清华大学气象系，1982年获国家自然科学奖四等奖。曾任国家气象局气象科学研究所所长、气象科学研究院副院长，代表作有《地理环境与中国古代科学思想》《季风与水》《东方的智慧》《孔子与科学：谈21世纪科学新模式》等，主要从事气候变迁以及中国传统文化研究。

本书共十四章。第一章是序论，包括《阴符经》简介、创新是人类永恒之路、怎样解读《阴符经》三部分，对《阴符经》版本、主要内容、著者观点进行介绍。第二章辩证思维与和谐、第三章近代的思维模式、第四章现代是思维方式集大成的时代，从中国古代辩证思维、近代数学模式和现代信息时代几方面介绍人类发展的几种思维模式和时代背景。第五章《黄帝阴符经》解读上篇、第六章《黄帝阴符经》解读中篇、第七章《黄帝阴符经》解读下篇，著者对《阴符经》原文中"观天之道执天之行""天有五贼见之者昌""杀机""三盗既宜，三才既安""绝利一源，三反昼夜""机在目"等重要语句、术语的内涵进行解读、阐释和发挥。第八章《黄帝阴符经》结构的哲理、第九章《阴符经》的学术价值与实践意义、第十章从《阴符经》看教育与科学、第十一章从《阴符经》看环境科学问题、第十二章从《阴符经》看灾害与产业、第十三章从《阴符经》看人与社会的其他问题，著者从物质结构、学术价值、教育、科学、环境、灾害、社会等不同角度进行了分析。第十四章尾声，著者分四个小节予以探讨：创新中的软硬、当代资源与环境界危机说明什么、《黄帝阴符经》与科学革命、思维方式的革命。

本书最大的亮点是第五章到第七章对《阴符经》原文关键字词、语句的解读和阐释，不足之处是著者发挥的部分偏多，似乎某些内容与《阴符经》关系不太紧密。但整体而言，本书为学术界和社会大众研读《阴符经》提供了从不同视角解读的借鉴和参考。（颜文强）

六朝道教灵宝派研究

《六朝道教灵宝派研究》，萧登福著。台北：新文丰出版公司，2008年5月版，2册，精装。

萧登福简介详见《周秦两汉早期道教》提要。

本书共分四编十章。上册第一编《东晋灵宝道派的创立及葛巢甫传经》

分为第一章"绪论"、第二章"东晋灵宝派源起及葛巢甫所传二十九种《灵宝经》之存佚"，旨在论述六朝灵宝道派之创立经过，并透过《正统道藏》敦煌写卷文献，分析葛巢甫所传三十五卷《灵宝经》之撰作年代，以及《灵宝经》与九种未出《灵宝经》之存佚情形。第二编《东晋灵宝派斋坛、修行法门、天地架构说，及其与佛教的关系》分为第三章"东晋灵宝派的斋坛形制与修行法门特色"，第四章"东晋上清、灵宝及其他道典所见宇宙万物生化及诸天世界形成说"，第五章"东晋灵宝道经与佛教——兼论道、佛二教之相互影响"，分别论述东晋灵宝道派斋坛之形制、斋期、斋戒仪法、户外大型三箓（金、玉、黄箓）斋仪、观治室内坛场仪法、讲经坛仪、修行法门，周秦至六朝之各种宇宙生成衍化观点，以及六朝灵宝派斋戒日期、讲经坛仪、坛场仪式对当时佛教的影响，并讨论葛巢甫所传二十九种《灵宝经》、梁陈年间新出九种《灵宝经》受佛教名相影响之情形，兼涉东晋灵宝、上清等道教宗派受佛教影响之现象与二教名相之异同。下册第三编《汉晋至宋，三种灵宝第一经》分为第六章"汉代古灵宝第一经《太上灵宝五符序》之撰成年代及其修持法门"、第七章"东晋灵宝道派第一经《元始五老赤书玉篇真文天书经》"、第八章"南宋后冠摄《道藏》群经的天字第一号《灵宝无量度人上品妙经》"，分别论述《太上灵宝五符序》《元始五老赤书玉篇真文天书经》《灵宝无量度人上品妙经》之内容及其流变、修行法门等。第四编《东晋灵宝道派对后世的影响》分为第九章"东晋六朝以下灵宝派道书的衍增与流变"、第十章"东晋灵宝科仪对南宋的影响与发展——南宋以灵宝科仪及《度人经》为主，综汇其他道派科并术法而成的灵宝大法"，分别讨论六朝灵宝派道典的扩增与《正统道藏》《中华道藏》所收灵宝派之道典，以及南宋以降奉《度人经》为主干并涵盖三洞群经修炼法门而成的灵宝大法，进而讨论宋代宁全真、金允中两种《上清灵宝大法》所收济生、度死法门，以及宋代灵宝法与今日民间道坛之关涉。

透过本书的充实论证，吾人当可对灵宝派之溯源与传播过程、经卷成书始末、宗派思想渊源与修炼法门进次、斋戒与坛仪对佛教之影响、重要典籍之前有所承、历时性演变之济生度死法门等方面，有较详实而深入的了解。由是，当可得知，本书在道教宗派研究史上具有极重要的学术价值。

（李建德）

钟吕丹道经典译解

《钟吕丹道经典译解》，沈志刚著。北京：宗教文化出版社，2008年5月第1版，16开，320千字。

沈志刚简介详见《钟吕传道集注译·灵宝毕法注译》提要。

道教炼养技术的核心主干乃是探索延长生命、提高生活质量、开发人类智慧以修道成仙的内丹之法，其最早可以追溯至黄帝问道于广成子时期。由于秦晋南北朝时期企图依靠服用外丹成仙的方法偏离了正道，致使道教屡遭诟病；于是唐中后期逐渐兴起的内丹修炼法门终于取回了先秦之前的正统地位，而其中起到里程碑作用的正是由钟离权、吕洞宾揭示的"法有三成、仙有五等"的金丹修炼法。由于此次第操作程序有章可循、有法可依，架起了从凡人修炼成金仙的通天灵梯，于是被后世南宗、北宗、东派、西派、中派等各道派奉为圭臬。

本书著者根据习练钟吕金丹修炼法的体会，对钟吕天仙法脉的三大主要著作——《钟吕传道集》《灵宝毕法》《太乙金华宗旨》的原文进行注释、翻译和疏解。正文前有北京中医药大学博士生导师张其成教授作的序和本书著者对钟吕丹道形成渊源、钟吕传说、主要著作、传承脉络等情况介绍的导言。而后《钟吕传道集》《灵宝毕法》《太乙金华宗旨》每一本书译解前皆有一篇文章对该书的主要内容进行简介，接着才是对原文的译解。其中，《钟吕传道集》十八章、《灵宝毕法》十章、《太乙金华宗旨》十三章。每一章均分为对原文的断句点校、重要字词的注释、原文的翻译、疏解、本章要点五大部分。

纵观全书主要有三大亮点：一是对《钟吕传道集》《灵宝毕法》《太乙金华宗旨》三书的原文全部进行了翻译。由于道经一向晦涩古奥，特别是内丹典籍更是隐语众多，今人理解起来颇为不易。著者逐句翻译了原文，尽管个别地方有待商榷，但毕竟为人们的研读大大提供了阅读的方便。二是在对每段原文翻译后及时进行疏解，诠释其关键的思想要旨或操作程序，难能可贵。三是每一章后均有对本章要点的进一步概括和提炼，便于从宏观上进一步把握钟吕丹道宗旨。总体而言，本书是人们阅读《钟吕传道集》《灵宝毕法》《太

乙金华宗旨》三书和研究钟吕天仙法脉思想和操作法门的上乘参考佳作之一。（颜文强）

图解周易参同契：认识道藏养生智慧

《图解周易参同契：认识道藏养生智慧》，[汉]魏伯阳著，朱炯编著。西安：陕西师范大学出版社，2008年12月第1版，16开，180千字。

魏伯阳（151—221），本名魏翱，字伯阳，道号云牙子，会稽上虞（今属浙江）人。东汉时期黄老道家、炼丹理论家，道教丹鼎派的理论奠基人，著有《周易参同契》。

全书分为五章，第一章为"综述：万古丹经王"，此章主要介绍《参同契》一书的著者、内容、结构、地位和影响；第二章为"入门必读：不可不知的易学"，此章旨在介绍一些理解《参同契》的有关易学知识；第三章为"丹道经典：内外丹术总纲"，是丹道的基本理论；第四章"养生奇书：养性延命的千古绝学"，是对《参同契》养生理论的总结概括；第五章"《周易参同契》详解：揭秘丹道养生之理"，是对《参同契》原文全书章节字句的解释。最后附录《参同契》与《悟真篇》的原文。本书第五章乃是全书核心部分，共计占去三分之二的篇幅，多达两百多页。关于《参同契》原文底本出处，此书未作交代，然观其章节结构似据明陆西星《周易参同契口义》，每章章名亦从《口义》。所不同者，本书在《口义》每章节名称后增加了副标题，如上篇第一章口义原为"周易参同章第一"，而本书则为"周易参同章第一：天道与丹道"；又，上中两篇章节本书全从《口义》，然下篇本书不录"赞序第四十九"，只到四十八章。可见，本书所据之文本似从陆西星而来。然观其所论，似乎走的是清修丹法。不知其选陆西星之文本出于何意？

正如本书序言所说，本书最大的特点在于"采用了一种全新的'图解'的编辑手法"，"将《周易参同契》中的易学理论用图表形式表达出来；将《周易参同契》的养生理论用形象化图示加以标识；将《周易参同契》中的天人合一思想用图表表现出来"。（屈燕飞）

我说《参同契》

《我说〈参同契〉》，南怀瑾讲述。北京：东方出版社，2010年7月第1版，3册，精装，16开，600千字。该社又于2014年11月重版，3册，精装，16开，595千字。

南怀瑾简介详见《中国道教发展史略述》提要。

本书是南怀瑾20世纪80年代在台北十方书院讲解《参同契》的辑录。此书共计80讲，如编辑序言所说，此书讲解风格"旁征博引，举证极多，平白如话，不拘一格"，"讲解过程中还充分顾及到一般读者对周易、道家、丹道的了解程度，由浅入深，并由此书延展开，对儒、释、道三家的一体共论"。这正是著者一般著作之特点，通论古今，综论三教，由于基本属于课堂讲义，所以文风平实，多佐以例证。著者当时讲解所用教材为清朱元育（字云阳）的《参同契阐幽》，所以讲义所据之文本即为此。然此书只讲到二十二章，亦即相对应《阐幽》的上篇全部，与中篇一小半。具体地，上册共26讲，包含《阐幽》前四章；中册27讲，包含《阐幽》上篇后九章；下册27讲，包含《阐幽》上篇最后一章以及中篇前七章中的部分章节。此讲义结构最大之特点颇类似散文之风格，形散而神聚，即是说著者认为《参同契》上中下三篇有天然之结构，实依照丹道修持渐进之阶梯而展开，其讲义按照此阶梯为线索，以章节为单位，旁征博引层层展示《参同契》之丹理。然则何以只讲到中篇之第二十二章？刘雨虹"出版说明"交代说"上篇为纲要原则，中篇再作深入微细解说，以免曲解而流入旁门别庭"，故著者"当时讲这门课，旨在引导学人进入中华重要典籍的初步研讨，所讲仅上篇及中篇之重点（包括十八、二十、二十一、二十二及二十四章一段），因下篇为总结，学人可自己研究了"。

本书因著者自身的声望在国内外影响很大，在某种程度上，著者推动了《参同契》在现代社会的再次传播，虽然未能产生像20世纪八九十年代那么大的影响，不过依然使得《参同契》走出学术象牙塔，超越道教，为普通人、教外人士所接触。对于著者之评价虽然褒贬不一，然观其一生，确实勤勉修持，于此当无疑义，所以其著作多关注个人修行之领域，而在讲解时也基本从修证之角度入手而敷陈文义。本书之价值亦当由此而论。（屈燕飞）

张三丰全集合校

《张三丰全集合校》，［清］李西月重编，郭旭阳校订。武汉：长江出版社，2010年8月第1版，16开。

李西月（1806—1856），原名李元植，字平泉，后易名西月，字涵虚，号圆峤外史等，四川乐山人。其著述除《张三丰全集》之外，还有《太上十三经注解》《道窍谈》《三车秘旨》等。

郭旭阳，1968年生，湖北丹江口人。系中国楹联学会、湖北省武当文化研究会会员。主要从事道教对联、武当文化与汉水文化研究，自2003年以来，已发表《李西月与〈张三丰全集〉》等数十篇论文。

《张三丰全集》又称《张三丰先生全集》《三丰祖师全集》等，初刻八卷，由清代李西月重编。此合校本以民国八年（1919）上海江左书林石印本为底本，以道光初刻本、朱道生刻本与二仙庵《重刊道藏辑要》为主校本，其他各版本相互参校，择善而从，既作文字校勘，亦于内容疏略之处间为校补，故称《张三丰全集合校》。

本书先有序言、校订说明等，然后有志、序、叙、凡例等，而后是八卷正文；末有无根树词注解、灵宝毕法与后记。杨立志序，介绍了张三丰其人、其事、其书及书之版本情况。后有校者自序，由其论文《李西月与〈张三丰全集〉》改动而来，主要介绍了李西月其人及从道经历、李西月重编的原则与方法、参与重编的人员与分工等内容。八卷正文是本书的核心部分，其编纂结构是以底本为标准，最后则是底本所称之"卷九"，即《无根树词注解》与《灵宝毕法》，但著者只标了书名与篇名，不标卷数。校勘之文，分条列于每卷之后，全书共出校记凡1976条。

本书最大特点是尽量保留原貌。除全文施加标点外，篇目、卷数、段落基本如旧，必要时略作分合，并注明了原委；无论底本误而据校本改正者，或底本正而校本误者，均出校记，若底本与校本皆误，则径改出校；凡遇文字有异而语义相近者，则出校而不断；文中夹注采用小号字体与正文区分，原书顶批凡24处，亦用小号字体列于相应段落之中，另附"批语"二字，以别于夹注；为如实反映各版本原貌，部分通假字与专用字亦出校记等等。本书参校版本齐备，考订精严，不失为一个可靠的校勘本。（何欣）

《神仙传》校释

《〈神仙传〉校释》，[晋] 葛洪撰，胡守为校释。北京：中华书局，2010年9月第1版，32开，160千字，系"道教典籍选刊"之一种。

葛洪，字稚川，号抱朴子，晋丹阳郡句容（今江苏句容）人。葛洪一生著述颇丰，然大多散佚，今有《肘后备急方》《抱朴子》内外篇传世。

胡守为，1929年生，广东东莞人。陈寅恪教授的弟子，中山大学历史系教授、博士生导师，曾任中山大学副校长。主要从事三国两晋南北朝史、隋唐史、宗教学与宗教史，特别是陈寅恪教授学术思想的研究，代表作有《陈寅恪与二十世纪中国学术》《岭南古史》《南越开拓先驱——赵佗》等。

《神仙传》是葛洪撰著的一部神仙传记专书，全书共十卷，记载了广成子、若士、沈文泰、彭祖等近百位修真之士身世生平及修道、得道的过程，为修道者提供成功范例和精神动力。现存《神仙传》主要有两种版本：《四库全书》的84人传本和《道藏精华录百种》等经书的92人（附二位）传本。

本书主要由三部分构成：第一部分为前言和引书目录、第二部分为正文校释、第三部分是附录——《四库全书总目提要》。在前言部分，胡守为对《神仙传》的流传版本和部分条文被引用、转载情况进行了分析和比对，同时交待了本书所采用的底本、校勘本等情况；引书目录部分则按照书名首字笔画顺序详细列出了本书所引用的140种书名。第二部分，著者以《四库全书》的84人传本为底本，始于广成子，终于封君达，对《神仙传》全文进行了断句、校勘和注释；第三部分收录了《四库全书总目提要》对《神仙传》的介绍记载。全书最后还有后记，交待了著者校释《神仙传》一书的背景等信息。

从整体来看，本书最大的亮点是对《神仙传》原文逐句的校勘十分详细，著者引用了100多种古籍对相关条文进行仔细比对和校勘、注释，其严谨的学术态度使得本书基本达到了前言中所指出的校释《神仙传》的初衷："整理出一个错漏较少的本子，有利于使用者有较为正确的依据。"（颜文强）

天界之文：魏晋南北朝灵宝经典研究

《天界之文：魏晋南北朝灵宝经典研究》，谢世维著。台北：台北商务印书馆，2010 年 11 月初版，16 开。

谢世维，美国印第安纳大学东亚语言文化研究所博士。现职政治大学宗教研究所专任教授，并担任政治大学华人宗教研究中心主任，美国加州柏克莱大学访问教授。研究领域包括道教经典、佛道交涉、道教艺术、华人民间宗教。著有《大梵弥罗：中古时期道教经典中的佛教》等，编有《宗教与艺术的对话》，另有期刊论文与会议论文共 40 余篇。

本书以"神圣经典"观念为核心，整合不同学科研究方法，主要以中古时期的灵宝经的经典概念为探讨对象，关注灵宝经典所呈现的"天文"观念。该书研究材料是 5 世纪的古灵宝经，著者探讨道教经典的"天文"观念、道教经典的"翻译"、道教经典的叙事框架、道教经典的传授系谱、道教经典的音诵、天文物质化等，藉此建构中古时期中国人的圣典观。

著者在导论提出经典的概念，并引用路易斯（Mark Edward Lewis）对中国经典的考察从而归纳经典的功能、理解经典在特定文化中扮演的角色与意义。

第一章"天文与出世：道教经典建构模式"。著者阐释道教经典的神圣建构，以五项道教经典建构方法为论证原则，这对当前道教研究是新的尝试。第二章"圣典与传译：道教经典中的翻译"。著者认为道教经典拥有一个根源性的神圣基础，一切经典都由此辗转翻译而来。第三章"传授与叙事：天真皇人的渊源与流变"。讨论了天皇真人形象的转变及其叙事结构，解释道教经典神圣性的建构。第四章"系谱与融合：太极五真人颂"。探讨了古灵宝经所述及经典的传承过程，以及系谱在历史过程中所发生的转变。第五章"音诵与救度：太上洞玄灵宝空洞灵章"。探析了《太上洞玄灵宝空洞灵章经》之经名、残存情形、经典结构与文体形式、宇宙天界观、与其他经典的关系、核心思想、音诵特性等方面。第六章"天书与圣物：道教仪式中天书之物质化"。著者论述天文的神圣物件化，探讨"八威神策"与"元始神杖"之渊源与相关经典、八威神策之形制、元始神杖之形制，以及《太上洞玄灵宝授度仪》

当中"度策文"及"封杖法"的安插及其意义。

整体而言，本书集结著者自博士毕业后的研究成果，从宗教经典的概念探讨经典的神圣性来源，以及与其他宗教的交涉过程。著者运用跨学科研究方法、大量的中外研究成果分析道教圣典观之形成，从中厘清道教传统的"道、经、师"体系的建立。综上所述，著者为"道教学"研究立下一个里程碑，从多角度的面向审视道教经典传播、形成的可能性，为学界提供了新的研究方向。（熊品华）

敦煌本《太玄真一本际经》辑校

《敦煌本〈太玄真一本际经〉辑校》，叶贵良著。成都：巴蜀书社，2010年12月第1版，280千字。

叶贵良，1962年生，浙江庆元人。师从张涌泉教授，获硕士、博士学位。现任浙江财经大学教授、中国敦煌学会会员、浙江省敦煌学会理事，主要从事道教语言研究。著有《敦煌道经写本与词汇研究》《敦煌道经词语考释》《敦煌本〈太上洞玄灵宝无量度人上品妙经〉辑校》等。

《太玄真一本际经》简称《本际》《本际经》或《太玄经》。据唐玄嶷《甄正论》云："至如《本际》五卷，乃是隋道士刘进喜造，道士李仲卿续成十卷。"《本际经》共有十卷：护国品、付嘱品、圣行品、道性品、证实品、净土品、譬喻品、最胜品、秘密藏品、显明功德品。该书是一部重点在阐述"重玄"义理的道教典籍，其思想中大量吸收佛教义理，是佛道融合的产物。现行《本际经》有敦煌本、《正统道藏》本等多种版本，著者以"足本、精本、旧本"为标准，选取敦煌本为底本，参校诸版本。

本书先有凡例、前言等，而后是十卷正文辑校；后有四个附录：伯三〇二七号《本际经疏》、伯二三六一号《本际经疏》、太玄真一三善行法发愿经、伯二四六七号《诸经要略妙义》；末有征引文献、参考文献、后记。

凡例与前言介绍了辑校体例和《本际经》产生的背景、政治地位、与天师道的渊源、目前研究进展、版本等情况。十卷正文辑校，由"提要、说明、录文、校记"四个部分组成，每卷之前先有"提要"以概括大体内容及基本结构，再有"说明"将现世所存诸版本罗列比较，再标明辑校之底本，尔后是"录文"和"校记"，"录文"之分段以逻辑意群为断，著者根据各版本情况择优而辑，最后确定了一个较为可靠的敦煌本《本际经》经文文本。"校记"则通过不多的征引，将问题的来龙去脉陈述清楚，对字词改动也是非常谨慎，如有改动必说明原因。

本书注重不同版本的比较，择优而辑，不仅是对《本际经》文本的一个辑录和点校，也是对其相关思想、政治社会背景等方面的一个考察。在本书之前，虽然有一些校录本，如日本学者山田俊《唐初道教思想史研究》中的校录本、国内学者万毅有《本际经》的录文、王卡合校的（敦煌本）《太玄真一本际经》等等，但尚未有一个单行且完整的校录本，给相关研究带来了较大的困难。该书出版以后，为学者提供了一个研究敦煌本《本际经》较为可靠的经文文本。（何欣）

天乐丹诀：丹道大江西派内功典籍汇编及阐秘

《天乐丹诀：丹道大江西派为功典籍汇编及阐秘》，董沛文主编，陈毓照整理。南昌：江西人民出版社，2011年3月第1版，3册，16开，800千字，系"唐山玉清观道学文化丛书"之一种。

董沛文简介详见《老子庄子故里考》提要。

《天乐丹诀》原名《西派功诀泄密》，该稿初撰于1988年。1999年，陈毓照决定把原来的《西派功诀泄窍》扩充加入西派各代祖师著作，以及从未出版过的手抄秘本等内部资料，定名《大江西派典籍汇编》。后几经周折，得董沛文道长支持，收入"唐山玉清观道学文化丛书"，并重新定为今名。本书是历代西派内功养生秘籍全景式展现，深刻、透彻、全面地讲解道教大江西派的内丹修炼秘诀，是实修体验与理论知识的有机结合。

本书分上、中、下编，共八卷，按卷、章、节排列。上编至第四卷第五章止，中编至第七卷第八章止，下编至第八卷第十七章止。其中第一、二、三、四、七、八卷为陈毓照整理撰述，第五卷和第六卷分别收录了玄隐外史（徐颂尧）笔录之《体真山人丹诀语录》和后觉道人魏尧之《大道真传》。该书从大江西道派源流理法出发，节取《参同契》《悟真篇》重要部分阐释丹道之理，着重解析了紫阳真人张伯端的著作，基于此论述了南宗丹法。然后选取了诸如《道德经》《参同契》《金刚经》《摩诃般若波罗蜜心经》《中庸》等三教古籍说译注解，复次介绍了《体真山人丹诀语录》和《大道真传口诀》。最后总体上介绍了大江西派功理功法和并收录了一些实修体验问答。全书虽名道家西派，实则融通三教，对书中所录三教经典，陈毓照根据其30多年实证体验，都做了深入浅出的注释，或反复论证，使读者一目了然。该书作为内丹学西派的历史典籍贯通之作，集中披露了道家丹道秘不外传的千金之诀，为西派丹道的集大成之作。

大江西派，简称西派，李涵虚（1806—1856）称其所传为吕祖开创了的"大江派"之法，大江自西而东顺流入海，四川（李涵虚为四川乐山人）在长江之西，故李涵虚被称为西派之祖。西派开山最晚，实则综合了南、北、中、东、伍柳、三丰诸派之长，弟子众多，历代西派祖师著述颇丰，对其进行整理是一项巨大的工程。陈毓照矢志不移，虽屡遭挫折，仍日夜奋战，删节修改，不计其数，历经十余年，终于成就此书。对于学术界而言，西派专题研究较少，多以李涵虚祖师为研究对象，本书的出版，有利于学者对于西派的整体研究。但由于本书是一部集成作品，许多问题如性命、玄关、入静等在书中各部分皆有涉及，虽然西派丹法有其完整体系，但需读者仔细阅读贯通。

（何欣）

玉音仙范——泰山岱庙藏谱解译

《玉音仙范——泰山岱庙藏谱解译》，须旅著。北京：宗教文化出版社，2011年3月第1版，16开，290千字，系"厦门朝天宫丛书"之一种。

须旅，1943年生，江苏无锡人。1966年毕业于北京解放军艺术学院音乐系。现为厦门大学嘉庚学院音乐系兼职副教授。

本书先有序言及说明等，而后是四章正文，末有后记。

正文共四章，第一章到第三章，分别为泰山的音乐、岱庙藏谱译解、岱庙藏谱背后的"密码"，此部分以一些泰山音乐相关的意象做出了史料上的引证和考察，层层递进，考察了泰山道教音乐的发生、主要构成、流传情况、艺术特色等等。随后具体介绍了岱庙藏谱的曲目破解关键信息，比如记谱法、记写格式、音调、板式等等。最后是对岱庙藏谱"曲目"以外的一些研究和探索，比如抄者、产生、曲目相关分类等等。紧接着第四章，也是该书核心内容，即岱庙藏谱今译，共有九大部分114首曲目，此部分将原来的曲谱翻译成五线谱。分别是：《靠凡清吹拜月》（9首）、《云锣清吹后代七调迎仙客》（3首）、《凡四调清吹战板》（11首）、《上字调清吹后代鱼朗追舟》卷四（15首）、《关西卷五》（12首）、《小管子卷二》（13首）、《小管子卷四》（5首）、《一封书》（6首）、《迎风辇》（40首）。我们知道，"古谱"中的符号是现在计算机软件没有的，五线谱加上"半字谱"，技术上的难度可想而知。还有一个最大的感受就是其译谱之"精"，小到每一个字符的考证，都是精细无比。

本书最大价值在于它使入选第二批国家级非物质文化遗产名录的山东泰安道教音乐焕发了其时代精神，对于道教音乐文化的发展和创新提供了关键的基础保证。专门研究道教音乐的人很少，研究岱庙藏谱的迄今为止可以说只此一家。相关"古谱"佛道音乐的研究比较有名的有《北京智化寺京音乐》《五台山庙堂音乐》《南岳道教笛谱》等。在研究方法上除了音乐本身技术专业方法外，本书则进一步考察了相关的历史传承。

当然，任何文化形式，都是想要表达一种情感或者进一步想要表达一类形而上的东西。道教的科仪、音乐、宫观等等也是这样，如果能够探究道教音乐与"道"本身的一些关系，或者说，从道教信仰出发，以道教之理论、哲学为基本视角，来丰富对岱庙藏谱的全面系统解译，将有助于澄清历史传承事实，让读者全面了解道教音乐形成以及传承的历史文化意义，有助于人们对道教与音乐艺术的关系，进行整体把握。（何欣）

广成集

《广成集》，［唐］杜光庭撰，董恩林点校。北京：中华书局，2011年5月第1版，32开，110千字，系"道教典籍选刊"之一种。

杜光庭（850—933），字圣宾，号东瀛子，处州缙云（今属浙江）人。唐末五代时期高道，对道教教义、斋醮科范、修道方术等多方面的研究和整理，对后世道教影响很大。著有《道德真经广圣义》《洞天福地岳渎名山记》等。

董恩林简介详见《唐代老学：重玄思辨中的理身理国之道》提要。

《广成集》系杜光庭编撰的一部关于歌颂表文、斋醮词章的专书。《宋史·艺文志》载有一百卷，《通志·艺文略》载有三十卷，然大多散佚，今存《道藏》本十七卷，《四库全书》收录了前十二卷。书名"广成"二字因杜光庭曾被赐号"广成先生"而得名。卷一至三以谢贺、宣慰表文为主，涉及兴建、符瑞、战功等；卷四至五以斋词为主；卷六至十七主要为醮词。这些表文词章也记载了部分唐末五代的史迹，具有一定的史料价值。

本书主要由点校说明、正文校勘、附录三大部分构成。其中，第一部分点校说明，主要对杜光庭的生平、《广成集》的版本和本书点校的原则进行介绍、分析和说明。第二部分是《广成集》十七卷原文的断句和校勘。附录部分则收录了《四库全书总目提要》等10种杜光庭生平事迹资料，同时还尽量辑全了杜光庭所有著述的目录，辑补了《纪道德》《怀古今》等12种杜光庭《广成集》外的佚文史料，颇为珍贵。无疑，这些第一手资料对研读《广成集》起到了较大的帮助作用。综合而言，全书的最大亮点有二：一是对原文的校勘、断句比较准确；二是附录的相关资料辑录较为全面，对照研读十分便利。

（颜文强）

登真隐诀辑校

《登真隐诀辑校》，[南朝梁]陶弘景撰，王家葵辑校。北京：中华书局，2011年8月第1版，32开，240千字，系"道教典籍选刊"之一种。

陶弘景（456—536），字通明，南朝梁时丹阳秣陵（今江苏南京）人，自号华阳隐居。著名的医药家、炼丹家、文学家，人称"山中宰相"。作品有《本草经集注》《集金丹黄白方》《华阳陶隐居集》等。

王家葵简介详见《陶弘景丛考》提要。

《登真隐诀》系陶弘景编纂早期上清派修道成仙方术秘诀的一部专书，收入《正统道藏》洞玄部玉诀类，与《真诰》互为表里，贾嵩在《华阳陶隐居内传序》中指出："（陶弘景）著《隐诀》以析纲目，述《真诰》以旌降授。"此言颇为精准。书名"登真"二字是位登真人之意，"隐诀"即隐匿不显、世所难知。因此"登真隐诀"就是寻找修道秘传口诀以成为真人的意思。该书原本有七篇，至唐宋时期广为流传扩至二十四或二十五卷，然元朝后却隐匿难见、多有散佚，以致今仅存三卷。其中，上卷论述真符、宝章、九宫、明堂、洞房等；中卷论述按摩导引、存思、服御、吐纳、拜祝等修炼方法及要诀；下卷论述诵读《黄庭经》法以及入静、章符、请官等方术要诀。该书言简意赅、通俗易懂、直指本质，对于上清派修行的各种方术要点阐释明白清晰，对于修行者而言具有较高的指导与参考价值。

本书主要由《登真隐诀》校释和佚文汇综、疑似道经两大部分构成。全书正文前有前言，著者对《登真隐诀》的撰著目的、卷帙版本、主要内容、流传过程进行了详细考证和分析，并交代了其辑佚《登真隐诀》的过程和参考的书目。正文第一部分对三卷本《登真隐诀》的原文进行断句和详细的校勘、注释，共出校记1000余条。第二部分是汇综佚文173则和疑似道经九种。

本书亮点有三：一是做了大量细致的文献考证、校勘和辨析、梳理、编次工作，使《登真隐诀》较原来三卷的篇幅扩充了大约2.5倍，也使得该书成为目前最接近《登真隐诀》原貌的版本，其学术价值之高不言而喻；二是详细标明所引经文的出处，同时严格区分了《登真隐诀》经文和注文，大大方便读者对照研读；三是在纂集的九种疑似道经中有三种是三个药方——"甘草丸方""长生四镇丸""太极真人青精乾石𩜀饭上仙灵方"。文章详细介绍了这三种仙方的配方组成和药味重量、制作过程、疗效功用，对挖掘道教药方的古为今用提供了十分宝贵的资源。（颜文强）

真诰

《真诰》，［南朝梁］陶弘景撰，赵益点校。北京：中华书局，2011年9月第1版，32开，200千字。

陶弘景简介详见《登真隐诀辑校》提要。

赵益简介详见《丘处机：一个人与一个教派的传奇》提要。

本书以明《正统道藏》为底本，明俞安期重校本、日本京都大学的校注本为参校本，同时参考其他经史子集的相关记载重新校注而成。本书开头设有前言和点校说明，正文是对《真诰》二十卷的断句、校勘，最后附以《明俞安期万历三十二年重修本校刻真诰凡例》《历代著录、题跋及论述》两个附录。其中前言分"仙真降诰"的创撰及流传经过，陶弘景对《真诰》的整理与编纂，《真诰》的主要内容及其宗教内涵，《真诰》在道教中的地位及教外影响，《真诰》的源流、版本与整理情况五个部分，对《真诰》一书的成书背景、主要内容、思想特征、传播与影响作了较为详细的介绍和诠释。

本书最大亮点是力求恢复陶弘景编纂的《真诰》原貌，区分了仙真诰言原文和陶弘景增补注释的部分；而全书校勘细致、言出有据的特点更使得本书足以成为阅读、研究《真诰》的上乘参考版本。当然，由于《真诰》一书文辞隐喻较多、思想古奥难明，如果本书能够对《真诰》一书中的重要术语给以现代诠释乃至全文逐句翻译以作为后人理解的参考，则会更加完美。（颜文强）

敦煌本《太玄真一本际经》思想研究

《敦煌本〈太玄真一本际经〉思想研究》，黄崑威著。成都：巴蜀书社，2011年11月第1版，32开，330千字，系"儒道释博士论文丛书"之一种。

黄崑威，1971年生，苏州大学博士，现为陕西省社会科学院宗教研究所副研究员。

本书先有潘桂明序、绪论、目录，而后是五章正文，末有结语、参考文献、后记。绪论介绍了《本际经》的著者与版本等情况，概括阐述了其思想价值和现有研究成果，交待了本书研究目的、思路和方法。随后是五章正文，主要内容是：一、论述了《本际经》产生的时代背景，指出《本际经》乃形成于南北朝至隋唐道教进行统一、整合的关键时期。二、从"本际义"、"本际"与"无记"、"本际""道"与"自然"、"自然"与"因果"、"本际义"与中国佛教这五个方面论述"本际"一词在佛教与道教语境中的区别、联系和发展变化过程，并以此为基础，分析《本际经》是怎样通过"本际"之义，来探讨"道体"与"道性"的本体之究竟与本源之起始。三、从道家与道教之"道"的发展变化、"道体"与"元始天尊"、"道体"与"法身"三个方面进行论述了"道体论"思想，著者认为《本际经》对"道体论"的阐释，完全吻合《无上秘要》理论体系的逻辑展开。四、论述"道性论"思想的演变过程，指出《本际经》道性论是对道教外丹理论和传统神仙之学的扬弃，提升了道教理论抽象思辨水平。五、从"正经"与"正法"、"重玄"

之道与大乘道教、分别教法等问题切入，考察《本际经》与道教经教体系的密切关系。

本书回答了此前学术界对《本际经》研究较少涉及的问题，诸如《本际经》"道性论"与南北朝以来佛教涅槃佛性思想的关系，《本际经》与佛教"天台宗"思的关系，《本际经》与东晋、南朝道教灵宝派的关系，《本际经》在道教经教体系中的地位与作用等等。同时本书将《本际经》置于中国哲学思想背景下进行分析，以佛道二教关系的历史发展和道教哲学思想的逻辑演进为线索，从认识论、方法论祝角审视其中一系列概念、范畴、命题，分析它们在哲学史上扮演的角色、具有的功能，对其中包含的信仰成分做出理性的诠释。

本书立足原典，对相关史料作了多层次梳理，其论述遵循历史与逻辑、思想与哲学的统一，形成了自己独立见解，为该时期道教思想研究的深化做出了贡献，也为推进了古代哲学思想史研究提供了新的成果。（何欣）

敦煌本《太上洞玄灵宝无量度人上品妙经》辑校

《敦煌本〈太上洞玄灵宝无量度人上品妙经〉辑校》，叶贵良辑校。成都：四川大学出版社，2012年3月第1版，16开，200千字。

叶贵良简介详见《敦煌本〈太玄真一本际经〉辑校》提要。

《太上洞玄灵宝无量度人上品妙经》，又称《元始无量度人上品妙经》，简称《元始经》《无量经》或《度人经》，是东晋末年出现的道教典籍，也是灵宝经系统中最主要的经典，明代正统年间编撰《道藏》时列其为首经。著者认为，《度人经》一卷之古本可以分为六个部分：其一，自"道言昔于始青天中"至"东向诵经"止，这是《道君前序》；其二，自"元始洞玄"至"列言上清"止，这是《元始洞玄章》；其三，自"元洞玉历"至"祸及七祖翁"止，这是《元洞玉历章》；其四，自"道言：此二章并是"至"洞明至言也"止，这是《道君中序》；其五，自"诸天中大梵隐语无量音"至"元梵恢漠，幽寂度人"，这是《元始灵书中篇》；其六，自"此诸天中"至"大量玄玄也"止，这是《道君后序》。其主要内容是叙述元始天尊向众神演说灵宝度人经教，重在阐扬"仙道贵生，无量度人"的主旨。著者以"足本、精本、旧本"为标准，选敦煌本为底本，参校《正统道藏》本以及他书引文等。

全书先有凡例、前言，而后是辑校正文，最后是征引文献、参考论文。凡例介绍了该书的基本构成、所用底本情况、引用文献等细节内容。前言考察了《度人经》的来源与流传情况，说明了《正统道藏》本《度人经》与敦煌本《度人经》的联系和区别，阐述了本书辑校的基本思路、主要内容和基本步骤，还指出本书的理论创新程度和实际价值。随后是辑校正文部分，由"提要、说明、录文、校记"四个部分组成，"提要"概括介绍了《度人经》的大体内容及基本结构；"说明"主要介绍了各种版本情况，分为"底本""对校本"和"参校本"三部分，在这一部分中，著者基本将现世所存诸文本罗列比较，再择其优而做辑校底本。继而是"录文"和"校记"，著者根据各版本情况，核定文字正误，补遗删同，最后确定了一个较为可靠的敦煌本《度人经》经文文本。而作为一部古籍整理研究成果，本书的"校记"亦显学术价值，通过不多的征引，就将问题的来龙去脉陈述清楚，对字词改动也是非常谨慎，如有改动必说明原因。

敦煌本《度人经》20世纪初才被发现。由于清末战乱、人为盗毁等原因，造成该本篇残简断，破碎不堪；而写本也历时久远，辗转传抄，字词情况也非常复杂，不加整理校勘，几乎无法卒读。本书为我们提供了一个研究敦煌本《度人经》的可靠文本。（何欣）

乐育堂语录

《乐育堂语录》，〔清〕黄元吉著，蒋门马点校。北京：宗教文化出版社，2012年4月第1版，32开，300千字。

黄元吉简介详见《道德经讲义》提要。

蒋门马简介详见《老子庄子故里考》提要。

本书是由《道德经讲义·乐育堂语录》（宗教文化出版社，2003年）拆分为《道德经注释》（中华书局，2012年）和《乐育堂语录》而来。本书先有前言、点校说明等，而后是五卷正文，《道门语要》和《唱道真言》。

《乐育堂语录》是清代重要的道教典籍，版本情况较为复杂，著者进行了考证。本书以成都二仙庵刻五卷本为底本，以上海古籍出版社五卷本、《道藏精华》第六集之五、北京天华馆四卷本、中国道教协会内部流通四卷本参校。书中的《道门语要》，是以北京天华馆本为底本，无参校本；《唱道真言》是以《道藏辑要》本为底本，参校宁一子《道藏精华录》本。

本书前言部分介绍了黄元吉生平、著作、版本情况，及黄元吉内丹思想之特色。点校说明中主要考察了此书的各版本异同，并指明各部分是以何种版本为底本进行点校。而后是五卷正文，也是本书最核心的部分，五卷之分卷亦是按底本分卷而来，其中卷五有序。之后是《道门语要》，先有序，后自"探性命之原"节始，至"励及门语"节止，共十四小节。还有《唱道真言》，先有自序、题词，后是五卷正文，末有后序和跋。本书参考各版本和文义，核对文字出入；对一些难以理解的术语、字、词等，进行注释并指明出处；据文义给各节加标题；并将青华老人的《唱道真言》也作为书的一部分，进行点校，校者认为《唱道真言》建立在心性修养的基础上，理论精深圆通，可与黄元吉的丹法互相印证。

此次点校，校者删除了《道德经讲义·乐育堂语录》中所有引申发挥的注解，为读者提供了一个较为可靠的文本以供阅读。在其之前戈国龙著有《丹道今诠：乐育堂语录注解》，读者可参考阅读，以理解文义。（何欣）

《老子想尔注》导读与译注

《〈老子想尔注〉导读与译注》，刘昭瑞著。南昌：江西人民出版社，2012年10月第1版，16开，230千字。

刘昭瑞，1955年生，河南潢川人。中山大学人类学系教授、博士生导师。主要论著有《宋代著录商周青铜器铭文笺证》《考古发现与早期道教研究》等。其考古发现与早期道教研究成果，得到了国内外学者的较高评价。

本书主要分导读、译注与附录三部分。导读分五章，分别为：老子、《老子》,《老子想尔注》的基本面貌，《想尔注》的"字"与"文",《老子想尔注》的"道论",《想尔注》的"术"。导读主要关注两个方面，一个是《想尔注》的著者、文本等问题，一个是《想尔注》的思想内容。译注部分，著者采用饶宗颐《校证》分离出之文、注样本，只不过将饶氏文本中某些未做修改而是随文括弧内另行注出之俗体字通改为通用字。另，译注在文中增添了"□"字符替代注文缺字。译注随文对注文做的今译也是饶氏所无。第三部分为附录：先是《老子》三种出土版本，战国竹书《老子》、马王堆帛书《老子》（甲本）、敦煌五千文《老子》，后是引用文献目录、《老子想尔注》主要研究论著目录与《老子想尔注》写本图。

本书是继饶宗颐《校证》之后的第二部专论《想尔注》的著作，有两点值得肯定：第一，对《想尔注》的研究做了较为简略而完整的介绍，起到了导读的作用；第二，译注部分之"今译"有助于今日普通读者研读此书，有利于推动《想尔注》之传播。（屈燕飞）

周易参同契

《周易参同契》，[汉]魏伯阳著，萧汉明校译，吴鲁强、[美国]坦尼·L.戴维斯英译。长沙：岳麓书社，2012年10月第1版，精装，16开，系"大中华文库"之一种。

魏伯阳简介详见《图解周易参同契：认识道藏养生智慧》提要。

萧汉明简介详见《〈周易参同契〉研究》提要。

吴鲁强（1904—1936），广东开平人。化学家、化学史家。曾任国立北京大学化学系、国立广州中山大学化学系教授。1933年，与梁启超之女梁思庄结婚。1936年，因伤寒病逝世。20世纪30年代初与美国化学史家戴维斯合作，将《周易参同契》和《抱朴子》翻译成英文出版，并对其进行了研究和注释。还译有《胶态化学》，发表中、英文论文20余篇。

"大中华文库"旨在将中华民族的文化经典翻译成外文同时保持中文经典之原貌，名之为"汉英对照"，介绍给全世界。《参同契》作为中华民族五千年来优秀经典之一，也在丛书编辑之列，此一任务交给对《参同契》素有研究之萧汉明。萧氏斟酌再三，选择这本20世纪三十年代由吴鲁强与戴维斯合译的版本作为英文定本。不过，由于吴鲁强、戴维斯译文选择的底本为俞琰之《周易参同契发挥》，而萧汉明自己在《〈周易参同契〉研究》"校释"部分则将五言、四言以及《鼎器歌》《金丹赋》做了拆分处理，为了适应此书原来之编排，萧氏在此书译注中选择了英译本之结构编排。此篇之结构分四个部分，《周易参同契》正文中英文、中文注释、英文注文与赞序。正文部分先录中文《参同契》原文，再附今译，然后才是英文译文；赞序亦是如此体例。只有注释部分才分成独立两部分，先录中文注释，再是中文注文。

本书较萧氏《〈周易参同契〉研究》之"校释"部分为细，不仅增加了今译内容，同时就校释来看也更详细。故本书实有补于萧氏书之校释。（屈燕飞）

参同集注
——万古丹经王《周易参同契》注解集成

《参同集注——万古丹经王〈周易参同契〉注解集成》，[汉] 魏伯阳等著，周全彬、盛克琦编校。北京：宗教文化出版社，2013年1月第1版，4册，16开，1960千字，系"唐山玉清观道学文化丛书"之一种。

魏伯阳简介详见《图解周易参同契：认识道藏养生智慧》提要。

周全彬，1970年生，四川绵竹人。雅好丹道之学20多年，遍访师友，博闻广读，见地卓绝。现在四川省绵竹市教育系统工作。受邀为"唐山玉清观道学文化丛书"编委，编校有《悟真抉要：道教经典〈悟真篇〉注解集成》《白玉蟾全集》《黄庭经集注：道教经典〈黄庭经〉注解集成》等书。

盛克琦，1972年生，河北唐山人。河北省道教协会理事、唐山市道教协会副会长兼秘书长、唐山市开平区道教协会常务理事、唐山市周易研究会理事。

本书首先是一部历代《参同契》注疏的集结，是目前为止收集最全的文录，"汇集自唐以来，降至晚清一千多年间的《参同契》古代注本二十九部"。第一册为1至10卷，第二册为11至19卷，第三册为20至25卷，第四册为26至30卷，其中第30卷是编校者选择的历代有价值的序跋汇编。最后之附录乃是百余年来有关《参同契》研究之文献索引，可谓当前最全之收集。每卷文本大体分为三个部分，卷首为点校说明，对此卷文本之出处与参校版本做一说明，"于注家丹法评介，多片语只字作扼要介绍"；其后是对正文做的点校，此一点校主要关注文字校勘与句读；最后往往附录注家生平以及与注本相关的文献。

本书虽非专著，然其价值却不能低估。首先，作为千百年来收集最为完备之《参同契》注疏文献汇编，单此一点已超过大多数专著之贡献；其次，对此29部注疏所做的文字校勘与断句点读，为研究者省却大量精力与时间；再次，第30卷"诸家序跋汇编"与附录"研究文献索引"对于入手了解、研究《参同契》有方便之功；最后，每卷卷首点校说明实为编者自己之研究成果，对于每部文卷版本之考察与丹法性质之判释，亦可成为研究者之资粮。（屈燕飞）

《太上洞玄灵宝空洞灵章经》校笺

《〈太上洞玄灵宝空洞灵章经〉校笺》，谢世维编著。台北：政大出版社，2013年1月初版。

谢世维简介详见《天界之文：魏晋南北朝灵宝经典研究》提要。

《太上洞玄灵宝空洞灵章经》为古灵宝经之一，编者认为大约是东晋至南朝时期的作品，明《正统道藏》并未收入。本校笺以《中华道藏》为底本，同时参校敦煌抄本、《无上秘要》、《灵宝领教济度金书》，多方比对而成。《太上洞玄灵宝空洞灵章经》一书分32个部分。

编者在书中撰写一篇详细完整的导论，从经目、文献、经典结构与文体、宇宙观、经典关系、救度思想及音诵特质进行分析。《太上洞玄灵宝空洞灵章经》是对32天帝的赞颂，这与《度人经》《诸天内音自然玉字》有密切关系，有不少内容重复，足见经典的流变。《太上洞玄灵宝空洞灵章经》的核心思想以救度为主，救度对象从七祖乃至所有在九幽之府受苦的生灵，救度方法是透过经典转诵，使让在地狱的苦魂得解脱，进入天堂。著者认为这是古灵宝经典的传统，在其他经典，如《度人经》等提倡的大乘救度之道，也与该经类似。《太上洞玄灵宝空洞灵章经》属文学式的赞颂文体，整体内容概分为两类，一类是经典前后部的神话叙述，以对话体呈现；第二类为32天帝之赞颂，采颂赞体，然而体例并未一致，长短不一，主要是四言、五言的形式，充满了道教与佛教的色彩。该经所描述的32天的天界是以四方各八面的平面分布，这是《度人经》以降的空间叙事方式。经典里蕴含天帝运度劫期的观念，主要尊崇"五篇灵文"作为宇宙世界的本源所在。此外，由于该经是属于赞颂

的文学体，包含音乐与歌词，是天界的神圣乐音，同时具有宇宙生成论与气
化论思想，从而救度在地狱受苦之生灵，这在歌词当中有十分明显的表现。
编者以为这样的唱诵功德影响了后来的宋代道教科仪，特别是针对亡灵所做
的水火炼度，可看出该经在救度仪式中的重要性。

　　本书是近年来少数针对单一道经所进行的校笺作品，这是当前道教研究
中缺少的基础工作，值得学界借鉴、仿效。编者在书末后记说明校笺源由，
参与者以台湾道教研究会成员为主，透过读书会方式整理道经，培养出不少
对道教有兴趣的青年学者，承续学术研究的精神。书中不仅对经典有清楚的
标点，更有完整的注释，征引其他经典内容，丰富《太上洞玄灵宝空洞灵章
经》一书的完整性。著者精心附上近20页的参考书目，便于有志之士对道教
研究有更深入的理解。（熊品华）

真灵位业图校理

　　《真灵位业图校理》，［南朝梁］陶弘景纂，［唐］闾丘方远校定，王家葵
校理。北京：中华书局，2013年6月第1版，32开，200千字，系"道教典籍
选刊"之一种。

　　陶弘景简介详见《登真隐诀辑校》提要。

　　闾丘方远，字大方，号玄司先生，舒州宿松（今安徽）人。唐末道教天
台宗著名道士。29岁问金丹于香林左元泽，34岁受法箓于天台山玉霄宫，其
弟子达两百多人。其辑录的《太平经钞》对恢复散失的《太平经》原貌起到
了关键作用。

　　王家葵简介详见《陶弘景丛考》提要。

　　《真灵位业图》题为陶弘景撰、闾丘方远校定。该书是一本系统的道教神
仙谱系，将神仙由高到低分为七个等级，每个等级设中位、左位、右位，中
位一位为该仙阶的主神，左、右位的神仙数量不等，不仅包括先天神、后天
凡人通过修炼而成的仙人，还包括历史上的帝王将相或圣贤等，如秦始皇、
孔子、颜回等。其中第一等为最高，以元始天尊为主神，第二等以玄黄大道
君为主神，第三等以太极金阙帝君为主神，第四等以太上老君为主神，第五
等以九宫尚书为主神，第六等以右禁郎定录真君中茅君为主神，第七等以酆

都北阴大帝为主神。其中第一等皆为先天神，从第二等开始出现了由人而仙的仙人。

《真灵位业图校理》由《真灵位业图蠡测》（代前言）、正文校理和附录三部分构成。在《真灵位业图蠡测》一文中，校者对《真灵位业图》主要版本、是否为陶弘景所撰进行了考证和介绍，同时将该书与《无上秘要》内容的同异进行了对比研究，颇为详细。前言之后是校勘凡例，交代了本书采用的底本、主校本和校勘注释的原则等。正文对《真灵位业图》的所有神祇逐条进行了校勘，并加按语注释，叙述此条目神灵在道教特别是上清派谱系的源流。附录有二，分别是《秘册汇函本灵宝真灵位业图题记》和《四库全书总目提要》，帮助读者进一步理解《真灵位业图》。全书最后还编了人名索引，便于查找。

本书最大的亮点有二，一是在代前言中将该书与《无上秘要》真灵的名单比照考证，并且绘制出了一表一图，一表是《〈无上秘要〉人物在〈真灵位业图〉中之位置》，一图是《〈无上秘要〉得鬼官道人名品复原图》，可谓一目了然；二是在按语部分引用辑录了《无上秘要》《真诰》《三洞珠囊》《上清道宝经》等经典对神仙条目进行注释，这种"以经解经"的学术研究方法值得效仿。（颜文强）

白玉蟾诗集新编

《白玉蟾诗集新编》，［宋］白玉蟾著，盖建民辑校。北京：社会科学文献出版社，2013年10月第1版，16开，398千字。

白玉蟾，南宋人，字如晦、紫清、白叟，号海琼子、武夷散人、琼山道人、神霄散吏、海南翁，祖籍福建闽清，生于海南。他是中国历史上有名的道教诗人，是有名的"文教道士"，时谓"随身无片纸，落笔满四方"。此外，白玉蟾还是金丹派南宗的开宗立派祖师，与张伯端、石泰、薛道光、陈楠合称为南五祖。

盖建民简介详见《道教金丹派南宗考论——道派、历史、文献与思想综合研究》提要。

本书以国家图书馆和福建师范大学图书馆所藏清同治七年（1868）重

镌《白真人集》十卷本为底本，参照《葛白叟诗集》《海琼摘稿》《海琼子词》所收相关内容并广泛汇集现存于《道藏》《道藏辑要》《中华续道藏》及地方史料文献中的白玉蟾诗词，对比较勘，考订出处，是目前收集白玉蟾诗词篇目最全之本。本书按白玉蟾诗词类型分为12卷，共收录白玉蟾诗词1412首。

本书诗词数量可观，所涉主题包括丹道、咏赋、赠友、摹景等。从道教研究的角度来看，本书不失为研究白玉蟾修道思想的重要材料，如其诗文《快活歌二首》《大道歌》《万法归一歌》等，可作适当参考；另一方面，白玉蟾诗词具有很高的文学价值，其诗词题材丰富，格律风格多样，或可作为研究南宋诗词的重要文献来源。白玉蟾诗词中的咏赋之文、赠友分别、摹景之文，其中情感或苦闷，或悲戚，或开阔，或畅然。从其诗词中，可以看出作为文人的白玉蟾的经历及情感变化。

本书借鉴了此前出版的白玉蟾诗词著作，修正其中出现的文字误植、缺漏和注释欠妥的问题，整理了白玉蟾诗词并避免了对诗词重复收录的问题。因此，本书乃现存全面辑录白玉蟾诗词的一本著作。（付腾月）

白玉蟾文集新编

《白玉蟾文集新编》，［宋］白玉蟾著，盖建民辑校。北京：社会科学文献出版社，2013年10月第1版，16开，422千字。

白玉蟾简介详见《白玉蟾诗集新编》提要。

盖建民简介详见《道教金丹派南宗考论——道派、历史、文献与思想综合研究》提要。

《白玉蟾文集新编》以国家图书馆和福建师范大学图书馆古籍部所藏清同治七年（1868）重镌《白真人集》十卷本为底本，参照《道藏》本《海琼白真人语录》《海琼传道记》《海琼问道记》等所载白玉蟾文献，与现存白玉蟾文集诸本对校勘误，并依据其文献内容和道教南宗修行理法，重新编排和校正。

本书以南宗修道路径大体次第，厘定为十二卷，各卷如下：卷一为讲述白玉蟾学道之文，共5篇；卷二为问道之文，共5篇；卷三为论道之文，共6

篇；卷四记录修道之法，共8篇；卷五记录白玉蟾传道之法，共37篇；卷六为白玉蟾与门人谈话语录，共8篇；卷七为丹经，共9篇，为白玉蟾文集中的重要部分，记录了白玉蟾的炼丹步骤，包括外鼎、药物、还丹、服丹等，此外还有白玉蟾所传金液还丹印证图及道经注等；卷八为白玉蟾记传之文，共36篇；卷九疏文，共12篇；卷十为忏谢清词、洞章，共7篇；卷十一为白玉蟾所作序跋，共17篇；卷十二为辑佚篇目，共有白玉蟾散佚文献39篇，有重要文献价值。书末还附录了历代刊刻白玉蟾文集序跋，共22篇，并附载南宋白玉蟾高弟彭耜撰写的《海琼玉蟾先生事实》、汤于的《琼山番阳事迹》、李訦的《待制李侍郎书》和清代彭翥《神仙通鉴白真人事迹三条》等白玉蟾生平事迹文献。

本书对白玉蟾散佚文献的首次系统收集与整理，既是宋代道教文献整理的一项重要突破，也是道家学术研究的一项新成果，有助于继承和弘扬优秀传统文化，具有重要的学术价值。（付腾月）

周易参同契

《周易参同契》，章伟文译注。北京：中华书局，2014年6月第1版，32开，300千字，系"中华经典名著全本全注全译丛书"之一种。

章伟文简介详见《郝大通学案》提要。

本书分前言、正文与附录三个部分。前言对《参同契》真伪、著者、篇章以及思想内容与影响做了简要交代。正文依据"道藏"本彭晓《通真义》为底本，参校其他版本，分上中下三篇九十章，《鼎器歌》与《赞序》单独列出，作为附录。正文译注体例则为首列章节名，次随"题解"对本章文旨做高度概括，随后录出《参同契》正文，接着"注释"相关辞句，最后为"译文"。

近代以来对《参同契》做过注释工作的约有十余位学者，有从丹法角度做注释，如陈撄宁、方煦、任法融、潘启明、王振山等，有从学术角度做注释，如潘雨廷、刘国梁、萧汉明以及章伟文等。从体量上来看，本书译注较大。另外，本书工作做得也极细，注文流畅，通过"题解""注释"与"译文"基本可以把握《参同契》之基本内容。又，著者对道教易学有深厚的研究基础，其在解释《参同契》之相关内容时也行有余力。（屈燕飞）

（四）道教考古资料发掘整理与研究

道家金石略

《道家金石略》，陈垣编纂，陈智超、曾庆瑛校补。北京：文物出版社，1988年6月第1版，16开。

陈垣简介详见《南宋初河北新道教考》提要。

陈智超，1934年生，陈垣长孙，国务院特殊津贴获得者，曾任中国社会科学院历史研究所研究员、历史文献学博士生导师，主要研究方向为宋至明代历史、历史文献学，主要著作有《解开〈宋会要〉之谜》。

本书是陈垣为研究道教各流派而编纂的一部石刻史料汇编。所录文字出自实物者则记其尺寸大小、字体、保存地；拓片及书本文献所载，则详登出处。文后多附前代考证材料。对所录文字举凡有碑拓、纸本文献，或不同书籍载同一文章之间有文字差异者，多出校记。其后还有编者、校补两家案断。书末附索引，分原文著者索引、文中所见人名索引和宫观索引等，便于读者检索。

总体而言，本书有如下突出特点与价值，值得我们重视：其一，内容丰富。全书录文千三百余通，字数逾百万，综录古今诸道家碑刻，实乃真正实用的道教历史资料巨汇。从总体说来，此书乃目前收罗最为宏富的道家石刻总集，其数量之多与范围之广，都远远超过前人。其二，方法独特。它是文献发展史上第一部独特的专题大型金石略巨著。本书既以历史学的观点与方法探考宗教，又据宗教典籍补正历史，从而形成不同于前人的独特风格，开拓出前人未及涉足的许多新境，实乃著者聚实物资料与纸本文献为一编的崭新成果，为王国维所倡"二重证据法"的经典之作。它标志着金石学向近代考古学的发展。其三，编目实用。石刻文字的编目，包括确定题目、年代、所在地，著录书体、尺寸及状况等信息。本书据艺风堂拓本重拟之目，订正其谬目之疏误，更为简明地反映出石刻文字的内容与特点，其成绩也是显著的。

本书亦留下些许遗憾。譬如，标点、校勘方面。对本书所收用韵的文字，有些没有按韵分标；许多碑铭，往往四句或四句以上才施一句号，中间全加逗号，这与古人两句一韵的习惯相悖，亦不合古制。（曾勇）

巴蜀道教碑文集成

《巴蜀道教碑文集成》，龙显昭、黄海德主编。成都：四川大学出版社，1997年12月第1版，32开，458千字。

龙显昭，1935年生，四川岳池人，西华师范大学教授，曾任四川师范学院（今四川师范大学）副院长、中国秦汉史学会理事、四川史学会副会长。

黄海德简介详见《天上人间——道教神仙谱系》提要。

本书收录散见于巴蜀各地的457篇碑铭。著者从《隶释》《隶续》《文苑英华》《全唐文》《全宋文》《宋代蜀文辑存》《全蜀艺文志》《道藏》《道藏辑要》等历代别集、总集、金石书、地方志、拓片及地方文献中，收录了上自后汉下迄民国，囊括了巴蜀地区有关道教的碑记、象记、塔记、幢记、洞记、阁楼记、宫观记和墓志铭等。另有些碑石的跋文、诗文、碑阴题名及少数钟铭也被录入。其收录方式有二：文献整理和实地考察。碑文所及范围，覆盖1996年前的四川省行政区辖绝大部分市区。书中再现出天师道在蜀地的传播与发展、天师道的支流玄教的特点、龙门派碧洞宗的创建与发展以及巴蜀三教合一等问题，还有人们耳熟能详的诸如许逊、张三丰、吕纯阳、王子乔、葛洪、妈祖、关帝、元始天尊、赤帝女瑶姬等与蜀地相关的高道仙真，再如谢自然白日飞升、羊摸谷仙洞异事、黄鹿真人马爱娘等在蜀地发生的仙化故事。本书辑录了诸如卢照邻、李商隐、陆游、苏洵父子、杜光庭等名人高道之蜀地佳作。其内容之广之深，远胜于一般之资料汇编，乃至可谓一部巴蜀道教研究的学术专著。

本书体例明了，前后一贯。每篇由原文、题记和校记构成。原文乃经由编者校勘、加注标点的碑石文字。题记包括五个方面的内容：一是交待收录的出处、依据和校对版本；二是叙述撰者事迹与撰文背景；三是简述宫观历史、存毁状况及碑址处所；四是介绍、考证碑文年代，或立碑时间；五是说明是碑的地位与价值。校记用以校正历代著录之误。

本书编排独具匠心——以时间先后为序进行编排——或依撰年，或据立碑年，年代不详而朝代确定者，则次于与之相当的朝代之末，年代约略可定者，置于相当年代区间之内。碑文原题较长者，则适当予以简化。书末附碑目笔画索引、撰人姓名索引，便于研习者检索。

本书亦留下些许缺憾，主要有以下几点：一、文中只搜集了巴蜀地区部分代表性碑文，材料显得不够丰富；二、文中所搜集的材料显得零散，有待进一步整理。（曾勇）

重阳宫道教碑石

《重阳宫道教碑石》，刘兆鹤、王西平编著。西安：三秦出版社，1998年4月第1版，16开，191千字。

刘兆鹤，1945年生，陕西户县人。户县地方志编纂委员会研究员，书法篆刻家。发表《藏龙卧虎的重阳宫碑林》《三绝回文碑》《古钱币上的书法艺术》等论文多篇。

王西平简介详见《重阳宫与全真道》提要。

重阳宫是全真教祖师王重阳修炼成道之地，被尊为"天下祖庭"。重阳宫碑石是陕西省首批重点文物保护单位。本书辑录现存的金石文献，每篇均有录文和说明。说明内容包括：目录、年代、撰者、书者、刊石者、出土时间地点、搬迁经过、碑体形制、纹饰、书体、行款、漫漶程度等。至于重要碑石、墓志，另加考释或按语，其内容包括必要的考证、文字校勘，以及史料、书法价值的评价等。对于具有一定史料、书法价值的碑石、墓志，字迹清晰者附以拓片图版，不能制版者附以照片；内容一般的，只附录文；有些造像碑也附以照片。

"重阳宫碑石林"乃本书三体，所涉碑厅和碑廊之碑石刻文34篇、诗词6组（首）、画像2幅、题字2帧、图1面。这些碑石除4篇刻文和1帧题字为明清刻立，1首词为金时刻立外，其余全为元代刻立。如此集中并大量保护元代金石文献遗存者在国内实属罕见。这些碑铭文墨多出于金元朝野道俗名流之手笔，譬如"蒙汉文合刻令旨碑"，为元代碑刻，其蒙文属畏兀字碑与八思巴蒙古字碑，这对研究蒙古文字、语言及元代宗教政策、政治制度等都有重要价值。

本书在旧有著录之外增辑十余篇，所有碑石皆附拓图，另有佚碑存拓3篇、佚碑存文1篇。录文以原石和拓片为据，参照诸家著录，补缺正讹，实乃较为完善和规范的专集存本。在拓照和录文之后，附有"重阳宫历史"和"重阳宫大事记"。

　　大致而言，本书的出版具有一定的历史意义与当代价值：其一，历史文献价值。通过重阳宫道教碑石可以窥见全真道与金元社会政治的关系，具有社会学意义。如《大蒙古国累朝崇道恩命之碑》《白云真人綦公本行碑》等对丘处机西行赴诏、"一言止杀"典故的记述，铁木真下诏免除道院"差发税赋"的记载，《十方重阳万寿宫记》"天下道观之冠"来历的记录，等等，其历史文献价值可见一斑；其二，思想文化与书法艺术价值。如重阳宫碑石中"道行碑"，记载了王重阳及其后众多高道修炼事迹、修道思想，以及皇室褒封恩奖的敕辞圣训等。本书收录了赵孟頫、溥光等书法名家手迹，另有王重阳、尹志平、李志常、李道谦、孙德彧等高道大德墨宝，其书其文乃不可多得之艺术瑰宝；其三，本书记载了全真道修炼方法要旨，对当下玄门修道、世人养生仍不乏借鉴意义。

　　可贵的是，本书对以往有关碑文之误论进行了校正，指出包括《道家金石略》等著录舛误，但少见具体碑文，仅"刘海蟾诗碑"俱现内容，"丘长春祝延圣寿疏"，佚碑存拓图版，佚碑存文，可谓遗憾。（曾勇）

道教法印令牌探奥

　　《道教法印令牌探奥》，王育成编著。北京：宗教文化出版社，2000年12月第1版，精装，16开，230千字。

　　王育成，1952年生，北京人。现为中国社会科学院历史所研究员，中国社会科学院研究生院历史系教授、博士生导师，博宝艺术网铜器鉴定专家。主要著作有《明代彩绘全真宗祖图研究》《火器史话》等。

　　本书含序、题词、前言、正文八章，附《道藏经目对照表》、符印彩图与后记。第一章介绍道教印和法印基本概况，指出道教印可分为官印、名号印和法印等三类，其功能有异——官印反映不同历史时期道教机构的设置；名号印反映道教的法脉传承和宗教活动情况，亦间接记录文人雅士的社会交往及应酬活动。第二至四章，以时间为序，述及汉、两晋、隋唐时期道教法印特征与施用状况，对法印进行分类，并从材质、形体、篆文、内容等方面加以比较和总结，还就黄神越章、天帝类印章、无上使者印、黄首朱官之印、丹徒六面印等进行考释，揭示"无上""玉女""三五将君"等的神学内涵。此外，还考察了八件式世尊印与十二件式世尊印，并对印的各项功用做了详细的介绍，且引用了大量的印下注文相佐证。

第五至七章，著者分类整理介绍了道教法印及与之对应的文献资料。除了简介道教法印的制造祭祀与文书用印之外，着重考察灵宝大法司印、提举城隍司印、北极驱邪院印、都天大法主印等道教法印，还列举了七种无文献记载、仅见于实物的道教法印。最后一章，著者沿用同样的方法，对道教令牌加以考证，分类阐述，认为道教令牌在元代已经存在，且比较成熟，并认为道书所录的内容，远不及实际应用的情况。

本书将历史文献的研究与实物考古、田野调查紧密有机地结合，以丰富详实的文献资料，第一次系统地整理、研究了道教法印令牌的历史沿革、宗教价值及社会影响，从而具有相当重要的学术价值。本书的价值在于，大量搜集并记载了不同时期的道教法印和令牌，不仅精确测量其形制，还结合大量文献译释其刻文；最重要的是，著者通过这些文献与实物的校对，解读出道教史发展的大致情况，以实证推翻了过去的一些谬误，澄清了在道教发展中的某些史实；对某些不能确证的问题，著者以存疑方式为给后来的研究提供了某些有益的参考。同时，书末附录彩图，既是珍贵的参考资料，又极具观赏价值。当然，本书也存在不足，表现在，著者更多的是对法印令牌的解读和考察，而法印令牌所反映的道教思想及其社会生活文化背景却并未涉及；本书也还有相当一部分法印令牌存在疑问，有待完善。（曾勇、邓晔）

茅山道院历代碑铭录

《茅山道院历代碑铭录》，杨世华主编。上海：上海科学技术文献出版社，2000年12月第1版，32开，114千字，系"茅山文化系列丛书"之一种。

杨世华简介详见《茅山道教志》提要。

江苏句容茅山，古称句曲，是我国著名道教名山、上清祖庭，被誉为"第八洞天，第一福地"。茅山道教历史悠久，历代碑刻便是其文化载体。本书按朝代顺序编排，收录六朝以降茅山道院各类碑铭111篇，其中六朝11篇、唐朝18篇、宋代24篇、金元时期7篇、明朝26篇、清朝13篇、近代4篇、现代8篇。这些碑铭记载了茅山道教不同时期的历史文化。人文价值较高者有：梁元帝撰文并书的《陶先生朱阳馆碑》，陶弘景撰《茅山长沙馆铭》《茅山曲林馆碑》，李白撰《汉东紫阳先生碑铭》，颜真卿撰文并书《李玄靖先生碑》（局部），宋徽宗撰文并龙虎山嗣汉三十代天师张继先书《宣和御制化道文碑》，宋理宗御书《上清宗坛》石刻，赵孟頫书《建康路三茅山崇禧万寿宫记》《华阳道院碑铭》，刘基《句曲外史张伯雨墓志铭》，清代高道笪重光撰文并书《茅山九霄宫天炉碑铭》，康有为撰文并书《先姚康太夫人劳氏墓碑记》等。此类文献少见于他处。

本书附碑图29幅，史学与艺术价值不菲者，包括南朝梁代井栏、唐颜真卿撰文并书《李玄靖先生碑》、宋真宗撰文并御书《御制观龙歌并序》碑、《圣寿无疆》碑（局部）、岳飞书《墨庄》碑、康有为《众妙》碑等。此属道教史学中之艺术瑰宝。

著者历时十载，收集1500年来之茅山道教素材，按朝代顺序，编排整理收录。他将原碑铭繁体字转为简体，并加注标点，还对一些碑铭作了注释。这对保护、传承与弘扬上清道派文化，也为后续研究、开发与推广中华道学精神，提供了史料依据，做出了基础性贡献。

遗憾的是，书中编录排序碑铭的顺序，出现了一些紊乱。譬如，第176页嘉靖元符宫《黄鹤常临》碑，标注为"嘉靖乙丑阳春吉旦"，落款"京江邹文瑞题"，此图放置位置有问题——其年代若确为"嘉靖乙丑"，即公元1529年，则属明代，应前置；若置此，其或为清"嘉庆乙丑"，即公元1805年，而非"嘉靖乙丑"。类似还有晏殊撰《茅山五云观记》，其位置也有误。
（曾勇）

金元全真教石刻新编

《金元全真教石刻新编》，王宗昱编。北京：北京大学出版社，2005年7月第1版，16开，260千字。

王宗昱简介详见《〈道教义枢〉研究》提要。

本书由三部分组成，除前言与《全真碑石存目》（涉及26通）外，正文以今日行政区划之省（市）为单元分章编排，辑录山东（51通，其中6通略）、陕西（18通，其1略）、北京（30通，其24略）、山西（20通）、河南（42通）、河北（11通，其2略）、辽宁（5通）、江苏（3通，其1略）、湖北（1通）、甘肃（3通）、安徽（1通）等地金元全真教石刻。本书吸收了包括陈垣《道家金石略》等在内的前人的研究成果，不仅在内容上收录了散落于上述省市的此前未曾深究的全真教石刻碑文，而且在方法上沿用王国维"二重证据法"，参照比对大量相关的道教史料与地方志——以李修生主编的《全元文》、影印书《石刻史料新编》和《中国方志丛书》为主——对碑文本身产生的年份及一些用字进行详尽考释，继而在此基础上，寻真纠讹，考辨道史，尤其注重探究金元时期全真教在民间各地的发展状况，及其在各地区所造成的社会影响。如山东省《玄都观碑》，注："《兰平县志》卷九：在范园。县志考：按碑末纪岁次戊午，系蒙古宪宗八年。尔时蒙古尚无国号与年号，故单以干支纪岁。州志作延祐五年，误。"这对还原碑文历史原貌与后续道教史研习是有积极意义的。

本书将全真道石刻碑文转繁为简，以简体字编写，同时，在文字的校读与碑版的辨认方面，既以简化汉字为主，亦保留了一些生僻字，对于地方志中的避讳字照录不变，以示对人文精神的尊重。因此可以说，本书是在充分吸收前人研究成果的基础之上，并尊重历史传统，契合学术研究需要的新成果。

除查阅大量的印刷文献之外，编者走访乡间田野，考察了大量的残存碑刻，使本书具有史料的可信度。书末列在存目中的文献，或因碑刻残缺，或因文字内容重复，或因新近出版作品版权之故，虽未在正文中具现其文，却为研读者提供了重要的线索。（曾勇、古周瑜）

考古发现与早期道教研究

《考古发现与早期道教研究》，刘昭瑞著。北京：文物出版社，2007年6月第1版，精装，16开，系"香港青松馆道教学院丛书"之一种。

刘昭瑞简介详见《〈老子想尔注〉导读与译注》提要。

本书所谓早期道教，是指道教的创建和改造时期，即东汉至南北朝时期。

本书共分十章四十三节，各节独立成篇，又以章主题统摄诸篇，形成一个个专题。全书所论涉及早期道教观念、道教典籍、道教法器、道教造像、道教科仪、道教传播及相关背景等主题。各章在分类排比镇墓文、石刻文、早期道教造像及造像记和道教法器等各类考古材料的基础上，援引众多历史文献和道教经典，对诸多早期道教研究的关键名、物、概念，如"解注""老鬼""重复""黄神""苍天""黄天""神药""天宫""承负说""投龙仪""道无形象"及"静轮天宫"等，索隐发微，寻真正讹，力求还原历史真相，从而具有较高的学术价值。本书先后引用170多件出土材料，结合370余部相关文献，对早期道教中涉及30多个问题进行解读、分析、推测而得出结论。这些研究成果，或是填补了早期道教某些领域的空白，或是对前人研究的重要补充，更多的是为其他研究者提供了大量详实的基础性资料。

这是一本资料丰富、论证有力的学术论著。在论证时，本书将考古发现材料置于首位，配之文献材料相印证，以"二重证据"为纲，以田野调查为辅，在回归宗教研究历史文献学术传统的基础上又有新的发展与创新。如对"解注文"的考释，著者出示12件出土的东汉至五凉时期的陶瓶陶钵泥胎等物品上的解注文，再结合《论衡》《周礼·天官·疡医》《后汉书·方伎列传》《释名》《太平御览》《诸病源候总论》《神农本草经》《肘后备急方》《云笈七签》《梁书·韩怀明传》《太平广记》《抱朴子内篇·仙药》《颜氏家训》等十多部文献对解注文的"解"与"注"的含义与功用进行解析："解"是指攘除、驱逐，"注"则指病痛与鬼魂等邪恶之物住于体内，且在一些场合还有"传染"之意；解注文的功能就是攘除病痛鬼魂等邪恶之物，阻止它们传染生者。由此指出，解注文乃古代巫、医、道三者混而不分的有力物证。同时，也印证了早期民间道教之役使鬼神、驱魔除恶之巫术职能之史实。

本书逻辑思路清晰，语言通俗易懂，材料充分详实，考释论证有力，推理细致严谨，结论稳妥可信。（曾勇）

真武图像研究

《真武图像研究》，肖海明著。北京：文物出版社，2007年6月第1版，精装，16开。2007年8月出繁体版，精装，16开。

肖海明，1970年生，内蒙古人。宗教人类学博士，现任广东省博物馆馆长、研究员。

本书以学界较少涉及的真武图像为选题，以首次公布的罕见的明代道教美术资料《真武灵应图册》为基础，通过广泛收集历代真武图像资料，对之进行梳理、探究、整理而成。全书由序、正文、附录、参考文献、后记五个部分组成，其中正文和附录所占双重尤高。正文分为八章，导论为第一章，阐述了选题的目的与意义、研究方法、主要研究材料及其来源；第二章从文献着手，重点考察历代真武图像资料，用图文互证的研究方法对历代真武信仰综合考释；第三章先将灵应本按内容加以分类，并选出一些代表性的图像进行记述、解释，指出整套灵应本是以由俗到圣，由圣到人神感应的顺序安排，暗含着道士最理想的修道追求；第四章将灵应本与《武当嘉庆图》这套明版完整的真武系列图像予以比较分析，进一步增强对灵应本的认识；第五章，先区分武当正统传统与民间传统之差异，再将灵应本与河北蔚县真武壁画作比较研究，厘清北方真武图像的变迁，并概括其特色；第六章对灵应本中各种道教仪式图像进行分类——著者以功能划分，将其分为祈禳类、求签类、施经类、其他类四类；第七章对灵应本所蕴含建筑、服装、社会生活等民俗现象予以诠释；第八章是对上述各章内容简要回顾，提炼"读图"要义，归纳得出全书结论，阐发研究发现和思考。

书末附录《真武灵应图册》的全部82幅图画和83篇《真武灵应图册》，除一篇题记之外，其余皆一图一文——图画多为某一真武故事的一两个具体的场面或片段的描述，题记则为这一真武故事整个过程的介绍或相关教义、教理的阐述。

本书注重文献史料的收集，较为系统地展示了真武从最初的星宿神逐步发展成为战神、水神、防火神、生殖神、求子神、司命神、民间秘密组织的敬奉神等的大致路径。

此外，通过对历代真武系列图像的"跨图像比较"，本书认为，所有真武系列图像的排序都隐含着"走向神圣，人神感应"的宗教象征意义，既与"道士经过艰苦修炼，最后得道成仙，感应社会"这一最高理想相契合，又折射出中国人固有的"艰苦奋斗，报效社会"的理想追求模式。此论颇具见地。

本书将艺术史中的图像学、文献学和人类学相结合，综合运用，这种研

究方法是一种新尝试，是图像学研究方法的新探索，也是人类学研究图像的新探索。（曾勇、杨洁）

江南道教碑记资料集

《江南道教碑记资料集》，吴亚魁编。上海：上海辞书出版社，2007年12月第1版，32开，359千字，系"上海钦赐仰殿道观道教文化丛书"之一种。

吴亚魁简介详见《生命的追求：陈撄宁与近现代中国道教》提要。

本书由序言、后记以及正文部分的358篇碑记组成。在序言部分，编者着重说明本书"江南"概念，乃杂糅了自然、经济、文化、历史、心理等诸多意义的比较狭义的"江南"，即明清时期的苏州府、松江府、常州府、太仓州、杭州府、嘉兴府、湖州府等江南六府一州。如此界定，更多的是考量到了文化地理和宗教地理的意义。

本书材料丰富，客观平实。所辑录358通道教碑记，是较为系统、集中的区域道教碑记资料汇集，此资料均录自各种文献资料，皆有据可查。虽然囿于文献资料的限制，所辑录内容很有可能并非"全部"，但已经将大部分囊括在内，这是非常难能可贵的。在研究方法上，本书完全录自各种纸质文献资料，与其他同类型的道教碑记资料书如《道家金石略》有所不同的，没有多少出土道教石刻材料相印证。

本书编排顺序方式独特。其排序既非根据年代先后，也未按照地区或著者，而是以道观名称的汉语拼音字母为排列次序。这使同一道教宫观的碑记资料，可以前后连贯，相对集中，便于研习者参考查阅。

本书的一个最大价值在于它汇编了江南地区的碑记资料，改善了江南地区资料零散、搜之不易的现状，对集中研究江南道教有不小的参考价值，就推动和深化江南地方道教历史的研究而言，本书的编辑出版也确有其必要性和适切性，对于深化区域道教历史的研究实有积极的推动作用。

由于本书属文字资料汇编，没有实物图片作为参照，故难于考究这些文字在碑刻上的具体形象。不过著者也有注意到这些细节之处。例如，在第34号碑记，《元张与才重阳庵题字》当中，著者就有对文字的内容进行描述。"十方大重阳庵（正书二行，字径一尺）""吴山福地（正书，字径六寸）"等等，便于研究者对文字进行碑刻意义上的了解，而不仅仅是局限于文字本身。不过并非是每篇都有注明，这首先在于文献久远，要查明文献本身的准确性就非常的困难。其次，实物不存，一些篇章可能仅仅只有文字保存下来。所以，在能够注明的地方，编者还是非常用心地加以注明。对于这样人力不可为之事，我们无须过多指摘。（曾勇、罗涛）

山东道教碑刻集·青州昌乐卷

《山东道教碑刻集·青州昌乐卷》，赵卫东、庄明军编。济南：齐鲁书社，2010年11月第1版，精装，16开，533千字。

赵卫东简介详见《金元全真道教史论》提要。

庄明军，青州市博物馆文物管理科科长。

《山东道教碑刻集》辑录了山东境内现存与道教相关的碑碣、墓志、塔铭、摩崖、经幢、题记等，多以当前行政区划之县（市）为单元以成卷。本书乃《碑刻集》首卷之作。书后附目录索引（按年代先后对书中所涉及碑刻排顺，标明其书中页码；时代不明的26通，也陈列于末），最后是后记。

从此卷所录近200条碑刻资料看，其内容可谓相当广博。举凡殿宇楼阁、门庑钟磬的"重建""重修""新建""修建"，修醮建会，信众进香，众善题名，田产置买，修路造桥，禁伐祈雨，等等，罔不包罗在内，尤以兴宫筑观、修醮进香等道教活动常见。

本书体例严谨。是书繁体样式，现代标点，体例统一。每一碑刻，包括名称、简介、碑文等内容，部分碑刻附有拓片。碑刻名称为编者所加，其中包括立碑时间、碑文标题等信息；立碑时间不详者，则以碑文标题为名称；碑文无标题者，碑刻名称则由编者代拟。碑刻简介包括：碑刻现存地点，立碑时间，撰文、书丹、篆额者姓名，碑刻形制，正文、碑额的书体、字径，碑文主要内容，著录情况，现存状况，等等。其中，除碑额按碑刻原样照录外，其他皆以通行文字加以介绍。

本书资料客观，数据可靠。著者忠实照录碑文，对于碑文中的通假字、异体字、错别字等，皆不作攻动；对于碑文中残缺、破损和漫漶不清之字，以"□"代替；无法确知缺损字数之处，则以"上残""下残"或"……"代替；原碑行与行之间之区隔，则以"丨"标示。以此呈现原初面貌。本书有文必录，即使是繁冗的碑阴部分，也照录无误，确保碑刻数据的全面真实可靠。（曾勇）

楼观千古道刻

《楼观千古道刻》，刘兆英著。西安：陕西师范大学出版总社有限公司，2011年12月第1版，16开，100千字，系"大道楼观系列丛书"之一种。

刘兆英，1944年生，陕西商州人。自由文化人、学者。出版《元刻楼观道德经》《老子新释》等。

本书共分为七章和结语。第一章导言，简述了楼观的历史由来与楼观作为道教圣地的独特意义，说明了楼观石刻的历史价值与研究意义。第二至第七章，以时间为线索，分别介绍了不同朝代的石刻碑文。第二章"玄元皇帝远，大唐遗梦残"，介绍了唐代时期楼观台的五块石碑并附图。第三章"东坡曾游处，紫气长绵延"承接唐代，自楼观改名顺天兴国观牒始，共介绍了六块石刻并附图。第四章"祖庭换新貌，伯阳冕玉冠"介绍了楼观台发展的全盛时期元代的24块碑刻并附图。第五章"终南神仙地，空谷藏幽兰"，介绍明代20块石刻并附图。第六章"二曲传云霞，三教合一坛"，介绍了清代及民国时期的21块石刻并附图。第七章"青烟散尽时，大道运正醨"，记录了4块年代不详的石刻并附图，以及9块仅有记录而早已佚失的石刻。最后是结语，表明了著者从碑刻中体悟大道的切身感受，尤其是驻足于千年石刻之间，从中收获的心灵宁静。

本书以时间为序，介绍了楼观千百年来的各种石碑道刻。在著者眼中，石碑石刻并不是死物，而是会说话的石头，从中不仅能够追寻到历史，也能够触摸到大道。本书根据每块道刻资料的详实程度，介绍的内容也各有侧重。依道刻内容的重要性、书写者的知名度，所采取的篇幅也长短不一。更为可贵的是，这不仅仅是一本介绍性的书，每篇又可各自成线，发散开来，每篇都可以扩展开来成为新的内容。以第一章"欧阳询书宗圣观记碑"为例。在楼观台的现存碑刻中，这是最早的四通唐碑中最为著名的——立此碑的本义，是为纪念李渊改楼观为宗圣观，并亲自驾临。然而，立碑后两个月李渊对佛道态度大变，其中原委，尚不得而知。这一点又是可以从碑文本身发散开来的。除此之外，此碑乃著名书法家欧阳询唯一存世的隶书作品。诚如著者所言："这些会说话的石头见证了楼观台的辉煌与追求、巅峰与低谷，历史烟云的聚集与消散。"

本书最大的优点在于：资料详实，碑文的来龙去脉均有介绍。按照历史的演进，几乎包罗了所有的楼观道刻并附上碑文图，除了几块佚失的碑文，其他的碑文均有介绍。本书既说明了碑刻的演变，也再现了楼观本身的历史沧桑。

但本书也有不足之处。由于是一本介绍性的书，很多话题不能够深入展开，对有些石刻的介绍就不够充分。（曾勇、罗涛）

山东道教碑刻集·临朐卷

《山东道教碑刻集·临朐卷》，赵卫东、宫德杰编。济南：齐鲁书社，2011年7月第1版，精装，16开，466千字。

赵卫东简介详见《金元全真道教史论》提要。

本书也是赵卫东主编的《山东道教碑刻集》之一，与首卷《青州昌乐卷》保持同一体例。此《临朐卷》收录沂山94通碑，禅堂崮15通碑，黄龙山6通碑，海浮山、白龙洞各4通碑，安子峪、西峪村、孙家庄、纪山各3通碑，茹家庄、刘家营村、虎崖村、白塔村各2通碑，另外，玉皇庙村、蒋市店子村、盘阳村、吉寺埠村、龙王庙村、吴家辛兴村、下城隍村、太平崮、聚粮崮、西大河村、李家庄村各1通碑。后有附录二则，其一为方志资料，内容包括明嘉靖《临朐县志》、明王居易《东镇沂山志》、明傅国《昌国舲艎》、清康熙《临朐县志》、清光绪《临朐县志》《临朐县乡土志》、民国《临朐续志》等所录山川、祠庙、诏文、祭文、代祀记、神（感）应记、谒文游记等相关资料，其二为临朐未收录碑刻目录，凡17通。文后附目录索引——按年代先后对书中所涉及碑刻排顺，标明其书中页码；9通时代不明者，也陈列其后。书末是后记。

本书图文对照，信息详实。每一碑刻皆有详尽介绍，包括名称、简介、碑文等内容，部分碑刻附有拓片。碑刻简介包括：碑刻现存地点，立碑时间，撰文、书丹、篆额者姓名，碑刻形制，正文、碑额的书体、字径，碑文主要内容，著录情况，现存状况，等等。如此详实的信息，有助于增强对碑刻的深入了解。

本书分类明晰，方便检索。《临朐卷》一如既往，对收录碑刻依现存地点分类，每一地点按立碑时间先后排序，书后附有根据年代分类排序的目录索引，便于学者检索、参考和使用。

此卷素材颇具史料价值。书中收录资料大多通过田野考察得来，除少数碑刻以往有所著录外，绝大部分属首次公开发表。不仅较为忠实地保存了道教史料，亦为后续研习打下扎实基础。周立升教授在《山东道教碑刻集·序》中有言："每一次新材料的发现都会在学术界引发研究的热潮，推动学术研究的深入与发展。"诚如是，《山东道教碑刻集》日后将会凸显其学术价值，"必将给道教研究带来新的契机，使道教研究进入一个新的境界"。（曾勇）

道生万物：楚地道教文物特展

《道生万物：楚地道教文物特展》，湖北省博物馆编纂。北京：文物出版社，2012年3月第1版，16开，中英文对照，彩图插页。

本书是湖北省博物馆、湖南省博物馆、武当博物馆、武当山道教协会、丹江口市博物馆、十堰市博物馆共同举办的楚地道教文物特展之成果结晶。本书由祝辞、专文、正文、附录和后记等部分组成，其中，祝辞由原湖北省博物馆馆长包东波撰写；专文包括王纪潮《在神圣与世俗之间——兼论楚地道教文物》、曾攀《湖北省博物馆所藏腧穴针灸铜人初探》、张翔《先秦乐舞：一种宗教飞仪式程式——道教音乐之源初探》、韩继斌《武当道教造像艺术》等4篇论文；道生万物为是书的主体部分，除导论外，正文含两个单元：其一、原始道教，由"道教起源""老子与道教"两部分构成。其二、道教文化，含"神仙信仰""道教众神""仙山武当""道教科仪""道教修炼""道教信众"等6个分议题；附录部分由"道教节日"和"简明道教神谱"组成；书末是后记。其所谓"原始道教文物"，包括新石器时代至道教产生之前的文化遗物，"早期道教文物"是指东汉至南北朝时期的文化遗物。

本书从信仰的实质与道教的属性之间的关联方面提出了一些较为新颖的

观点。譬如说，信仰的实质是"人外力量"被人们以人的模式予以诉求；成仙的本质是永享现世快乐——体现了道教的世俗性；"道教的核心是尊道贵德，它以长生成仙为追求目标，以修炼丹药为修道途径，以符箓斋醮为拯救手段，这些都成为中国传统文化的组成部分，深刻地影响了中国的文化、思想与艺术"，这对人们从整体上把握与领会道教文化的特质是有益的。再比如说，《抱朴子》将玄学与道教神学、方术与金丹、儒学与仙学融为一体，为金丹派，为整个道教确立了神仙理论体系"，这一判断也是确实的，与葛洪生命哲学在道教神仙理论体系中的地位与影响是相符的。

本书言简意赅，通俗易懂。譬如对道教贡品的功用概述："香，用以通灵；花，携阳气照映十方；灯，照耀诸天地狱；水，荡涤阴魂，恢复真形；果，奉献诸天仙真。"此论较为平实，利于道教文化的普及与推广。

本书也有值得商榷之处。譬如将道教文化归于"小传统"，这与学界"儒道主干文化说"的共识相悖。其实，言及"小传统"，更多指向民间文化、非主流文化，但这些与道教文化的实情不符。另外，对金丹派南宗及其人物的介绍也有不足——第136页之金丹派简表，缺少金丹派南宗，或曰南宗道教；对其实际创派人白玉蟾（被誉为南宗第五祖）之定位亦失当——只在民间神灵中提及，称其为"马神青蛙神"，这与道教史上的紫清真人的真实地位与文化影响相去甚远。（曾勇）

广州府道教庙宇碑刻集释

《广州府道教庙宇碑刻集释》，黎志添、李静编著。北京：中华书局，2013年8月第1版，2册，精装，16开。另有香港：三联书店有限公司，2013年11月版，16开。

黎志添简介详见《广东地方道教研究——道观、道士及科仪》提要。

李静，文学博士，发表《广东道教碑刻中的经济史料（水利篇）》《〈上清洞真智慧观身大戒文〉产生年代新议》《〈许长史旧馆坛碑〉略考》等论文。

本书以清阮元主修的道光《广东通志》的广州府地理范围为准，搜集了从宋、明而迄清末，在辖区（包括南海县、番禺县、顺德县、东莞县、从化县、增城县、新会县、香山县、三水县、新宁县、清远县、新安县、花县等）

13个县境内121座道教庙宇的282通与道教活动有关的碑刻文献。其中的104通，是著者通过实地访查48座道教庙宇而抄录获得，从未公布者，占本书收录碑文总数的37%；其余的文献则是从《道藏》及不同时期的各种金石志、地方志、文集等原始文献中辑录而得。

本书先有绪论、凡例、致谢，而后是录文集释，末有附表、参考书目、名词索引、图版。

本书辑录工作包括以下内容：一、一律注明所收录的每通碑刻的碑文来源、庙宇存址，以及碑刻文献的碑额、撰碑人、书丹人、篆额人、立石人等信息；二、对全部121座道教庙宇的历史演变逐一研究，并在对应碑文之前加上"庙宇介绍"，简介其历史沿革、神坛和神像布置，以及与道教传统相关信息；三、对碑文进行了标点、校勘和注释，注释涵盖典故、名物、历史、乡村社会和祭祀生活等；四、编了8个附表和1个名词索引，附表分列出依碑刻年份排序、碑题笔划编排、撰碑者笔划编排、碑刻总序号的四种碑刻目录，以及庙宇名称、现存庙宇位置、现存碑刻等；五、收录了包含地图、庙图、碑图三方面的190幅左右的彩图。本书是一部有关广东道教历史的道教碑刻文献汇集及其考释的著作，对研究广东乃至全国的道教历史具有非凡意义。

本书出版，引起学术界较大关注。复旦大学中文系陈尚君教授认为，本书"是一部工程巨大且具有很高史料价值的基本文献校释著作"，"从本书可以见到道教信仰在地方社会的强大生命力"；四川大学中文系周裕锴教授认为，本书"汇集广州地区宋元明清道教庙宇碑刻文献于一炉，不仅收罗宏富，体例合理，而且考释详实，校勘审慎"，且"一编在手，则数百年来广州道教发展之历程，焕然在目"；中山大学历史系王承文教授认为，本书出版"将为相关研究提供重要参照，亦将使广州道教的研究在一种更高的基础上继续推进"。（曾勇、庄泽枫）

第四辑

道家与道教思想研究

（一）道家思想研究

1.道家思想综论

道家哲学系统探微

《道家哲学系统探微》，黄公伟著。台北：新文丰出版公司，1981年8月版。

黄公伟（1908—1989），本名士学，号毅民，晚称东雨轩主，河北定县人。历任政治大学、台湾大学哲学教授，一生讲学不辍，著作等身。

本书是其有关道家哲学系统探微见体之作，遍参诸书注疏予以校正引要，历时四载始定稿。本书出于系统性、研究性与批判性立场着眼，以求彻底认识道家哲学独具之性格，经由儒释道之参照比较梳理，知道家之所宗终不混于儒佛，所会之元亦有异于儒佛，乃彰显道家奥秘玄微之本真实情。

本书除前言、凡例外，大分3篇：上篇本源论、中篇老子哲学及下篇发展篇。

上篇本源论再分两篇：第一篇"导言"分两章，各述道的概念与由来、道家哲学的本源与特色；第二篇"道家哲学与管子"分3章，各论道家的起源与管子哲学、管子哲学的形上学、管子与儒道法家的关系。

中篇老子哲学承上编号亦分两篇：第三篇"老子哲学序论"下分3章，各述道祖老子传记与著述概观、《道德经》的注释流传与老子说序录；第四篇"老子哲学系统探微"下列7章，各就老子逻辑观念与知识论、老子哲学的形上学、老子超现象的人生论、老子的觉醒哲学与抗议思想、老子的神道观与归宿论、老子学说的影响演化、老子考据之消融等主题阐发老子的哲学思想系统。

下篇发展篇依序再分4篇：第五篇"杨朱与列子哲学新探"下有两章分述杨朱学说之新理路、列子哲学思想新探；第六、七篇扣紧庄子哲学而展开论述：第六篇"庄子哲学系统探微序录"下分两章，各述庄子传记与著述及其注疏与流传；第七篇"庄子哲学系统探微"共分4章，就庄子的形上学与认识论、庄子出世的现象论、庄子超现象的道德哲学、庄子的神道观与归宿论等主题深论庄子哲学；第八篇"原始道家与庄子讲评"为本书之结论部分，分为3章，先就清代学者对庄子哲学的评议做出回应，再来对原始道家哲学作总体之回顾，最后予以总结论。

本书对道家诸子学说予以系统性之架构论列，以序录、传记、正文、结论讲评、考据等为先后次序。其正文部分依西方哲学之逻辑系统，分思想方法、知识论、形上学、道德哲学、政治哲学、人生哲学等面相展示道家思想。此虽有参照对比、促进理解之益，然以道家思想套入西方哲学架构之中，犹难免削足适履之憾。如著者以"唯神论"本体观为道家哲学之显著特色即是其中鲜明之一例。

本书以"道家哲学系统探微"为名，然其中内容仅涉及管老庄列杨朱等先秦原始道家思想，未及之后的历史流变，故改称"原始道家哲学系统探微"似更能彰显著书旨义。（刘见成）

道家思想与西方哲学

《道家思想与西方哲学》，杨汝舟著。台北："中央文物供应社"，1983年5月版，平装、精装，系"中华文化丛书"之一种。

杨汝舟，1925年生，四川巴中人。美国太平洋大学哲学博士。曾任台湾"中央警官学校"与淡江大学教授。台湾地区老庄学会创办人、理事长，道教研究所副所长。著述颇丰，计有《新道家》《太极道》《道家的起源及其发展》等。

本书属"中华文化丛书"之哲学类，其撰写旨趣在以中华思想与西方哲学作比较研究，益见中华哲学之精神特质所在。道家思想与西方哲学均广大浩瀚，有其同、有其似，亦有其异，如何作比较研究，乃一艰巨工作。著者不作个别哲学家或个别思想之琐碎比较，而采全程、整体之系统性研究，以早期道家思想、后继道家思想、道教思想三项与西方作一概略之比较。故本书虽名《道教思想与西方哲学》，然其要旨仍在于道家思想特质之展现与发扬。

本书分8章：第一章绪论，概述道家思想之起源、特性及其历史发展与影响。第二章下分3节以述老子思想之道义。第三章下分8节详论列子神秘思想之意旨。第四章下分8节阐发庄子自然思想之归趋。第五章列14节展示尹文、淮南政治思想之目的。第六章下分7节论述魏晋以降后继道家思想之倾向。第七章分5节解析道教思想之文化渊源与历史脉络。最后第八章为道家思想与西方哲学之比较研究，下有3节分别就"早期道家思想与西方形上哲学之比较""后继道家思想与西方自然哲学之比较"与"道教思想与西方神秘哲学之比较"做出研究。

著者深感人类道德早因西方科技之狂潮而堕坠，人类心灵亦因势利追逐之伤害而觉醒，人类前途实有待哲学思想正确方向之指引，其道家思想与西方哲学比较研究之意正在于此，斯可敬可佩也。（刘见成）

道家智慧与现代文明

《道家智慧与现代文明》，张起钧著。台北：台北商务印书馆，1984年10月初版。

张起钧（1916—1986），湖北枝江人。曾任重庆军需学校教官、湖北省立工学院训导长、国立湖北师范学院教授、台中师范学院训导主任、台湾师范大学国文系教授等。著有《老子哲学》《老子研究》《文化与哲学》等，并与学生吴怡合著《中国哲学史话》一书。

本书扉页题为"老子十三篇"，收录篇章为作者陆续撰写的13篇有关老子、道家的研究论文。这13篇可分为三部分，第一部分包括《道家智慧与现代文明》《西方文化与道家哲学》《蒲克明的老子译本》《老子道德经的英文译本及其翻译的途径》等四篇，旨在说明西方物质文明大量发展之下，可以透过老子思想及道家智慧补其不足之处，并对蒲克明（R.B.Blakney）对《老子》翻译的诠解及1868年至1967年间英译《老子》的明细、译者国籍、出版地、依据版本、翻译体裁、思想内涵、翻译行文、遭遇问题加以说明，进而提出翻译中文古籍为外文版本的理想途径；第二部分包括《老子哲学简释》《"无"的系统说明》《道家的特征》《道家思想的源流》《老子的影响》《儒道两家无为观念的异同及其对政治的影响》等六篇，主要对道家思想进行介绍与论述，认为道家具备自然主义、退化史观、消散政术、恬淡人生等特征，其源流则与儒家同样来自上古圣王、贤臣的智慧，汉民族的智慧建立在儒、道双行之上，而老子的影响更遍及魏晋玄学、历代政治、人民风尚、文学风格乃至道教、方技等，进而申说儒、道二家"无为"观念有别于政治实际运用的儒道调和；第三部分皆由英文撰写，分别为"The Monism of Taoism"，"On Wu–A Systematic Explanation of Lao–tze's Metaphysics"与"Book Review：The Parting of the Way–Holmes Welch"等三篇，其中，第二篇即前文《"无"的系统说明》之英文原稿。

综观全书，著者透过会通中外的视角，对欧美诸国介绍老子思想的特色与长处，提出可对西方社会带来正面的影响，就道家文化传播而言，具有高度的学术价值，是一本值得再三阅读的道家研究著作。（李建德）

道家教育的现代诠释

《道家教育的现代诠释》，杨启亮著。武汉：湖北教育出版社，1996年11月第1版，32开，216千字，系"中国教育的传统与变革丛书"之一种。

杨启亮，1949年生，山东青岛人。1981获曲阜师范大学教育学硕士学位，现为南京师范大学教育科学学院教授、博士生导师。主要研究领域：课程与教学论的基础理论、传统教学精神之现代意义以及儒学人本主义、道家自然主义、墨学逻辑理性等。已发表学术论文70余篇，代表著作《困惑与抉择：20世纪的新教学论》。

本书主体内容包括：引论：潜隐的道家教育思想；道家思想的渊源与流变；道家思想中的"道"与教育目的论；道家思想中的"自然"与教育知识观；道家思想的"无为"与教育中的伦理观；道家教育的过程论与方法论思想；自然养生：道家体育思想辨析；大智若愚：道家智育思想辨析；上德若谷：道家德育思想辨析；大音希声：道家美育思想辨析。

本书的新观点及特色，主要如下：

其一，本书首先对道家教育思想的核心要旨做出颇为独特的阐释，指出道家教育的根本特色在于隐而不显、潜而不露，相对于占主导地位的中国传教育思想是一种具有互补功能的显隐关系，即儒显道隐。道家教育的思想体系是中国传统教育的潜教育或隐蔽教育的集大成者。

其二，道家教育思想主要蕴含于道家的基本理论（或称主要精神）之中。

具体而言，即以"道"为核心，拓展出天道自然论和人道无为论；由此又以崇尚自然为宗源，拓展出返朴归真、脱俗超越、柔静宽容的道家精神。

其三，道家教育把人的生命置于自然大背景下，让其自然天放地挥洒情意、激扬智慧、自由发展，具有宏观大智慧的特征。在道家教育和教学方法问题上，采取了逆向思维、批判否定的"消极"形式讨论显性教育；并试图把修养、认识、生命过程纳入自然法则，超越"人为"的约束，把教育和教学方法的重心转移到受教育者主体自身，超越"教"的约束。

其四，道家教育的核心在自然养生论，所谓"生"，即身心统一、形神统一；而"身心统一"之"心"，又可以具体化为道家自然主义的真、善、美。从教育的角度而言，即是所谓道家体育思想、智育思想、德育思想和美育思想。

其五，道家教育思想的现代诠释与东西方非理性教育传统之间的相互诠释。著者在进行道家教育思想的现代诠释之时，重视跨文化的思想对比。如"道家思想中的'道'与教育目的论"中论及庄子人生哲学中"消极悲观"层面时，就与20世纪所谓"西方人精神困惑的镜子"存在主义思想、罗马俱乐部的环球意识作类比，揭示了20世纪西方文明人遭遇的精神困惑，以及由此产生的悲观消极思潮的根源，竟与庄子颇为类似。（何振中）

道家哲学

《道家哲学》，公木、邵汉明著。长春：长春出版社，2007年1月第1版，16开，350千字。本书原名《道家哲学智慧》，长春：吉林人民出版社，1997年3月第1版，32开，260千字，系"当代中国学人文库"之一种。

公木（1910—1998），原名张永年，字松如，河北辛集人。我国著名诗人、学者、教育家。

邵汉明，1959年生，安徽绩溪人，曾用名邵汉民，笔名史野、丁一、丁然等。曾任吉林省社会科学院院长等职。

本书除张岱年序、后记、再版补记外，主体内容包括八章正文与附录一章，即绪论、道家的政治哲学、道家的自然哲学、道家的认识哲学、道家的人生哲学、道家的道德哲学、道家的养生哲学、道家的艺术哲学、杨朱的为我哲学，附录"道学研究的回顾与总结"。

本书的主要观点与创见如下：一、认为老庄政治哲学是基于他们对自然与世界的深刻而独到的认识和把握而提出和推演出来的，其核心在于"无为而治"。二、探讨了道家的形而上学思想，即道家的本体论和宇宙生成论。三、就认识意义而言，道家哲学具有反智的倾向，排斥感性认识和理性认识的倾向；注重为道，并摒弃概念的分析；认为是非无定准，主张齐是非；对语言、人类认知的局限性有着较为深入的揭示和探讨。四、认为道家哲学的核心在于其人生哲学，它对人生意义、人生价值、人生理想、人生境界等探索和理解体现了其深湛的人生哲理。五、认为与儒家一样，道家主张天人合一，其道德哲学与儒家的认识有着鲜明的差异，其主要体现在儒家的道德哲学着眼于建设，即对传统道德的肯定、损益和发挥，而道家的道德哲学则立足于破坏，即对传统道德的批评、否定和扬弃，立足于对超道德的向往和追求。六、指出道家养生学是中国古代养生学的核心，认为道家养生学与道教养生学都主张养性修命关系密切，主要包括养性、养气、主静、制欲等方面。七、认为道教艺术哲学的核心在于探索与追求活泼泼的自然本性、自由个性、宇宙生命，实际上将自我从现实世界的拘泥中超脱出来，使人的精神不断向上提升，以与宇宙精神相契合，然后从宇宙的整体高度上来感悟、洞悉人的现实存在。八、考释了杨朱个人生平、思想，并对其为我哲学、历史地位及其绝灭的原因等诸问题做出了合乎实际的分析与评价。九、对20世纪90年代道学研究作了回顾与总结，并对新世纪中道学研究中某些需要特别关注的问题提出了自己看法。

本书1997年出版后，在学界同仁中曾产生一定的反响。如张岱年在《序》中称"这是一本颇具新意和理论深度的全面论述道家学说的新著"；哲学史家郭齐勇说，该书"把以老庄为代表的道家哲学智慧刻画、勾勒出来，其论述的全面性自不必细言，而论述的深刻性尤让人回味赞赏"（《中国社会科学》1998年第3期）；易学家吕绍纲说："此书不见时髦话语，只有老老实实的分析，不刻意求新，而满书新意盎然，让人读了感到舒服、亲切。""《道家哲学智慧》一书是两位著者关于老庄研究的一贯思想的发展，比他们以往的论著更为深刻、系统、圆融、成熟，也更多新见。讲的是古代道家哲学智慧，却也反映著者当代的哲学智慧。"（《人民日报》1997年6月7日）（何振中）

道家思想的历史转折

《道家思想的历史转折》，何建明著。武汉：华中师范大学出版社，1997年12月第1版，32开，410千字，系"桂苑书丛"之一种。

何建明简介详见《隋唐道家与道教》提要。

本书主体内容含上、中、下三编十章，上编"重玄思辨走向现实关怀"，分三章论述；中编"外丹炼气术走向内丹学"，分三章论述；下编"道本儒末走向儒最尊"，分四章论述。又包括萧萐父序、绪论、结束语、著者后记、章开沅"审读报告"。

本书立论的突出特点，即是在道家思想在历时性展开与共时性存在结合之中考察道家思想的内在结构，由此揭示出唐代道家思想的逻辑结构，主要包含着哲学思辨、政治关怀、修炼养生之道三个主要层面。可以进一步说，中国道家思想的历史发展，也主要是这三个层面的历时性展开与深化，主要剖析了唐代道家和道教在哲学思辨、心性修养、养生学和社会政治关怀等方面的独特贡献及其在中国后期宗法社会思想文化传统形成中的特殊地位。

其次，注重史论结合的方法，即将道家思想置于当时的政治制度、社会经济、民族关系和思想文化条件下，以及与儒学、佛学之间的交融过程中，探讨其历史转折性特征。如唐代前期道家重玄学吸收了佛学双遣双非思维方式，比较专注于哲学思辨；中后唐时期，由于社会政治问题迫使重玄思辨转向重玄哲学，思考重心在于"理身理国"。

再次，在学术继承上也有着鲜明特色，即不但能汲取前辈学者的思想方法，还能够在他们的研究基础上有所创新。如王明关于西汉至三国"老学之三变"的观点，使得著者领悟到中国道家思想大体上可以看作"哲学思辨、现实关怀和修炼养生"三个逻辑层面的共时性与历时性的展开。又如，柳存仁曾对唐玄宗自行改易《道德经》的文字问题多有专门研究，但他并没有注意到唐玄宗将"清静为天下正"改为"清净为天下正"的重要性。本书则揭示出唐玄宗一字之改实际上反映了唐玄宗力图调和佛道观念，是玄宗自觉地融合了佛教和道教思想的结果。"清静"和"清净"之间是一而二、二而一的关系，这既说明了"道性"的不同特征，又说明了"道性"不同特征之间的共同性；既符合原始道家道教的"清静"之言，又符合佛教的"清净"之言。

萧萐父在序中指出："本书对唐代道家和道教的理论发展的研究，有所突破，具有补白、拓新的意义。"（何振中）

道家与道术——和风堂文集续编

《道家与道术——和风堂文集续编》，[澳大利亚]柳存仁著。上海：上海古籍出版社，1999年12月第1版，32开，282千字，系"中华学术丛书"之一种。

柳存仁简介详见《道教史探源》提要。

本书系论文集，共收录著者自序及论文16篇，书名《道家与道术》得名于此书专论道家的一篇，由于著者前两部文集皆以"和风堂"为名，故又有副标题《和风堂文集续编》。

本书的主要特色如下：首先，娴熟的语言应用艺术，即能使用轻松的笔触、简洁平易的语言，深入浅出地阐述个人深思熟虑的见解。例如，著者运用浅易的语言，十分明确地揭示了"道"与"道术"的深刻内涵及相互间密切关系，指出："用我们现代人的话来说，道是一种思想、见解、主张的原理，是理论。要是讲的完全是玄渺的、空虚的话，它就只可以说是道，没有什么术可言。因为术是方法，它是帮助把理论付之实施的具体的步骤。"又，"道和术，几乎是离不开的，就这个意义上来说，术几乎成了道的一部分。那个广义的道是一个有两方面的具体物（entity），一底一面，具体的术都是可以实行的。""狭义的道家，指的是先秦思想家里特别以一种独特的主张为他们的道术的人们，这种道术，不是一言能尽的。归在这名下的，他们就是我们常说的黄、老或老、庄这些人。"

其次，妙论横生，见解独到。如著者说，最早的圣人还不是像《老子》第30章说的"以道佐人主者"的那种人，而指的正是君主自己；有时候文字上清楚地点出君主和圣人指的不是一个人，圣人大概是君主的最大辅弼，有时候也叫作"相"。这样的圣人，伊（尹）、吕（望）以下管仲也是个合适的大人物，墨子在他的学生眼里看来也是圣人。

再次，重视《管子》的研究。著者认为管子作为中国文化史上的著名人物，其思想对后世影响巨大，需要做深入研究，甚至提出《老子》的部分内容就源于《管子》的观点。

李素平在《老不糊涂，仙风道骨——读柳存仁的〈道家与道术——和风堂文集续编〉》一文中，盛赞柳深得道家仙术之妙旨，年至耄耋之年仍然保持着聪慧睿智，其传道授业深得心法，有孔子"述而不作"之遗风。（何振中）

道家形而上学

《道家形而上学》，王中江著。上海：上海文化出版社，2001年11月第1版，32开，207千字，系"道家文化研究丛书"之一种。

王中江，1957年生，河南汝州人。1986至1989年师从张岱年攻读博士学位，曾任河南省社会科学院研究员、哲学研究所所长，中国社会科学院历史研究所研究员，现为北京大学哲学系教授、博士生导师，主要研究先秦哲学、道家哲学、儒家哲学、近现代哲学。已在《中国社会科学》等期刊发表论文70余篇，著有《严复与福泽谕吉——中日启蒙思想比较》《理性与浪漫：金岳霖的生活及其哲学》等。

本书除后记外，内容包括"导论：道家与形而上学"与主体10章，即道家形而上学的诞生及推演；道家对本体与语言关系的领悟；道家形而上学方法；"道"的历程；"有无之辩"；释"德"；"自然""无为"范式和理想；"天""命"与"人"；"化"观念及其历史拓展；生死关怀。

本书阐明了以下几个方面的主要观点。其一，著者通过对整个中国形而上学历程的考察，阐明了道家形而上学作为主线与核心的地位。其主要经典《老子》《庄子》和《周易》，对汉代宇宙论、魏晋玄学、道教形而上学、宋明理学，乃至近代中西形而上学的融合都起了重要作用。其二，认为中国哲学形而上学与道家形而上学有着相同的特质，可从五个方面作深入探讨：1.本体论（或存在论）与宇宙生成论没有截然分明的界限；2.在本体与现象、体与用、本根与万物的关系上，主张统属和统一，而不以真实和虚妄关系视之；3.在天与人、自然和社会的关系上，主张统一和连续，反对相分和对立，由此所提出的宇宙论与伦理学、自然观和社会观也就具有了密切的联系；4.中国形而上学注重变化，把宇宙中的事物看成是气的不断的循环不息的过程；5.在形而上学方法上，注重直觉和体认，而主要不是逻辑分析和理性推演。其三，著者通过对"形而上"概念的界定，选择了"天""帝""天命"至"天道""人道"，又至于"道"的观念演变探讨了道家形而上学的发生、演变过程。其四，著者通过征引中外名家关于语言哲学的思想，探讨了道家形而上学中"名""意"与"道"（本体）的关系；实际上阐明了道家形而上学的研究方法问题，强调了否定性方式或间接方式在言"说""不可说"之"道"（本体）时的重要作用。其五，归纳了通达"道"的主要方法，即虚心静观、体验或体认以及直觉的方法。其六，基于前述关于道家形而上学渊源、概念、特性、研究方法以及认知的基础上，著者对道德、有无、天人、自然无为、生死、"化"等道家形而上学的主要问题和观念进行了系统的探讨和阐释。（何振中）

中国道家新论

《中国道家新论》，陈广忠著。合肥：黄山书社，2001年11月第1版，32开，500千字。

陈广忠简介详见《淮南子》提要。

本书系著者对中国道家典籍及出土文献研究的主要成果，包括37篇系列专题论文，按以下7个专题研究方向分为7章，即：早期道家、老子散论、竹简本与今本《文子》研究、《列子》非伪书考、《庄子》杂论、《淮南子》研究、两汉道家研究。

著者的深入研究及独特见解，主要包括十个方面：其一，依据史籍、方志及后人的相关载述，对老、庄的里籍进行了再考证。其二，给帛书《老子》、郭店《老子》作了韵读，对简、帛《老子》用韵进行了对比研究，提出两书同出于老子之手，而非出自太史儋的新观点。其三，通过对《列子》张湛注的考释、对唐代以来的三个辨伪案例的剖析以及对书中70余条古词语的训释，认为《列子》非伪书。其四，通过对竹简本《文子》的用词训释、对今本《文子》载述的各类用语、道家术语等方面内容与同时代典籍所载进行了对比研究，提出：文子为楚平王时代人，竹简本《文子》当出自战国，今本《文子》除了保留少量旧文之外，大部分为后人增补、抄袭之作。其五，通过对马王堆帛书《老子》甲、乙本及其他黄老帛书的对比研究，认为：河上公当为战国末至西汉文景时代人，其《章句》也是文景时代作品，而将其定在西汉末期或东汉之时，是缺乏实证依据的。其六，对汉代刘安、扬雄、张衡等著述中的科技思想进行了一次梳理。其七，根据《黄帝内经》部分章节的用语的时代特点，从与《淮南子》《史记》《老子》的关系、纪年法的使用、语言特色及宇宙模式等不同角度进行了深度考析，提出本书可能为汉初黄老学派的作品。其八，淮南王刘安之死当为冤案，淮南王为先秦《楚辞》的第一个研究和整理者，而最早的《楚辞》辑本并非出自刘向。其九，对两汉道家的哲学思想及其演变、承袭关系作了明确的阐释，揭示了其内在联系。其十，对汉初墨学的式微及其与黄老学派的关系进行了探讨。（何振中）

道论

《道论》，［韩国］李顺连著。武汉：华中师范大学出版社，2003年1月第1版，32开，233千字，系"道家道教文化研究书系"之一种。

李顺连，1959年生，华中师范大学中国近代史研究所、韩国研究中心研究员，主要从事中国传统哲学研究。

本书除总序、前言外，主要内容包括五章，即：道家之道（老子之道、庄子之道、《淮南子》之道、玄学之道）、儒家之道（孔子之道、《周易》之道、中庸之道、道学之道）、中国佛教之道（平常心是道［禅宗］、中道）、基督教之道和道的总论。

著者认为老子的"道"具有无限性、超越性、自然性和普适性，摆脱了感性色彩，上升为最高的哲学概念，建立起以"道论"为基石的形而上学的哲学，中国哲学从此具有了独立的理论形态。由此，展开了对道家、儒家、佛家之道的论析，并与西方基督文化进行了跨文化"道"的沟通。其论点主要如下：

首先，认为老子之后，庄子之道特色在于突出大道的内在性和整体性，即绝对性、永恒性、超越性、普遍性、无差别性和无目的性，将道视为物我两忘的人生最高境界，为道家的修身论揭示了一个重要方向。《淮南子·原道训》系统阐述了大道的普遍性、超验性、生化性，在宇宙发生论和本体论上大有发挥。魏晋玄学兼综儒道，王弼创本体论，郭象创境界说。

其次，儒家创始人孔子追求的最高真理是"道"，其为学的层次是道、德、仁、艺。但孔子之道乃大道之形下发用也，重实用而不离无为道体。《易传》把"道"作为自然的根本规律或宇宙真理，说"形而上者谓之道，形而下者谓之器"。儒家的中庸思想与道家的超越思想与《易传》的循环思想是一脉相承的，在中庸或中道观里，其"中"的意旨，不过是在思维运动中达到消融起点和终点，或者说，这个"中"既是起点，又是终点。宋明理学，又称道学，其重心不在于宇宙论而在价值论，即在做人之道。

再次，中国人应用老庄道论的本体之学与直觉思维方式，去接引印度佛教，与之融合，再进而与儒学相融，形成中国佛教哲学，即所谓佛家之道。禅宗所推崇的是一种生活之道，即不仅把人对于禅的精神观念上的追求作为禅的内容，更重要的是把人的日常生活实践都当作是禅道的内容，所谓"平常心是道"便是证明。天台宗智顗以中道来说明生死根本之义的观想方法，并依据中观论把世俗和出世道理结合的观想方法，要佛教在苦、集、灭、道，即生死轮回与涅槃、世间与出世间之间不要执著，采取中道，以达到"中道清净，独拔而出生死、涅槃之表"。

又次，中国文化与基督教文化可以在"人伦—天伦之道"上进行沟通。基督教认为人是上帝按照他自己的形象创造的，所以人之所以能成为人，有生命、灵性和爱，原是上天所赐，且所赐的正是上帝自己的形象、生命、灵性和爱。人之为人在于人的心中已有天即上帝和基督以及他们的爱在里面。同样，中国人在其文明之初，就以"察于人伦"的方式，体认了这个道理。而且，如果同突出"自由"的西方文明相比，应该承认，注重人伦之道的中国文化倒是更接近于上述基督之道的。（何振中）

道家易学建构

《道家易学建构》，陈鼓应著。台北：台北商务印书馆，2003年7月版。另有北京：商务印书馆，2010年3月增订版，32开，系"道家研究书系"之一种，增补附录两篇：《三玄四典的学脉关系——论三玄思想的内在联系之一》《老、庄及〈易传〉的重要哲学议题——论三玄思想的内在联系之二》；北京：中华书局，2015年10月版，32开，160千字，系"陈鼓应著作集"之一种。

陈鼓应简介详见《老子今注今译及评介》提要。

著者谓其前作《易传与道家思想》（1994年）与本书乃为建立道家易学的姊妹作。二书的问世，可破除《周易》经传专属儒家经典的神话。前者就《易传》各传主要内容，逐篇论证其主体思想属道家学派；本书则从阴阳学说、道论（如道器说、太极说）及对待与流行等思想观念，包括辩证思维方式与动静观、变异观各方面，重构道家易学。而本书的完成，也是著者对易学哲学研究的句点。

《易》本是殷周之际的占筮之书，自西周到春秋战国期间，逐渐由哲理化而哲学化，其哲理化是春秋以降解《易》学者们的成果，其哲学化则是受到了老庄及稷下道家思想的洗礼。先秦易、道的相互汇通，可谓经历过两大阶段，其初是老子的引易入道，其后则是《易传》的引道入易。本书首篇之作《先秦道家易学发微》一文，便是着重论证《周易》之哲学化，其主体思想属于道家内容，同时从道家的角度来建构先秦道家易学。

《道家老学与〈周易〉经传思想脉络诠释》一文，乃揭示道家思想在《周易》经传哲学化过程所起的中介作用，从《周易》辩证思维的未显题化到显题化，可谓是透过老子道家而完成的。对先秦道家易学的建构，可说是著者个人的诠释与重构，而由《易经》经《老子》到《易传》这一思想脉络的厘清工作，是建立道家易学的重要步骤。

著者指出，《易传》的占筮语言乃直接继承古经象数而立说，其哲学语言则是深受百家争鸣以来诸子思潮的激荡所致。著者将《周易》经、传与先秦《论》《孟》等儒家经典对比观察，认为《易传》的抽象哲学思维方式与儒书实不能相衔接。若将之与道家著作联系考察，《易经》—《老子》—《易传》的发展脉络则历历可循，可见《易传》之辩证思维、自然观与宇宙观主要渊源于道家。

从哲学史或易学哲学的观点来看，王弼对易学的诠释，才是道家易学的成熟与完成，王弼道家易学中体用本末的重要思路也被宋明义理派所直接继承。著者也因此以《王弼道家易学诠释》一文作为本书末篇之作。（林翠凤）

道家形而上学研究

　　《道家形而上学研究》，郑开著。北京：宗教文化出版社，2003年10月第1版，32开，250千字。另有北京：中国人民大学出版社，2018年5月增订版，16开，455千字，系"当代中国人文大系"之一种。

　　郑开简介详见《南华真经今译》提要。

　　本书主体内容包括五章：导论——从物理学到形而上学、知识论语境中的形上而学问题、道德形而上学、审美形而上学、境界形而上学。著者在道家形而上学研究思路、方法方面有着自己的特色，主要包括如下几个方面：

　　第一，在研究思路上，著者乃是基于道家形而上学独特性，即某种诉诸内在体验和实践智慧的境界哲学认识的把握，进而采用诸如，知识语境、道德形而上学和审美形而上学这样比较边缘的概念，而并未沿着通常的知识论、伦理学和美学的"方便法门"来阐释道家的形而上学。

　　第二，在内容表述方面，采用了比较的方式，特别注重古希腊哲学与先秦道家哲学的比较，并进一步使得道家与儒佛以及西方哲学进行某种程度的对话或会通。例如"形而上学"（metaphysics）一词即具有典型古希腊的背景与意义，古希腊的形而上学是与早期自然哲学（物理学）相对立而言的；而道家形而上学亦包含着扬弃物理学（自然哲学）的旨趣，也是本书首先从物理学入手探讨形而上学的原因。

　　第三，本书还借用伽达默尔阐释学的"实践智慧"范畴，肯定道家精神修养中包含的"实践智慧"，强调"实践智慧"对具体实践活动的指导和安排作用，认为它是一种使各种具体活动"各得其宜"的智慧。

　　第四，力求完美的治学态度。后记中著者写道，"在写作的时候常常想起《庄子》里的浑沌故事，'七窍凿而浑沌死'毋宁说是一种警示：当我们以凿破浑沌的方式阐释古代思想之际，也许正是失落它们的真谛之时"。因而，不得不求助于石涛所说"于混沌中放出光明"聊以自慰。这是一种值得倡导的求实的精神。（何振中）

道家哲学之研究：
比较与环境哲学视界中的道家

《道家哲学之研究：比较与环境哲学视界中的道家》，谢扬举著。西安：陕西人民出版社，2004年3月第1版，32开，282千字。

谢扬举，1965年生，安徽无为人。曾师从著名道家学者孙以楷，现为西北大学教授、博士生导师，西北大学中国思想文化研究所副所长、环境哲学与比较哲学研究中心主任。主要从事道家道教哲学、西方哲学史和当代环境哲学的教学、科研工作。专著有《老庄道家与环境哲学会通研究》等。

本书除了书末自序"多余的话"外，主体内容包括三篇。第一篇"先秦道家源流"，首先对道家及前道家思想进行了追溯，进而阐述了道家学术开创人老子及其思想源头；战国时期，道家衍化各有其独立思想的不同学派。本章分前期、中期、末期介绍十家道家学派及其思想，并对其对中国哲学发生的影响做了简要概括。

第二篇"老子思想的继承和哲学的创新"，首先认为老子思维源于先王之道（先王之礼），与礼文明思维具有家族相似性；其次，认为老子自身就是一位礼学家，对士的修养高度重视；再次，老子的政治思想是与古礼相通的，他注重的是古礼所蕴涵的清净无为、质朴的方面，主张治国以道，无为而治；又次，通过对所谓老子第三宝即"不敢为天下先"的古代"敬"的人文精神，揭示出其对礼文明的继承；复次，阐明老子的哲学创新在于创立了"道论"即由许多范畴、命题组成的哲学系统，在中国哲学史上是首创的；老子的实践哲学体现了"道法自然"的伦理原则与政治理想，对现代社会建立生态伦理、合理社会具有重要的启示作用。

第三篇"庄子哲学"，著者提出"怀疑方法"是庄子哲学的逻辑起点和基本原理；"两行"原则是庄子整体主义道论的逻辑形成规则；庄子的逍遥游超越人的生存层面，是达到道、宇宙层面的自由，与西方文化的"自由"有着不同完全的内涵。还探讨了庄子与孔门幸福观的差异；庄子对孔学社会人际心理逻辑的反思；庄子哲学与当代环境哲学等问题。

本书的特色有二：其一，运用比较的方式确立道家哲学思想，即主要通过比较老庄的哲学观念与上古时代礼文明、儒家等观念的异同，并做评价，甚至还广征西方哲学家的对相关观念的认知进行横向对比，从而达到阐明道家哲学的独特性及其价值。

其二，对道家和环境哲学的会通研究。中国道家哲学和在西方兴起的环境哲学的关系问题，是近年来国际学术前沿的热点问题。这一研究有助于进一步明确道家的范畴定位和道家在现时代的发展定向；有助于加深对道家哲学自身概念、性质、方法的认识；有利于中西思想对话和人类共同智慧的转型；有利于道家的现代化和走向世界；有利于人类可持续发展和生态文明的建设。在最低意义上说，这一课题的研究也有益于将中国的环保教育和行动筑基于文化传统之上。（何振中）

生死智慧：道家生命观研究

《生死智慧：道家生命观研究》，李霞著。北京：人民出版社，2004年5月第1版，32开，317千字。

李霞，1962年生，安徽霍山人。安徽大学哲学系教授、博士生导师，主要研究道家哲学、儒道佛关系、佛教与中国文化。现任安徽省社会主义学院副院长，兼任中华老子道学文化研究会副会长等。专著有《道家与禅宗》《道家与中国哲学》（明清卷）等。

本书除导言、结束语外，主体内容共11章。第一、二章是本书总论部分，首先，从理论渊源、文化背景和现实根源三个方面对道家生命观的成因进行了定位研究；其次，从生命与自然、生命与社会、生命与自由三个环节揭示了道家生命观从老庄到黄老再到玄学的主题嬗变过程。第三至十一章对道家生命观的具体内涵进行了全面考察，包括道生德成的生命本源观、阴阳气化的生命机制观、形神相依的生命结构观、生死更替的生命过程观、重人贵生的生命价值观、自然朴真的生命本质观、无为之为的生命存在观、形神兼养的生命修养观和身心超越的生命境界观。

本书特色主要有三：

其一，基于中国哲学基本精神是生命精神的认知，提出道家生命哲学的核心在于"生命观"的新论。此论断透过道家诸子哲学概念之"同"，辨析其内涵之"异"，揭示出中国道家生命观经历老庄道家、黄老道家、向玄学与道教演变中的道家和玄学新道家四个发展阶段的历史演变轨迹和阶段性不同特征；并从九个侧面或角度对道家生命观进行了全方位、立体性的观照，系统梳理、归纳、阐发和剖析了道家生命观发展的四种形态，并对其理论贡献、失误缺陷和现代价值进行了反思和揭示。

其二，在研究方法上，不仅采用传统的历史与逻辑、思想史与社会史、静态与动态、外在考察与内在剖析相结合的研究方法，还运用时空坐标法和纵横交织法，从不同侧面、不同视角关照道家生命观。例如，著者一方面在时间坐标上，力图从上古神话中的生命意志、原始宗教中的生命崇拜和古代典籍中的生命关怀中，追寻道家生命观的古老源头；另一方面在空间坐标上，尝试从淮河流域的自然环境和楚文化的生命意蕴中寻求道家生命观的特色；并从历史渊源与地理环境相结合的角度，通过考察道家创始人老子的个人身世和人生经历，以及春秋末期社会的状况，具体分析道家生命观形成的主观成因与客观背景。著者既从纵向上考察了道家生命观的历史源流，揭示其发展轨迹；又从横向上通过对道家典型人物和代表著作的个案研究，特别是对道家学派内部以及道家与儒佛之间生命观的比较研究，来展现道家生命观的丰富内涵。

其三，还将道家、儒家、佛教的生命观在某些具体问题上的同异性以及道家生命观对儒、释的影响进行了比较研究，有助于进一步揭示儒、释、道三家的密切关系。

道家生命观是道家哲学的一个重要组成部分，近年来已经有部分学者从道家人生观、生死观、老庄生死观、道家哲学与美学的生命意蕴等方面展开了部分研究。本书在前贤基础上较为系统地对道家生命观进行了较为深入的研究，不仅对学术界全面把握道家哲学的基本精神，乃至中国哲学的基本精神具有重要的参考价值，也有助于现代人汲取道家生命智慧、提升生命境界，对现代生命科学研究也有借鉴的作用。（何振中）

道家思想的哲学诠释

《道家思想的哲学诠释》，陈德和著。台北：里仁书局，2005年1月版。

陈德和，中国文化大学哲学博士，曾任《鹅湖月刊》主编，现为南华大学教授。学术研究领域以儒家、道家为主，著有《儒家思想的哲学诠释》《台湾教育哲学论》等。

本书是著者在《儒家思想的哲学诠释》出版后所完成的同系列著作之一。顾名思义，本书整体内容乃围绕道家思想作叙述，奉持当代新儒家大师牟宗三之见解，视道家义理为以实践为诉求之"生命的学问"，而与儒家、佛教并列中国传统思想的三大主流。

著者直陈"以价值来决定存有"或说"以德行的实践来贞定人性的伟大与真实"，乃当代新儒家对于儒释道生命学问的基本见解。本书中对于道家思想所做的哲学诠释，亦不外乎在彰显此一旨趣，并试图在此基础上用更多的理解来丰富当代新儒家对道家思想的义理构造。本书乃著者数年来在此理念指导下对道家思想研究成果的集结，总共收录12篇论文，约20万字。

《论牟宗三对人间道家的哲学建构》《论唐君毅的老子学》《略论老子的年代与思想》，这3篇论文是分别对牟宗三、唐君毅、刘笑敢三位现代学者以新方法耕耘老学之成果的反思。《老子与桃丽——从〈道德经〉反思生命复制的可能冲击》《人间道家的生命伦理向度——以生命复制和基因工程的反省为例》《论人间道家的动物权观念》3篇论文则是就当今独特而热门之环境伦理学和生命伦理学议题，分别与老子展开对话所呈现的内容。以上两部分内容乃彰显当代新道家的理论风貌。

所余6篇：《论庄子哲学的道心理境》《庄子寓言中的逍遥思想》《庄子哲学的重要开发》《黄老哲学的起源与特色》《〈管子·心术上〉义理疏解》与《何晏贵无论探析》则不脱传统道家思想之范畴。

著者依道家在历史中所出现的不同形态分为6类：萨蛮道家（传统古道家）、政治道家（黄老道家）、人间道家（生活道家）、玄学道家（魏晋道家）、道教道家（宗教道家）和当代新道家。本书所作道家思想的哲学诠释，主要重点在人间道家，旁及黄老道家、传统古道家、玄学道家与当代新道家，虽不全面但多少已有涉及，唯独道教道家（宗教道家）则付之阙如，于周延性不免略有缺失。（刘见成）

道家智慧活学活用

《道家智慧活学活用》，叶舟编著。北京：中国长安出版社，2005年6月第1版，16开，250千字，系"中国传统智慧丛书"之一种。

叶舟，编著"中国传统智慧丛书"四种，除本书外，还包括《兵家智慧活学活用》《儒家智慧活学活用》《佛家智慧活学活用》。

本书不分章节，含自序以及99篇短文，每篇短文均是基于《道德经》《庄子》中以道为核心的道家思想，提出了99个方面关于生命智慧的论述，作为生活与事业的指导原则，包括了个人生活或事业中的方方面面：为人之道、竞争意识、价值观、如何去爱、生命的境界、确立近期目标与长期目标、自立自强、了解与适应社会、处世、不断学习、认识自我、自制、自爱、自知、语言艺术、识别人、包容大度、实现自我、达观、淡然生死富贵、追求成功、诚信、交友，等等。

本书立足于将"道家智慧"运用于生活实践，并尝试以此智慧顺利解决生活中产生的各种具体问题，使得学习者的个人生活与事业获得成功。其主要特色有以下几个方面：

第一、结构简明，语言通俗。每篇文章均配以简洁明确的标题、老庄语录以及著者对所引老庄著述中相关论述的阐释与引申。

第二、每篇文章的核心在于通过对其中相关概念、思想的论析，从中发掘其深刻的人生智慧，进而启发用学习者获取心灵的启示和智慧力量，并用来解决实际生活或事业中的各种问题。

第三、本书集中展示了道家文化思想和精神的各个方面，其目的在于使读者感受到道家文化的博大精深与鲜活的生命力，从中获得更多的生命智慧。
（何振中）

黄老治道及其实践

《黄老治道及其实践》，张增田著。广州：中山大学出版社，2005年9月第1版，32开，266千字，系"中国传统治道研究丛书"之一种。

张增田，1965年生，安徽大学硕士，中山大学博士，中国科技大学管理学院副教授。研究方向是廉政理论与实践、管理伦理。主讲课程有商业伦理、公共政策、比较政府与政治。

本书整体结构可分为三个部分。第一部分：导论，笔者认为西汉王朝由兴而盛，汉初的国家治理是成功的，究其根源，乃是汉初的统治者们适时地运用了"清净无为"的治理方略，而这种无为而治之策略的理论根源就是黄老之学。据此，著者提出两个疑问：1.无为而治并非黄老学一家之言，黄老学的无为思想究竟是怎样的一种学说主张？ 2.汉初的当权者为何选择了黄老学说作为治国的指导思想？换言之，黄老之学的什么内容迎合了汉初的政治需要？后续篇章由此展开。第一、二、三、四章可为第二部分：通过对《黄老帛书》中"道与天道"、"法道因天"、"从俗"到"案法"理论的剖析得出"道与天道"是治道的理据，"法道因天"是无为而治的方法论，"从其俗""用其德""发号令""案法而治"则是四种为治的手段，从而对《黄老帛书》中无为学说进行梳理。解释了导论部分提出的第一个问题。第五章为第三部分：对黄老治道在汉初政治实践中的运用状况进行考察。回应了导论部分的第二个问题。

本书研究和讨论国家的治理问题，创新之处在于：将《黄老帛书》的治道思想延伸到道家黄老学派无为而治的观念世界和汉初据于黄老之学的政治实践，并尝试对三者作贯通式究察，挖掘的力度和深度较前有明显的加强和拓展。（石建有）

虚静与逍遥——道家心性论研究

《虚静与逍遥——道家心性论研究》，罗安宪著。北京：人民出版社，2005年9月第1版，32开，280千字，系"中国哲学青年学术文库"之一种。

罗安宪，1960年生，陕西西安人，哲学博士。中国人民大学哲学院教授、博士生导师、中国人民大学孔子研究院秘书长、和合文化研究中心主任、中华气学研究中心主任等。主要研究领域：中国哲学史、先秦哲学、道家哲学、魏晋玄学。主要著作有《审美现象学》《老庄哲学精神》《国学365》等。

本书除"张立文序""后记"外，内容包括导言、结语及主体八章，即道论、性论、心论、情论、人论、命论、生死论、修养。本书的主要观点及特色如下：

其一，在结构上采用逐层递进的表述方式，具体而言，即从道、性、心、情入手，进而论及人、命、生死、修养。对前者，在立论上均探究其根源，以期正本清源；至于后者，则落于现实生活，透过道家如何看待命运、生死、修养，阐释了生命的境界。

其二，对道家心性问题做出了系统的研究，认为道家心性论之进路是由道而性、而心、而情，其重点仍然只是道。道家之一切理论无不是围绕"道"而展开的，道是道家心性论之基础和根据，甚至可以说，道家心性论不过是其道论之自然延伸。并提出道家心性论是与儒家、佛教心性论迥然不同的中国心性论第三种形态。

其三，道家心性思想的核心要旨及其进路，可概括如下：1.由道而德、而性。道之本性为自然。人既源于道，道之性亦即人之性，所以，人之本性亦是自然。2.由道而性，进而至于心。如果说，性是指人之先天的、本然的方面，那么，心则是指人之后天的、实然的方面。人之性必显于人之心，由人之心，亦可见出人之性。人性本自然、自在而自由。由推崇自然，道家强调"虚心"；由推崇自由，道家强调"游心"。3.由道而德、而性、而心，进而至于情。性、心、情三者既有联系又有区别。性是指人之先天之本性，突出者为人之先天性之因素；心是指人之内在精神，突出者为人之为人之主体性因素；情是指人之主观情感，突出者为我之为我之情绪感受。4.有性、有心、有情，故而之为人。道家所追求的人生，即是自然、自在而自由的人生。5.有人，即有人之命。道家对人之命运，持一种自然的无可奈何的态度。所以如此，因为只有以这样一种态度来对待一切，才能保守心灵之宁静、淡泊与自由。6.有人，即有人之生死。道家对于生死，持一种纯自然的态度。与道教之求长生不同，道家并不追求长生，道家只追求自由而自在地活着。7.心性论必然涉及修养。致虚守静是道家修养论之主旨。老子首倡致虚守静，庄子则将致虚守静具体化为"心斋'与"坐忘"，并进而将致虚守静提升为本体论的高度，而标举"齐物"。

其四，由道而性、而心、而情、而人，进而至于命，至于生死，至于修养，其中心思想即是精神之自由。追求精神自由，实乃道家心性论之根本所在。自

然、自在而自由，和谐、和睦而和适，这就是道家心性论的基本内容。（何振中）

道家大智慧

《道家大智慧》，张易编著。北京：中国华侨出版社，2005年11月第1版，16开，260千字。另有一版名为《道家的智慧》，台北：广达文化事业有限公司，2009年10月版，分平、精装两种。

除本书外，张易还著有《儒家大智慧》《法家大智慧》《兵家大智慧》等书。

本书除序言、引言（道家思想简介）外，主要包括五篇专题，每篇专题又由数量不等、体现道家智慧的论文构成。第一篇"怡然自得的思维方式"，包括27则短篇，主要从道家逆向思维、顺应自然等方面汲取智慧，如刚柔、强弱、小大、有用无用、动静、进退、安危、祸福、短长等相互转化，对个人行为处事的启示；第二篇"自然生存的处世箴言"，包括20则短篇，主要论述了道家智慧在处世、人际关系等方面的应用；第三篇"逍遥自在的人生智慧"，包括27则短篇，主要阐述了道家智慧在提高处事、认知、解决问题能力等方面重要作用；第四篇"超然物外的人生情感"，包括23则短篇，主要讨论人生情性、死生之事，如何去获得人生的真谛，实现自我超越；第五篇"虚静睿智的纵横谋略"，包括29则短篇，主要讨论安邦治国用兵之事。

本书是一部关于道家智慧的通俗作品，其主要特色可归纳为三个方面：

首先，认为道家智慧最鲜明的特点就在于对人世间一切利害关系转化的深刻洞察。道家站在人生的边缘，带着超越的眼光审视人生中现实的荒谬和矛盾，批判人类自身理智的浅薄与愚蠢，以"道"的观点来看世界，承认万物存在的合理性，防止人类理智的狂妄与僭越。

其次，以大众作为阅读对象，有较强的可读性。为达此目的，著者为每篇短文配上了工整的八字标题，有成语，有谚语，也有摘自道家经典文句，但大多为平易的对句；其具体内容则选取了道家经典著述《老子》《庄子》中的部分内容，采撷其中最有影响、现今仍有活力和价值的名言警句，并附译文，以经典故事对应前引道家智慧运用的案例，进而作进一步的扼要解析。

再次，本书还为摘取自道家经典的名言、警句和译文配上经典故事、相关图片，提高可读性和视觉效果，使读者能够轻松愉悦地理解先贤名言的智

慧精髓。（何振中）

道家的战略管理——先见之明的境界

《道家的战略管理——先见之明的境界》，曹军著。北京：中国广播电视出版社，2007年1月第1版，16开，158千字，系"国学与管理系列丛书"之一种。

本书除前言外，共10章，各章基本内容为："发现战略"，企业发展有"道"，企业家应根据其中之道制定发展战略；"战略的制定"，企业战略是以"自然"为主，不但要考虑到企业"激发"时的激发战略，更应该考虑到企业的常态战略，还要协调好企业关系；"战略执行"，企业战略执行的精髓在于适应变化，还包括争取战略的主动性、保持战略的稳定性、谨慎对待战略优势、战略的理解力与执行力等方面；"战略的哲学"，指管理者从《老子》中汲取的对待影响企业生存与发展重要因素的智慧，如从战略高度看待竞争、发展与保守战略的原则等；"战略与道德"，企业的成功还在于企业管理者必须具备高度良好的个人品质及富于责任感的企业行为，包括谦下、超越个人荣辱、以员工利益为己利等；"战略与管理"，管理者的观念、具体执行行为等方面如果都能顺从自然之道，那么企业管理就能入"无为"的最高境界；"战略与战术"，"无之以为用"是老子战略智慧的体现，企业管理能领会其意，就能保持战术上的灵活性，懂得在竞争中获得成功；"战略错误"，《老子》阐明，诸如盲目、冒进、执行的错位、好走捷径等是企业经营的战略错误，必须尽量避免；"战略类型"，《老子》的智慧对现代企业发展的"竞合"战略、低成本战略、教育战略、发展战略、创新战略等都具有启示作用；"战略家"，一个企业管理者能够提高修养至得"道"，就能使自己获得超越常人的认知，达到圣人的境界，战略上就能够有"先见之明"，那么他的企业就能立于不败之地。

本书对道家思想及其智慧在企业管理各个层面，从战略决策到个人修养等方面的指导作用进行较为全面的探讨，其特色主要有两个方面：

首先，通俗性与实用性。著者尝试通过运用《老子》的智慧以解决企业经营管理的具体问题，对《老子》章句的阐释言之成理，并通过历史事件、中外现实企业管理成败的案例分析，使之显得更加通俗易懂，能够启示企业经营管理者如何获得"先见之明"，从而引领企业走向成功之路。

其次，重要的价值意义。在现代经济迅速发展，诸多国内和国外的企业，都被卷入了这一股经济的狂潮之中，企业与企业的竞争，企业与市场的博弈，企业与新技术的革命无不渗透着"生存竞争"的法则，而法则的意义，几近于老子所说的"道"，"道"也就是规律的总称。著者明确指出，《道德经》整体上都在叙述事物的发生发展的规律，以及人们应该如何去顺应这个规律、去顺应"道"的发生、发展，对于战略的认识和制定，以及战略的进程都有密切的联系。实际上，企业的竞争关系，如同战场上对立的双方。因此，把老子的"道"引入企业战略来讨论，正是其重要价值所在。（何振中）

道家哲学精神及其价值境域

《道家哲学精神及其价值境域》，朱晓鹏著。北京：中国社会科学出版社，2007年1月第1版，16开，286千字。

朱晓鹏，1963年生，浙江缙云人。北京大学哲学系研究生毕业。现为杭州师范大学中国哲学与文化研究所所长、教授。主要从事中国哲学、道家思想、浙学、中国社会的发展与现代化问题等的研究，已在《哲学研究》等期刊发表学术论文近百篇，出版专著《智者的沉思——老子哲学思想研究》、《中国传统文化导论》（合著）、《走向发展之路——合作社会主义研究》等。

本书分上、下两篇20章，上篇"老庄学述"：有无之间——老子哲学的本体论；"无知之知"——老子认识论思想新探；否定性方法——老子哲学的形上学方法；有无模式——老子哲学体系展开的一个内在逻辑；玄同于道——老子道论的人学意蕴；道法自然——论老子自然主义的美学意蕴；无为而无不为——老子的"无为"思想三义；退化史观——老子历史哲学新探；浩荡奇言——庄子哲学与楚文化的关系；探寻家园——庄子哲学的精神。下篇"道家思想的价值境域"：大道之源——道家哲学的思想文化渊源；道家流变——道家哲学的形成和发展；无的哲学——道家的形上学及其理论特质；生命与超越——道家的人生观和审美观；审美与自由——道家美学的基本精神；权威的消解——论道家的社会批判思想；大音希声——道家思想的基本精神及其现代意义；东方之智——老庄哲学与汤川秀树的真理观；自然之歌——道家思想的现代生态伦理学意蕴；古道西风——道家与西方现代生态伦理学的"东方转向"。

本书内容涉及道家哲学思想及其展开的许多重要的基本面，探讨了其丰富深邃的多种价值境域。其主要特色包括：

其一，认为以老子哲学为代表的道家哲学确立了中国古代哲学的基本框架，占据了中国古代哲学的主干地位，在传统认识论、政治哲学、人生哲学和审美观的各个方面都取得了丰富独特的成果，进一步使道家思想对中国传统文化的各个领域、各个历史时代都产生了深刻而广泛的影响。这一观点与陈鼓应提出道家思想主干说是一致的。

其二，本书从学理上对道家哲学思想展开多层次、多角度的探析，在宏观与微观、内在逻辑与历史发展相统一的基础上，对道家哲学产生、演变、思想内涵、理论特质、思想贡献、现代意义作系统阐释，力求从整体上揭示其不同组成部分的内在联系和基本精神。

其三，著者认为道家的否定性方法不仅是认识和把握"道"的基本方法，也是用来阐释其他一切思想内容的"逻辑框架"，因此，需要应用道家哲学独特的否定性方法来诠释其各种思想主张。同时，还必须注重形成自己的特色研究方法，即从宏观、思想文化的整体"原生态"上去理解、把握道家思想，以期构建或复原其真实的形象；注意微观上的具体分析，做到学理与考据之间的良好平衡；还要以现代批判意识去重新评判传统精神。（何振中）

易传与道家思想

《易传与道家思想》（修订版），陈鼓应著。北京：商务印书馆，2007年4月第1版，32开，系"道家研究书系"之一种。另有台北：台北商务印书馆，1994年9月初版；北京：生活·读书·新知三联书店，1996年7月第1版，32开，203千字，系"海外学人丛书"之一种。

陈鼓应简介详见《老子今注今译及评介》提要。

本书主体包括"《象传》的主体思想：道家的宇宙观""《象传》《文言》解《易》的道家倾向""《系辞》与稷下道家""帛书《系辞》与道家传

本""《说卦》《序卦》的道家理路""帛书《易》说与黄老思想"以及附录等7
个部分。

著者主要运用对比的方式，对《易传》之《彖传》《象传》《文言》《系
辞》《说卦》《序卦》等主要篇章的思想特征如天道观、宇宙观，乃至思维模
式作了深入的探讨，同时就《彖传》的万物起源说、自然循环论、阴阳气化
论、天人一体观和刚柔相济说等，《系辞》自然观的天动地静说、刚柔相推
说、阴阳说、道器论、太极说、变通论、精气说、道德说以及神概念等诸多
层面的概念、范畴和命题，与《老》《庄》、稷下道家、《黄帝四经》以及儒
家、孔孟思想，分别进行了条分缕析的细致比较。本书还就战国中后期的政
治文化背景，地域文化中楚学、齐学与《易传》的渊源，以及齐学与邹鲁之
学的差异等方面，进行了周密的论证。此外，对《易传》时代特征的剖析也
是本书的亮点之一。《易传》的主要篇章成书于战国后期，诸子百家学术相互
融通的时代，道家以道德性命为核心的完整哲学体系影响巨大，包括儒家在
内的各家都从中汲取了许多概念和思想并融入其自身的体系中。

本书提出《易传》为道家学派的观点，正如著者在台北商务印书馆初版序
中指出："本书的出版，在观点上，一反众说。书中所展示的论点，不仅打破
了学界公认的看法，也推翻了二千年来经学传统的旧说。"萧汉明对此书做出
了很高评价，在《关于〈易传〉的学派属性问题——兼评陈鼓应〈易传与道家
思想〉》一文中，他说："陈先生对《易传》（包括帛书《系传》和几篇说《易》
之作）与老庄、稷下道家、《黄帝四经》所做的比较研究，令人信服地揭示
出《易传》与道家学说深厚的思想渊源，对先秦思想史的研究做出了很大的贡
献。"（何振中）

道家的管理之道

《道家的管理之道》，张与弛编著。北京：中国商业出版社，2007年5月
第1版，16开，240千字，系"中国文化与管理智慧丛书"之一种。

张与弛，编撰有《法家的管理之道》《儒家的管理之道》《人生九九方
略》等。

本书除前言外，主体内容共8章，含93篇短文，即：胜人者有力，自胜

者强——胜人胜己之道（10篇）；牧马童·助产士——助人助己之道（16篇）；治大国若烹小鲜——顺其自然之道（10篇）；无为而无不为——有为无为之道（10篇）；操纵德刑二柄——宽严相济之道（8篇）；材与不材之间——进退屈伸之道（16篇）；以正治国，以奇用兵——以变应变之道（7篇）；知其雄，守其雌——匿弱求生之道（16篇）。

著者认为，从管理学角度来看，道家思想是一种系统论，属于"管理之道"，其功用在于治世。道家的管理智慧是一种艺术，是一种思想的启迪和方向的指引，能够将管理引入新境界。在现代经济活动中，重新认识老子道家的管理思想，对探讨现代管理科学极有必要。因为道家管理是"无极"管理，是管理的最高境界。本书的在道家管理之道上的核心思想与新观点，主要包括以下几个方面：

首先，道家强调管理的"修身"，即自我管理。管理者自身有道，才能识"大道"，进而掌握管理之道。可以说，领导者自身品质对一个企业或组织的兴衰存亡起着决定性的作用。

其次，道家管理的基本原则在于顺从自然之道。领导者的领导艺术必须符合自然之道，才能与周围的环境、人保持和谐的关系。

再次，在管理方法上，道家提倡"无为"。所谓"无为"包括两个方面：一是有所为，有所不为。凡违背客观规律或自然之道的，即使有巨大的利益诱惑也不可为之。二是"上有为，下无为"，即企业管理者要进行正确的决策，抓大事、要事，并有效地授权于下属，让他们做好具体工作。

又次，道家认为管理艺术之要体现为"不争"和"守柔"两个方面，所谓不争，即以一种无形的方式去争取，以这种策略和手段，达到最大的"争"；守柔，即管理者面对激烈的市场竞争要懂得示"柔"，充分认识自身的优势及缺陷所在，挖掘潜力，扬长避短，后发制人，进而取得成功。（何振中）

道家二十讲

《道家二十讲》，梁启超、胡朴安等著，黄河选编。北京：华夏出版社，2008年1月第1版，16开，167千字，系"伟大传统"书系之一种。

梁启超简介详见《论〈老子〉书作于战国之末》提要。

胡朴安简介详见《庄子内篇章义浅说》提要。

本书是一部中外近现代至当代20位著名学者的研究论文集，包括：梁启超的《从"知不可而为"到"无为无不为"》、胡朴安的《庄子的入世方法》、陈撄宁的《道家与道教》，梁漱溟的《道家的自觉》、林语堂的《道家是个幽默派》、钱穆的《历史上的庄子》、冯友兰的《新道家与玄学》、方东美的《"真而又真之真实"》、英国李约瑟的《道家及其对自然的探索》、徐复观的《道与艺术精神》、张荫麟的《道家学说的全盛期》、牟宗三的《道家玄理之性格》、唐君毅的《老子言道之六义》、潘雨廷的《说"仙"与"道"》、陈鼓应的《道家的社会关怀》、德国沃尔法特的《自然——禅宗的道家之源》、胡孚琛的《为道学正名》、傅佩荣的《老子的智慧》、斯洛文尼亚玛亚的《道家的生死观——〈庄子〉〈列子〉和〈答约伯〉之比较》、张广保的《"人无道则不立"——近现代道家和道教的发展》。

编者认为中国传统文化具有永恒创新性、广大包容性以及不断传续性的特征，道家之道亦然。但由于明清以来道教的衰败，道家思想亦陷于蒙昧，近代以来至于今日，许多道学研究大家致力于发蒙启智，阐明道家之道及其相关问题。

本书所选各家之文涵盖道家思想的多个方面，主要包括：道家思想之流变、道家的艺术精神、道家义理、道家的人生观、道家的智慧、道家与科学、道教的人文精神、道家与道教、道家的生死观、道家对生命的认知。

各家论述颇有得道家哲学智慧之要旨。例如，梁启超说，"知不可而为"主义可使世界从烦闷至清凉，"为而不有"主义可使世界从极平淡上显出灿烂。梁漱溟深得道家体认生命之旨，解"顺则生人，逆则成仙"云："其功夫入手便是逆的，非自然的；同时又是顺的，必须顺乎其自然才行。故此举学以自然为宗。洎乎功夫到家，自觉朗照之处意识可通，则又不难自为运用。"又谓，昔人所谓"收视返听"不过借耳目以措辞，其实全依靠在人类生命之唯一特征——自觉。胡孚琛指出，道学应指中国传统文化中以老子的道的学说为理论基础形成的学术系统，其中包括道家、道教、丹道三个大的分支，老子为道学之宗。可以用一字而走遍天下行之万世者，其唯道乎？
（何振中）

道家、道教环境论述新探

　　《道家、道教环境论述新探》，郭正宜著。台北：万卷楼图书股份有限公司，2008年7月初版，32开。

　　郭正宜，台湾台中人。2014年于成功大学中国文学研究所获得博士学位，在学术上持续关注道家、道教、环境伦理、生态哲学等，曾任台南市哲学会理事，《道家道教环境论述新探》为其相关研究成果的集结。著有《晚明日用类书劝谕思想研究》，发表论文《晚明诗话中的诗经学初探》《承负说与代际正义——以环境伦理学为考察脉络》等。

　　近年因为地球生态环境的巨变，环境保护遂成聚焦的议题，而遵循自然的道家环境思想亦受瞩目，《道家、道教环境论述新探》一书在此思潮之下，对当前的地球环境状态提出反省，其中更参酌大量外文文献，使道家经典中的生态哲学与环境伦理学概念及做法，与今日西方世界的相关研究产生连结，从而见出道家思想在全体人类需求上的相应性。全书以问题为导向，就道家道教生态哲学中的护生思想、承负思想、自然观及三才相盗的"盗贼思想"进行深刻的探讨，共分为九部分：首章《绪论》简单回顾西方环境伦理学与生态哲学的东方转向，并阐述全书的思路及结构。其次则是问题的研究：《生态道家何处寻——道家环境论述研究述评》乃立足于"生态道家"的观点上，考察广义的道家思想所提出的环境论述与反思，并检视相关文献的历史意义。《缤纷的国度——从庄子的观点来谈生物的多样性》乃从"万物齐一与生态中心主义"出发，探讨如何从《庄子》中汲取当代生物多样性的生态智慧，以及"无用之用"的价值。《成玄英〈庄子疏〉护生思想初探》，从文献的整理中，认识到隋唐以前道书训诫中所论及的护生思想，是站在人类中心主义的立场，属于消极性的护生，至《庄子疏》才转为以生态中心主义为主的立场，由此也彰显出成玄英《庄子疏》护生思想之地位与价值。《承负说与代际正义——以环境伦理学为考察脉络》系以环境伦理学为考察脉络，来探讨承负说与代际正义的关系。《早期神仙道教自然观初探——以〈抱朴子内篇〉为讨论中心兼论传统自然观中之观念与行动的论争》，从检讨学界在自然观的论争中疏忽了对道家自然观的注意入手，探讨了葛洪《抱朴子内篇》中的自然观，归纳出早期神仙道教的自然观乃是反映出极端的以人类中心主义为主的观点。《〈阴符经〉之生态环保思想初探》检讨了当代学界对于《阴符经》"盗贼思想"中的环保与生态思想的各种面向，并思考、检讨诠释《阴符经》的各种新旧面向。附录一：《〈阴符经〉"三才相盗"各代诠释举隅》乃以举隅的方式，来呈现《阴符经》各朝代的诠释面向，可为《〈阴符经〉之生态环保思想初探》的补充。附录二：《地方感与大地僧团——史耐德佛教环境哲学再探》旨在探讨佛教深层生态运动代表人物史耐德的环境思想，此文曾在2003年与其博士生导师林朝成教授共同发表于《佛学研究中心学报》第8期。

本书以环境论述作为探讨道家道教在生态哲学上的思想呈现，正是当今道家哲学新方向的开展，并且符合当今社会对于环境生态的要求与反省，颇有创发之功。（陈昭吟）

道家"大一"思想及其表达式研究

《道家"大一"思想及其表达式研究》，顾瑞荣著。上海：上海人民出版社，2008年8月第1版，16开，287千字。

顾瑞荣，1964年生，上海人。上海师范大学哲学博士。曾任教于华东师范大学。现为佛教、道家和儒学的自由研究者、中国开心文化倡导者、企业培训师。出版《学习的革命》《隐藏的和谐》《静心：狂喜的艺术》等多部著作。

本书除序、前言、结语、附录、后记之外，主体内容共10章，包括上编"道家'大一'思想研究"6章，即：道家以"大""大同"等类似概念群论道、道家以"一""大一""太一"类似概念群论道、道家以"不二""无二"等类似概念群论道、道家无知论——无知是超越二分对待的知、道家无言论——无言如何言说不言之道、道家无心论——二分意识的起源及其超越；下编"道家'大一'思想的表达式研究"4章，即：道家的否定表述系统、道家"双遣双非"表达式的历史考察、道家特殊表达式的历史考察、道家的肯定表述形式。

本书的研究是以道家从《老子》到《老子指归》时期的"大一"思想及其表述方式作为考察对象。著者认为其理由在于这个时期包括了中国道家自己发展的两个阶段，也就是原始道家和黄老道家发展时期，又是佛教思想传入中国之前的时期。在思想及其表述方式上，道家还没有受到佛教文化的影响。所以，考察这个阶段的道家思想及其表述方式，有利于我们看到道家自身的"大一"思想的原来面目，也可以看到它是如何为佛教思想的传入所做的准备，为未来的道与佛的合流提供了怎样的思想基础。

本书的核心内容及其主要特色，包括以下几个方面：

首先，创新性地使用了概念群的研究方式与表达式研究方式，研究了佛教传入之前的道家，也就是从《老子》到《老子指归》时期的道家，揭示了道家丰富多样而系统完整的"大一"或"不二"思想及其表述方式。这对于重新研究道佛思想关系及其相互渗透、融合的历史有重要的意义。

其次，"大一"思想或"不二"思想，也可以称为无分别无差别思想或整体大全思想，是道家非常明显的核心思想，实际上，这就是"道"的基本的含义，当然也是最核心的含义。

再次，超越语言、感觉、思维的意识境界，这是"大一"思想的真实基础。"悟道"是道家整个价值观的中心，是道家教导的核心和归宿。

最后，超越主客体二分、能所双泯的不二思维模式和否定性的思维方式。对于表达式研究，揭示了各种否定的、肯定的和特殊的表达式所组成的独特的表述系统。（何振中）

道家和平思想研究

《道家和平思想研究》，杨宏声著。南京：南京出版社，2008年11月第1版，16开，270千字，系"中国传统和平思想研究丛书"之一种。

杨宏声（1952—2013），湖南湘潭人。上海社会科学院哲学硕士。毕业后曾留院科研处工作，后进入哲学所。1997年受聘为副研究员，2012年4月退休。主要从事东西方哲学比较研究及易学的跨文化研究，后转向道论及哲学与诗学的相关性研究。发表论文数十篇，著有《本土与域外——易学的现代化与世界化》；出版诗集《禅者的吟思》《太极意象》，创作诗剧《哲学弥撒曲》等。

本书除自序与导论外，主体内容共分10章，即：《易经》的和平思想——探索道家和平思想的渊源、回到《道德经》——道家和平思想的原始语境与哲学视界、道家阴阳和平论、道家对"和平"的认知、"用法则平治"：道家的和平法、道家兵学及其和平思想、道家音乐和平思想、道家养生思想及其生命和谐观、道家生态和谐论、和平与道家"内圣外王之道"。

20世纪七八十年代以来，一些学者将中国古典研究与世界主流学术和思想密切联系起来；其中道家研究主要以学科为范式的专题展开，其共同旨趣在于关切人类共同面临的困境和难题，并试图通过重新阐释的方式，阐发道家思想的深意和新义，以求其于当代人类文明的重建有所裨益。本书的主要观点及特色如下：首先，以"道"的中心概念或用语为主线，串联并梳理道家（道教）关于和平（有一系列相关用语接近"和平"一词的意思和含义）的思想，进而从道家典籍的语义和语境中整理出其和平思想系统；其次，采用现代结构主义的理论和方法，将道家和平的观念、用语加以系统化；再次，从现代和平学的立场，依据当代和平学的前沿理论对道家的思想进行重新的考察，并进一步将历史的梳理和现实的考察结合起来；又次，著者认为和平的观念可谓无所不及，涉及仪式、音乐、心理或心性、伦理、法律、经济、政治、宇宙论、物性论、美学、诗学等广阔的领域，因此道家和平思想研究是一个跨学科的课题，最好从多学科的视角一一楔入，然后再进一步予以贯通的考虑，归纳其学说要旨，疏证其微义深旨。

此外，著者进一步指出，道家和平思想或可归为两元：和谐论与和平论。对内而求，个人和社会的和谐；对外而求，天下和平。内圣外王之道，一言以蔽之：和谐也，和平也。非和谐不足以成内圣，非和平不足以开外王。和平是一个永恒的主题，人类歌颂和平、追求和平、祈愿安住于和平的国土和世界。漫长的历史沉淀、殊异的民族风俗与多元的人类文化赋予"和平"深远悠长的意谓，和平不仅意味着战争的停息、冲突的融合、寰宇的协调，更昭示了内心的安详、精神的和乐、人际的和睦与人间的祥和。（何振中）

道家思想的新研究——以《庄子》为中心

《道家思想的新研究——以〈庄子〉为中心》，[日本]池田知久著，王启发、曹峰译。郑州：中州古籍出版社，2009年5月第1版，2册，16开，560千字，系"中国哲学前沿丛书"之一种。

池田知久，1942年生于朝鲜全罗北道，原籍日本东京。1965年毕业于东京大学文学部中国哲学科，1998 年获博士学位，曾任东京大学教授、博士生导师，日本中国学会理事长等。现任国际儒学联合会副理事长、国际易学联合会副会长、中国出土资料学会名誉会长等。池田教授在中国古代哲学研究领域，尤其在中国出土文献和中国思想史的研究，如老庄研究、《周易》研究、马王堆帛书研究、楚简研究方面是日本当代汉学研究界最具代表性的学者之一。主要著述有《郭店楚简老子研究》《马王堆汉墓帛书五行研究》《池田知久简帛研究论集》等。

本书除了总序、写给中国读者序言、序文、译后记外，内容包括 15 章，即：最初的道家思想家；道家诸文本的编纂；经由从"黄老"到"老庄"走向"道家"；道家的先驱们；"万物齐同"的哲学；"道"的形而上学；"物化"、转生、轮回的思想；"万物一体"的思想；天人关系论；"养生"说和"游"的思想；三种类型的政治思想；圣人的"无为"和万物的"自然"；对"无知"."不言"的提倡和辩证法的逻辑；对诸子百家的批判和对各种思想统一的构想；在日本的林希逸《庄子鬳斋口义》。

本书反映出著者的核心观点及其研究的视角、方法，主要包括以下几个方面：

首先，书中所阐述的道家忘想，大体是按照《汉书·艺文志》"诸子略·道家"的相关界定，即所谓"道家思想"，主要是指中国古代由庄子、老子、淮南王刘安以及其周边的思想家们所主张的各种思想。

其次，著者认为，自战国时代道家思想诞生以来，至于近现代以及至今，仍是中国社会文化，乃至日本、朝鲜、越南等东亚地区社会文化的重要组成部分并产生重要的影响。

再次，本书以《庄子》《老子》《淮南子》中的道家思想为核心，从多方面、立体性地加以阐述。还对发生在日本近世的道家思想史中某些格外显著的现象做出论述。

又次，基于正确理解道家思想内容并评介其意义的观念，即着眼于解决"思想是否以解决怎样的现实的各种课题为目标，企图超越怎样的先行的各种思想"的问题。其使用的主要方法有二：第一，尽可能将道家思想置于与历史性的社会的关联之中加以阐述；第二，从道家思想发生、发展的不同时期，对其相应时期的不同思想内涵特征作深入的剖析，即针对道家思想的历史性的展开，而尽可能努力追究其思想史的内在轨迹。（何振中）

中国道家之精神

《中国道家之精神》，詹石窗、谢清果著。上海：复旦大学出版社，2009年9月第1版，16开，344千字。

詹石窗简介详见总主编简介。

谢清果，1975年生，福建莆田人。哲学博士，厦门大学新闻传播学院教授，兼任中国鹿邑老子学会理事，福建省老子研究会常务理事，福建省炎黄文化研究会理事，福建省易学研究会常务理事，《道学研究》和《老子学刊》副主编。主要学术著作有《〈道德经〉与当代传媒文化》《中国近代科技传播史》《和老子学传播——老子的沟通智慧》等多部。

本书分为15讲，包括：绪论、道家的思想渊源、道家的形成发展、道家的精神原则、道家的义理思辨、道家的生死关怀、道家的人格理想、道家的养生智慧、道家的审美指归、道家的治国方略、道家的军事思想、道家的科学探索、道家的生态意识、道家的历史省思、道家的语言传播。主要从两个方面探讨道家的文化精神，第一部分自第一讲至第四讲，主要阐述了何谓道家精神及其原则，并对道家的思想渊源和历史脉络进行梳理、介绍。道家精神，根据书中的定义是指道家文化的基本思想构成，在道家文化中占据基础地位或核心地位，是道家文化的指挥系统。第二部分自第五讲至第十五讲，着重于从义理、生死、人格、养生、审美、政治、科学、历史、语言等方面考量道家的精神。

著者充分运用近年来新出土的道家文献，并汲取学界的相关研究成果，既从总体上把握道家文化的精神气质，探究道家文化的历史渊源、形成发展、精神原则，也进一步从哲学思想、生死关怀、人格修养、养生法门、艺术审美、治国方略、军事智慧、科技思想、生态思想以及道家独特的历史观、语言观等方面深入细致地考量道家之精神，以期展现道家发生发展的清晰脉络和生动丰富的思想内容，重构道家思想的历史图景，为世人全面、深入、系统地了解和理解道家文化提供切实有力的帮助。

本书的创新之处包括如下方面：第一，对"道家""道家精神"等核心概念的新诠释。著者认为"道家"具有三层内涵：一是"有道"之家；二是"言道"之家；三是"用道"之家。并指出，只要具备其中任何一项，即可归入道家范围。"道家精神"包括两个互相对应的层次，即居于道家思想总体核心地位的精神原则，即道德、自然、无为、贵柔、守静、尚中、和谐；居于某个具体领域的主导思想，包括义理、生死、人格、养生、审美、政治、科学、历史、语言等等。前者相对抽象，而后者相对具体。第二，善于运用由浅入深的方法阐述道家精神体系，力求透过具体案例阐释其潜藏的内涵，如举《庄子·齐物论》中"齧缺、王倪""一问三不知"的故事，阐述了道家"探索精神""求实精神"。第三，力求解决现实生活诸问题。本书所展开阐述的道教精神原则及其具体主导思想的诸方面，均体现了运用道家精神解决现代社会条件下中国人的迫切精神需求问题，包括如何看待生死、养生、审美等。

本书为学术界客观地介绍道家文化、把握其精神内涵，提供了一个典型范例，是带有专著性质的国学教材，系高职高专以上院校人文素质或通识教育的教材，也可作为社会人士、干部与经理人才的讲座教材与读物。（何振中）

道家诠释学

《道家诠释学》，赖贤宗著。北京：北京大学出版社，2010年1月第1版，16开，267千字。

赖贤宗，1962年生，台湾台北人。2005年起，任台北大学中文系教授、系主任，中文研究所所长。2002年创办台北大学人文学院的"东西哲学与诠释学研究中心"并担任第一任主任。主要著作有《意境美学与诠释学》《信念与规范奠基：当代争议中的康德信念伦理学》《海德格尔与道家禅宗的跨文化沟通》等，发表学术论文百余篇。

全书包含成中英序、自序，第一、第二部分正文及附录，正文共10篇系列论文；第一部分"道家的本体诠释学：老子与海德格尔"，包括5篇论文，即：《本成（Ereignis）与有无玄同：论海德格尔思想的"转折"与老子的有无玄同》《本体诠释与中国哲学研究方法的省思：以老子为例》《王弼"贵无以为用"的体用论之重检与老子哲学的本体诠释》《谢林的老子哲学诠释与海德格尔的思想转折》《海德格尔与西谷启治论虚无主义》；第二部分"道家的象征诠释学：丹道理论的当代诠释"，包括4篇论文，即：《〈太乙金华宗旨〉之教义形象的变迁与丹道理论的当代诠释》《宋常星〈道德经讲义〉与丹道的象征诠释学》《太极图、河图与丹道修炼的象征诠释》《全真道的三教会通与养生》。附录《海德格尔与道家思想的跨文化沟通的现有研究之考察》。

著者认为"本体诠释学"的诠释角度能够使得中国哲学的当代诠释得以在传统体用论、心性论的哲学的根本内涵之中，进行当代哲学的跨文化沟通的系统整合。依此，本书的新颖之处如下：

首先，从"本体诠释学"的角度，重新厘清道家哲学的"有无玄同"的基本架构，阐明重玄道观的功夫论的意义；参照海德格尔哲学的存有思想，重新阐明牟宗三、唐君毅等人的道家研究成果的意义，并做了进一步的发挥。

其次，在当代文化的意义脉络之中，对道家思想作当代诠释，主要对包括哲学家谢林、海德格尔，汉学家卫礼贤与心理学家荣格等西方学者关于道家思想的诠释的研究成果作了重新梳理。

再次，应用象征诠释学的观点，对丹道文化作当代阐释，主要包括：龙门派对于《道德经》的丹道解、易图与丹道修炼、三教会通、养生等较为应用的课题。这一部分内容强调丹道的实践，与本书第一部分偏重于"本体诠释学"的哲学观点，相辅相成，形成了道家思想的当代诠释的理论与实践两个方面。

又次，与"道家哲学"重于理论诠释不同，"道家思想"除了哲学之外，还重视实用与修炼。道家思想有许多重要的组成部分本来并不属于哲学语言的范畴，而是必须从实用与修炼的观点，才能加以体验与实际考察，其中，丹道就是最为重要的体验与实际考察之课题。由此，丹道研究也自然成为当前中西方文化界深感兴趣的领域。（何振中）

道家哲学研究（附录三种）

《道家哲学研究（附录三种）》，孙以楷著。合肥：安徽大学出版社，2010年9月第1版，32开，197千字。

孙以楷简介详见《〈老子〉注译》提要。

本书属于"庸堂文存"系列著作之三、四的合集，由孙以楷的学生陆建华等人整理而成。其主体内容包括"中国道家哲学史（先秦部分）"与"庄子通论（庄子考）"，附录三篇包括：中国墨学史（目录）、孙氏生前所写的百余首诗及回忆录（未完稿）。其中，"中国道家哲学史"部分主要考述了道家代表人物关尹、文子、杨朱、列子的生平、学术渊源及核心思想，如关尹的太一论、贵清贵平人生观，文子对老子"道"的继承与在老学向黄老学转变中的价值，杨朱的贵己、全性保真观，列子的贵虚、贵正思想；又探讨了《黄老帛书》对老子哲学的继承、对老子道论的发展、以道生法治国的政治哲学，以及宋尹学派的黄老思想，庄子的道论、知论、人生论等。"庄子考"部分，对庄子的姓名、生卒及活动年代、里籍、师承等方面均做出了实事求是的考析，对前辈学者的关于庄子的论说做出了中肯的评价并提出了自己的新观点；其中对庄子的里籍的考证，尤其显示了著者把握先秦、两汉文献的功力，从史籍记载、历史沿革、地名的变迁、异地同名、庄子自述、各人交游、方言、楚文化特征等八个方面翔实辨析了庄子里籍为楚之蒙县。

本书论述道家人物及其思想有诸多独特之论，主要如下：其一，认为关尹与老子同为道家学派的理论奠基者和创始人。《庄子·天下》把老子、关尹学说主旨概括为"建之以常、无、有，主之以太一"，前者为老子五千言的核心思想，而"太一"则为关尹所提出。老子、关尹道论的区别在于：老子是气本原论者，关尹是水本原论者；关尹的宇宙生成模式比老子更加精细，可能稍稍晚出一些，也可以看作是对老子"道生一，一生二，二生三，三生万物"的具体化。其二，杨朱、列子继承与丰富道家形而上学的本体论的内容，由修道、体道而转向养生养性之学。其学术为庄子所传承并发扬光大。庄子在传承生成本原论的同时，又给予了形而上本体论以逻辑论证，进而由养生养性说深入到心性说，构建了道家的人生学说。其三，文子对老子无为思想的发展，是道家学说转向积极干预社会现实的标志。其四，《黄老帛书》是黄老学的标志性作品，突出了道生法的思想，其实质在于自然与社会的同构合一，是自然决定社会，因而治理社会国家的最高原则就是因顺自然之道。其五，以道家理论为本，融合墨家为用，以名学方法论证，是宋钘、尹文黄老学的特色。其六，庄子极有可能师承沈尹华（华子）。（何振中）

道可道：道家经典思语录

《道可道：道家经典思语录》，乃真编著。北京：京华出版社，2010年9月第1版，16开，190千字。

本书除前言外，包括八部分内容，即：明道（问道、悟道、尊道、循道、化道）、守德（性德、孔德、立德、行德、功德）、养心（观心、爱心、炼心、灵心、随心）、固命（性命、重命、立命、知命、天命）、立身（本身、修身、治身、诚身、反身）、处世（入世、行世、住世、顺世、出世）、精神（天地精神、人生精神、自由精神、虚无精神、灭绝精神）、生死（出生入死、生而愉悦、死亦可乐、生死法则、超越生死）。

本书是一部反映道家人生观、生命观的普及性读物。著者以《道德经》等道学经典为主要对象，按八个主题，分别摘引章句，概括出40条道家关于人生与生命的观点，每条各自独立成篇；即先立主旨，以简洁标题概括本篇主要内涵，再配以题解；次摘引道典章句，并给予译、注；再以个人"心得体悟"进行评说；最后举道典历史人物及故事、附图发挥本篇意旨。其主要特色如下：

其一，可读性强。本书结构明晰，语言浅易，力求透过图文相结合的方式，表达道家的深邃思想智慧，并期望读者能够领悟道家文化之精髓。

其二，对标题文字上作了精心提炼，力求通过标题语言阐明道家思想要旨，也进一步吸引读者。全篇的篇目（章节）40条均以二或四字归纳，各篇子目的副标题也主要采用四字格式。

其三，引证故事、人物多样化。书中所举事例主要对前引道典章句思想的进一步发挥，不仅引述了道典中的案例，还引用了民间传说、儒家人物故事、文史传奇等作为典型案例。（何振中）

道家政治哲学研究

《道家政治哲学研究》，梅珍生著。北京：中国社会科学出版社，2010年12月第1版，16开，208千字，系"湖北省社会科学院文库"之一种。

梅珍生，1965年生，湖北蕲春人。哲学博士。现为湖北省社会科学院哲学研究所所长、研究员。著有《晚周礼的文质论》《中国精神的哲学阐述》等。

本书共6章："'道法自然'的政治哲学""道家的公正观""道家'长而不宰'的民主观""道家社会制度自然生成思想""道家'执一而御众'的政府职能思想""道家的社会发展合理性思想"，另收有老、庄及易经政治哲学研究相关成果三篇。

本书的主要内容和新观点如下：其一，阐述了"道法自然"的政治价值。道家认为"自然""无为"是物性得以张扬的前提。"自然"既是天地人所应该共同遵循的原则，也有着个体心灵自由的含义，同时，"自然"还体现了理想的道与物的关系。在社会制度演变方面，道家强调因任自然，因循客观规律。在治国平天下的治世之道上，道家强调"中"的态度；在调理人与人、人与自然、人与社会的关系上，道家重视和谐思维。

其二，论述了道家的公正观。道家的正义包括自由、平等、安全等不可通约的价值诉求。公平结构中的自由，就是体现为较少的控制，它有利于消极公平的实现。消极的公平所依存的不是一种权力赐予结构，而是主体间一种互动的结构，这里的立法者不是统治者，而是个体与周围人关系密切的协商者。所谓公正就是要把遵顺大道、自然以行的法则应用于政事之上。

其三，从民主原则或精神的层面上，强调了道家学说与现代民主理论具有多方面的融通性。首先，民主作为一种心灵需要，与道家的自愿、自化主张具有通融性。道家的自由体现了对人性中"为所当为"的自觉，"小国寡民"强调了民主的直接性，即民主适用范围或区域的有限性。其次，民主推崇平凡性，与道家强调众物的平凡性具有极大的通融性。道家反对将个别人的优异之处，当作全社会的标准，肯定多数人"不争"的有规则的、体道的生活，与民主状态下多数人追求自己意愿的生活相一致。再次，道家讲求道性的平等是以尊重差别性为前提的，这与现代民主理论中平等与差异相统一的要求相一致。

其四，指出在道家政治哲学中，制度的存在不是为了功利性的效率，他们关注当下生活，把安适的环境作为生活追求的主要目标，把人放在与天地万物等量齐观的自然状态中。无论是老子还是庄子，他们都倾向于相信，人类社会生活中存在的自然秩序优于按照自己的意志设计创生性秩序。道家强调的秩序是天道均衡的宇宙内在秩序，即自然秩序。

其五，阐明道家宇宙间自然之理即是政治之道，治理之道在于理顺君、臣、民的关系。立君的目的是为民，富民是政治生活的目标；君主的职责就是确立人间的主要事务，并对它们进行区分，为管理事物找到恰当的执行者。道家认为治身与治国相一致，即所谓身国同构，只有把爱护自己放在第一位，把天下放在第二位的人，才可能把天下治理好，治身是治国的基础。

其六，认为合理性的社会发展是与"道"的特性相一致的社会，它的社会制度是自然形成的，而不是圣人有意造作的结果。例如，老子的小国寡民理想是一个"无争"的和平世界，而庄子的"建德之国"则是个体的个性得到充分发展的社会。（何振中）

道家的智慧

《道家的智慧》，隋晓明主编。北京：金城出版社，2011年5月第1版，16开，280千字。

隋晓明，主编（合编）的通俗著作达100多部，主要介绍中国传统文化、国外名家智慧及其在社会、个人生活中的应用等。

本书的主体内容共八章："老子和庄子""知足常乐——逍遥自在的人生智慧""以柔克刚——圆融的处世之道""希言自然——高超的语言艺术""上善若水——温柔敦厚的修身之道""以圆治方——克敌无形的经权之道""无为而治——道法自然的管理智慧""出奇制胜——无往不胜的商战谋略"。

本书的主要特色有两个方面：第一，选取了最具代表性的《老子》和《庄子》两部著作的部分内容，采撷其中最有影响、现今仍有活力和价值的名言警句，并附译文和简单的解析；为了提高可读性，为名言警句和译文配上经典故事，使读者能够轻松愉悦地理解先贤名言的智慧精髓。第二，行文结构简单明了，易读便解。主要构成包括：1.名言或警句：主要从《老子》《庄子》原文中摘取一些相关短语的原文；2.原文的白话译文；3.对原文道家思想的阐释；4.案例分析，通过对典型案例的剖析，阐明其中所包含的深刻道家智慧。（何振中）

道家"道治"思想研究

《道家"道治"思想研究》，唐少莲著。北京：中国社会科学出版社，2011年6月第1版，16开，363千字，系"中国传统治道研究丛书"之一种。

唐少莲，曾用名唐劭廉等，1971年生，湖南双峰人。哲学博士。广东石油化工学院马克思主义学院院长，主要研究方向为：中国哲学与文化、马克思主义中国化研究。已发表论著多部。

本书除了导论、文献综述、后记、出版后记，主体内容有六章，即："道法自然"：形上学进路与"道治"合理性；"道·性·治"：超越意义与"道治"正当性；向"道"而思：致思方式与"道治"真理性；"无为—自治"："主体间性"与"道治"可行性；"内圣外王"：身国同治与道治价值性；反思与修正：走向"无为而治"新世纪。

本书的主要观点包括以下六个方面：

首先，"道法自然"是道家形而上学为现实的人生、政治指明的"道路"。"道常无为而无不为"是"道"之虚无本质的体现，故"道"之"体"乃"无体之体"，其"体"之显恰在于使万物通过"无"而成体；"道"之"用"乃"无用之用"，其"用"之征亦在于使一切用成其为用。这就是"无为而治"的形上学进路，亦是其哲学合理性基础所在。

其次，"道"超越万物而又内在于万物之中，其真正落脚点是"人事"。从"道"到"性"再到"治"，道家"道治"理论的建构其实隐含着一个从否定中实现超越的内在向度。道家人性论的基本思路是以"道性"来超拔人性，"道治"则是"无知、无欲、无事"的"无为之治"。

其三，"道治"理论的建构是道家思维方式的产物，其基本特点有二：作为一种逻辑分析之外的进路与通过体"道"、悟"道"而行"道"。其基本形式有三："观"与"闻"，一种以直觉为表征的哲学观照；"反""时""和"的辨证思维，同时也代表一种辩证施治的方式；"立象尽意"，是以"象"为中心的言说方式。

其四，道家"无为而治"是一种君民"共治"的"我—你"模式。这种君民"共治"通过上下各守其"分"，"因"而制宜得以落实。统治者依其"名分"，顺其"性分"，守其"职分"，则上"无为"而民自治；统治者"因"民之性，"舍己而以物为法"，就能"因""百姓之自为"而"无不为"，实现君民之间真正的"共治"天下。此即"无为而治"的实践合理性与现实可能性所在。

其五，"道"内得之于身，可修圣人之德；外发之于事业，可行王者之政。这就是道治价值的双重开展，亦道家"内圣外王"之"道"。"内圣外王"即"身国同治"："无为"以治身，可畅通"内圣"之途；"无为"以治国，可通达"外王"之业。此"无为而治"所以可能也。

最后，道家"无为而治"存在一些内在的悖论，解决之道在于：通过理论的自批判，在辨证反思中走近"真理"；通过实践的自修正，在开放融通中形成"可能"。这是"无为而治"走向新大陆的必然选择。（何振中）

道家哲学

《道家哲学》，张尚仁著。北京：人民出版社，2011年7月第1版，16开，270千字。

张尚仁，1942年生，广东梅县人。曾任华南师范大学哲学管理学研究所所长、广东行政学院院长等。现任云南大学公共管理学院名誉院长、教授、博士生导师，全国应用哲学研究会常务副会长等。发表论著多部，主要有《欧洲认识史概要》《社会历史哲学引论》《政府改革论纲》等。

本书是一部专门探讨道家哲学的学术论著，除序言、后记外，主体内容共九章，即导论、玄道本体论、有无相生论、天人自然论、社会历史论、形神生命论、人生修养论、精神养生论、道教哲学。

本书提出了一些富于独立思考的新观点及新见解，主要如下：首先，通过对道家经典《道德经》《庄子》《抱朴子》文本的解读与体会，从道家哲学的基本范畴入手，梳理和探讨道家哲学理论，提出了一个比较新颖的道家哲学范畴体系。其基本思路出于《老子》"道大、天大、地大，人亦大"，即以道、天、地、人作为道家哲学的四个基本范畴，道家哲学特别突出"人"。

其次，认为道家是"与时迁移，应物变化"的学派，其形象与品格特征包括独立人格、主张个性解放、深研学问、向往自然、关心民生等；其隐含的中华民族文化的精髓是尊重自然、关爱生命与和谐宽容。

再次，提出道家哲学是人类认识史上哲学产生的标志，《道德经》是第一部具有哲学体系的经典著作，并认为《道德经》阐述的是一种宇宙自然和谐生成的哲学，和谐是世界自身发展的总趋势。

又次，道家哲学生态自然观中包含的自生、自维、自序、自化等思想，预示着在这些观点的基础上可以建立一门哲学的宇宙生态学。

复次，提出生命哲学的另一面是死亡哲学。真正深刻地理解生命，必然包含深入理解死亡。老子的《道德经》提出"死而不亡者寿"的极富哲理的死亡观，庄子则全面而又深刻地展开了对老子哲学死亡观的论述，从而形成早期道家的死亡哲学。死亡哲学是道家生命哲学中不可或缺的组成部分。庄子是中国哲学史上死亡哲学研究的一个开创者。

又复次，道家人生修养理论的核心是修养贵在养心，养心的总体要求是"外化而内不化"。认为葛洪道学真正重视的是世俗生活和现实生命，葛氏的道学从十分抽象的"玄道"讲起，落脚点是现实快乐幸福的生活，即所谓"玄之所在，其乐无穷"。

此外，著者还认为道家哲学充满了对人的生存的忧患，处处表现出对人类生存的担忧，力求探索使人类从生存危机中摆脱出来的途径。期望通过本书的探讨，引起人们对重建人类生存发展基础理论的关注。（何振中）

道家的生存之道

《道家的生存之道》，王贵水编著。北京：海潮出版社，2012年1月第1版，16开，238千字。

本书除了前言外，主体内容包括8章，每章各为一个专题，其中各包含数量不等的短篇，共73篇；即：老子和庄子的智慧人生（6篇）；逍遥自在，知足为万福之本（10篇）；以柔克刚的经权之道（10篇）；无为而治，道法自然的管理智慧（9篇）；圆润变通，曲折婉转的处世之道（11篇）；美言善行，高超的语言交际艺术（7篇）；奇兵诡谲，克敌无形的经商之道（9篇）；上善若水，醇厚雍容的修身之道（11篇）。除第一章6篇对老庄道家智慧进行总体介绍外，其他各篇包括"道者说"（主要引述道经章句）、"智慧细语言"（对前引道典章句进行译释）和进一步阐释发挥三部分。

本书是一部论述道家智慧及其应用的通俗作品，主要讲述道家的修身之道、处世之道、为官之道、学问之道等，期望人们能在工作学习中把道家的智慧真正用于实践。其内容核心要旨及特色，主要包括以下几个方面：

其一，和谐发展的智慧。道家一方面强调道法自然，即是要遵循客观外界的规律。由此，故有"顺应自然"的行为原则、"知止不殆"的告诫以及"天人合一"的和谐整体观。另一方面，重视个性的发展，强调率性，即顺应人的内在本然之性。要与"大道"这一自然社会的总规律相适应，在这一前提下发展自己的本性，而不能随心所欲，强作妄为。

其二，调适心理的智慧。道家崇尚宠辱不惊的处世态度，这种态度既是一种淡泊名利、持守节操的高贵品德，又体现出较强的心理调适能力。道家以"善利万物而不争""容乃公"的宽阔胸怀，以祸福相倚、有无相生的深邃智慧，引导人们从更高、更广的角度来看待物质利益和眼前得失，告诫人们不要为声名、财货这些世俗的物质利益而丧失了自我，扰乱宁静的心灵，损害自己的身心健康，而应"抱朴守真""安时处顺""不与物迁"。这就促使人们运用道德矫治手段，以这些思想原则及时地调节心理失衡，从容坦荡地对待人生历程中的成败得失，保持必要的心理平衡。

其三，协调人际关系的智慧。道家主张抱朴守真、谦下不争等理念，在协调人际关系中能真诚待人、谦虚谨慎、尊重他人、不争私利、不恃己功；从而有利于加深双方的理解与交流，形成共识，促进人际间的协调与合作，从而达到个人与社会、他人之间的协调与和谐。

其四，抑奢戒骄的智慧。道家告诫世人"祸莫大于不知足，咎莫大于欲得"，揭示了贪得无厌的物欲对于个人的危害，不知适可而止，往往致人见利忘义、丧失自我。道家的警句实为立身处世的基本原则，促使人们反省自律，自我完善。

其五，淡泊无求的境界。道家追求的是对自我的超越，其精神至高境界，就是与大道合一，达到"无己""无功""无名"的圣人境界。这对物欲横流、信仰丧失的现代社会具有极其现实的警示作用，能引导读者树立正确的生命观，淡泊名利，开阔胸襟。（何振中）

道家管理哲学——上下级协作关系的视角

《道家管理哲学——上下级协作关系的视角》，闫秀敏著。长春：吉林大学出版社，2012年1月第1版，16开，218千字。

闫秀敏，1973年生，河南新乡人。河南科技学院经济与管理学院院长，主要从事中国古代管理哲学、马克思主义理论研究。主要著作《道家无为管理智慧》等。

本书除了引论"上下级协作关系：道家管理哲学研究的新视角"、余论

"道家管理哲学的现代复兴"、后记外，主体内容有六章："物不离道：上下级协作关系的本体根源""人人平等：上下级协作关系的预设前提""素朴天然：上下级协作关系的人性根基""相待而成：上下级协作关系的现实表现""虚静柔弱：上下级协作关系的素质保证""和谐成众：上下级协作关系的多重价值"。

著者立足于道并以道为根基探求道家在上下级协作关系形成、表现、维持、价值等方面的作用。其核心观点主要包括以下几个方面：

首先，提出道家管理哲学是道家哲学在管理实践中的具体运用。在道的统摄下，道家以尊道守道为根本原则，以上下级协作关系为方向指针，铺陈了一个独具特色的管理哲学体系。

其次，道家思想中蕴藏着深厚的平等意识。道家以道观物的独特视角，使之得出了万物道通为一、彼此平等的结论；还提出了诸如不仁、不尚贤等许多异于人之常识的观点。在道家看来，以平等性为前提和保证，上下级之间的协作关系才有可能形成和维系。

再次，道家从管理哲学的角度出发，遵循"道性→人性→道性"的人性演化路径，蕴涵并超越了人性善恶的伦理致思，指出了人性自普遍物性而至具体个性的不同意境。人的天然之才，亦意味着每个人都有其才之所长，亦有其才之所限。管理者与被管理者天然之才的优势及其限制，为上下级协作关系的建立提供了条件性。由此，道家本之于道的人性认识，为上下级协作关系的建立打下了坚实的理论根基。

又次，道家关于道生阴阳之说，借用阴阳相分且相生的性质，对上下级之间的分工和协作实践进行了精彩演绎。上下级之间的关系内在地服从阳和阴的关系。由于阴阳相分，所以上下级必然在其职能分工的基础上，不得侵凌干预；由于阴阳合和而万物生，所以上下级为了弥补上级和下级各自在认识和才能上的不足，必然相待而成，相互协作。在上下级协作过程中，同样以因循自然为指导原则，管理者须顺应规律而无为，被管理者应遵循规律而有为。如此，管理者和被管理者便可以在有无相生中实现彼此的愉快协作。

复次，为了维系上下级之间的协作关系，保持上下级之间因循自然的协作行为，道家运用反者道之动的思维方式，强调管理者应居阳位，守阴德，具有合乎于道的各种修养，主要有三：虚静之德、柔弱之德、谦下之德。效仿道善下不先的特性，道家要求管理者应有居上谦下之角色修养。谦下之德使管理者得以保持自身的虚静柔弱，辅万物之自然而不敢为，以此维持了上下级协作关系。

最后，构建和发展始终合乎于道的上下级协作关系，可以分别成就不同主体的价值理想。在道的统摄下，以道的和谐之用为形上根基，组织可以借助上下级协作关系，实现上下级和谐相处的价值追求。基于个体均有受之于道的自为白化特征，被管理者可以在群策群力的协作之中，成就和发展自己。基于道常无为而无不为，管理者为避免过度劳累，可以借助上下级协作关系，因用人而无为，因无为而轻松。（何振中）

大道运行论——中国大道哲学及最高精神的研究

《大道运行论——中国大道哲学及最高精神的研究》，司马云杰著。北京：华夏出版社，2012年4月第1版，16开，为《大道哲学通书》第1卷。

司马云杰，1939年生，河南省人，中国社会科学院研究员。著有《绵延论》《盛衰论》《中国文化精神的现代使命》等。

本书除自序、附录（答友人盘道论）、新版校后记外，主体内容包括十章。前五章，即导论——论大道哲学及其研究方法、大道探源论——从神话到形而上学、大道本体论、大道存在论、大道流行论，属形而上，主要探讨大道本体论的哲学体系，包括大道本体的提升、抽象、存在形式及大化流行等；后五章，即大道的人生哲学、大道的社会历史哲学、大道的宗教伦理道德精神、大道哲学与科学理性、大道本体论不可废，属形而下，研究道作为自我存在、社会历史存在的哲学意义与文化精神。

本书属著者撰述《大道哲学全书》之一。其要旨及新论如下：

其一，阐述了大道哲学思想，认为大道即形而上学的道，即哲学本体论的道，此道虽为形而上者，然其并不是空悬着的，而是周流于宇宙、贯通于万物的。基于上述认识，著者指出道的精神，大道哲学或大道本体论的精神，就是中国文化哲学的根本精神，就是中华民族的根本精神。

其二，认为本体论与认识论、纯粹理性与价值理性、本体论与朴散论相结合，既是中国大道哲学的特点，又是本部论著的研究方法；通过这些研究方法揭开中华民族道文化观念的形而上学的本质，在新的理性思维形式下重建大道哲学的本体论和价值论，恢复中华民族大道本体论的根本文化价值精神，并通过新的阐释使之向现代精神转化，以解决先验论、唯理论与自然主义、经验实在论哲学现代发展所带来的一系列社会、文化、人生的问题。

其三，基于中国大道本体论的文化价值精神是与历史、诗、艺术结合在一起的认识，其研究方法必须采用历史文献、诗、艺术相结合的途径，参之以诗人般的激情、哲学家的思辨、圣人化成天下的情怀。（何振中）

原始儒家道家哲学

《原始儒家道家哲学》，方东美著。北京：中华书局，2012年6月第1版，32开，240千字，系"方东美作品系列"之一种。另有台北：黎明文化事业股份有限公司，1983年9月初版。

方东美（1899—1977），名珣，字德怀，后改字东美，安徽桐城人。曾任教于国立武昌师范大学、台湾大学等。主要著作有《中国人生哲学概要》《科学哲学与人生》《坚白精舍诗集》等。

本书主体内容分五章，即："中国哲学精神——导论""原始儒家思想——《尚书》部分""原始儒家思想——《易经》部分""原始道家哲学——《老子》部分""原始道家哲学——《庄子》部分"。

本书分述儒道二家思想，其主要特色包括：

其一，本书并非著者刻意撰著，而主要辑自著者在辅仁大学讲授"原始儒家与原始道家"的录音笔记（1973年9月至1976年12月），其行文十分亲切，不时可见其即兴妙语，运用简明的语言深入浅出地表达深邃的儒道哲学思想特色及其认知、研究方法。

其次，著者认为由于文献不足，从中国文化来看中国哲学的源起是非常困难的。但著者认为中国哲学应该从儒家说起，因为可以将《尚书·洪范》以及《周易》二书作为间接的证据，此二书各自传承的文化传统则是儒家的两个方面（即守旧或永恒的一面与创新的一面）来源。

其三，还原老、庄思想的哲学本源，著者特别使用了"原始"一词，意在展现老庄哲学所固有的面目与精神状貌。认为历代关于老、庄的解读都存在着或多或少的歪曲。如老子哲学自战国起就被人误解，首先是法家田骈、慎到，战国末期的神仙方士，秦汉之际的神仙家，如河上公之流，军事上如陈平之流，政治上如曹参之流形成所谓黄老之术，等等。

著者认为儒家哲学中最能代表儒家精神的，是原始儒家哲学。汉代之后，儒家精神走向衰落。至宋明，新儒家（即宋明理学）就精神境界而论，已经"难比孔孟"，但应该承认他们在一定程度上复活了原始儒家精神。道家精神的真正代表是老子、庄子，战国末期道家思想开始"转向"，汉代以后则更是"趋入邪道"。因此讲道家哲学，只讲"老子体系"和"庄子体系"。书名中"原始"二字，意涵即在于展示儒家与道家的本来面目与基本精神。

其四，应用比较的方式，在阐释老庄思想之时，尤其善用古代东方（犹太宗教精神）、西方（希腊哲学）、佛学以及儒家思想进行比较认知，阐明自己的观点。如论及庄子超然物外的精神时，即以佛学中超脱思想作反证。

台湾大学哲学教授傅佩荣指出，方先生的理论必将对今后中国哲学的研究，产生重大的启发与影响。（何振中）

道家的人文精神

《道家的人文精神》，陈鼓应著。北京：中华书局，2012年11月第1版，32开，150千字。

陈鼓应简介详见《老子今注今译及评介》提要。

本书汇集了著者从1995年到2011年撰写的11篇文章，即上编"道家的社会关怀"：道家的社会关怀、道家的和谐观、先秦道家之礼观、冲突世界中的和谐对话——老子和谐观给世人的提示、老子的哲学智慧对当前文化危机的启发、道法自然与道通为一；下编"老庄的人文思想"：道——人的精神家园、中国哲学中的道家精神、道教的人文精神——从诸子人文思潮及其渊源说起、从老庄谈宗教人文精神、异质文化对话。

本书是著者继《老庄新论》之后另一本阐释原始道家的书，主要特色如下：第一、阐明道家思想的人文与自然是相互蕴含的。著者认为老子是将文化层面的人文思考带进哲学领域的第一人。以宇宙规模来把握人的存在意义，是老庄理论思维的一大特色。老子的"道法自然"洋溢着人文的内涵，而庄子赞叹"天地有大美而不言"时，物理的自然中深透着人文的意蕴，更由人文的自然提升到境界的自然。

其次，在"道家的社会关怀"和"老庄的人文思想"两个主题下，深入挖掘了道家最独到的哲学精神，阐发了著者对道家人文情怀的诠释，几乎每篇文章都透过老庄表达了著者对社会的关怀。

再次，通过跨文化对比，将道家思想回放于现实生活之中，确立民族文化自信。著者把尼采和庄子作为个人进入哲学领域的两个通道，认为他们都讴歌生命，以生命为主题。透过这两者照见了西方文化的辉光，也透视了西方中心论的弊病，从而破除西方中心论。（何振中）

道家人格：概念、测量、功能与反思

《道家人格：概念、测量、功能与反思》，涂阳军著。北京：中国社会科学出版社，2012年11月第1版，16开，398千字。

涂阳军，1980年生，祖籍湖北荆州，生于湖南岳阳。现任湖南大学教育科学研究院副教授。专业研究领域为：教育心理学、人格心理学、组织行为学、心理健康教育等。已发表论著多部。

本书除序、自序、引言、附录之外，主体内容有五章，即：道家人格的概念、道家人格的测量、道家人格的功能、道家人格的反思、综合讨论。

本书乃是基于中国传统文化是以儒道互补为主干的认知，以道家思想文化为研究的大背景，借鉴西方心理学建构系统理论来探讨中国人人格的专著，以所谓道家人格作为重点，主要探讨了道家人格的概念、测量、功能及由对道家人格的反思衍生出的儒道互补人格。提出如下新论：

首先，以中、西方学者关于人格心理学中各人格理论内含人性论的基本预设出发，对道家人性论、道家理想人格做出分析，建构了道家人格结构理论模型，即：由道、道家人性论及人之心理行为特征所组成的具有层级性的有机结构。道家人格可悲操作化定义为：道家人格是指在道家思想文化的影响下，与道家人性论之"自然本真"的内涵一致，并表现在知—情—意—行层面的典型的人格特质。

其次，编制了道家人格量表，包括道家人格的自然本真、知—情—意王大领域及十一维度（自然、本真、联系、矛盾、变化、静、躁、柔韧、谦退、寡欲、超脱）。意欲通过不同维度以使道家人格成为动态、有层次、系统的整体。量表有四点与七点计分，总共有57道题项与词汇。具有比较好的信效度，各个维度的内涵、各维度间的关系及二阶因子的义涵均与道家人格结构理论模型比较一致。

再次，三个研究结论：道家人格多个维度在生活事件与负性情绪（特质焦虑与抑郁）间的中介效应显著；未能很好地支持道家人格具有对抗死亡焦虑的功能，只有少数维度与死亡焦虑显著负相关；道家人格具有心理成长的本质，道家人格各个维度的心理行为特征与人生挫折经验有关。

最后，道家人格不能单独、纯粹地存在，主要与儒家人格一道形成儒道互补人格；儒道互补人格的内在变动与社会环境、个人独特的性格及内在理想三者间的互动密切相关。（何振中）

道家思想讲演录

《道家思想讲演录》，方尔加著。北京：人民出版社，2012年12月第1版，16开，180千字。

方尔加，1955年生，北京人。中国人民大学哲学博士。现为中国政法大学马克思主义学院马克思主义基本原理研究所教授。主讲马克思主义哲学、中国哲学史、中国政治思想史等。发表学术论文多篇，主要著作有《王阳明心学研究》《荀子新论》《将帅型企业家松下幸之助》等。

本书由著者在中央电视台"百家讲坛"、北京大学光华管理学院高级总裁班等单位的演讲稿整理而成。除了引子、结语外，主体内容有六章，即：道家的渊源、道家创始人——老子的思想、论先秦道家对儒家的影响、论道家对法家的影响、老子与庄子思想之同异、论《管子》的黄老道家。

本书是阐释道家思想的通俗读物，主要内容及特色如下：

首先，对道家及其思想做出了简明扼要的梳理与阐释。解释了何为"道"？何为"道家"？解析了道家的渊源、老子的思想，分析了先秦道家对儒家、法家的影响，并比较了老子与庄子思想的异同，此外，还深入剖析了《管子》的黄老道家思想。

其次，对道家思想发展逻辑脉络的论析。道家的核心思想之一就是介入世事，由此逐渐衍生了黄老道家和韩非思想等改造社会的积极思想。

再次，道家以"救人""救物"作为介入世事的原则，其意义在于为统治者提供了一个治世思路，即要敬畏世事，不要总自以为正确，不要用理想代替现实，不要迷信权力、武力或金钱的力量。受其影响，法家著述如《管子》《韩非子》均强调君主要适当地收敛自己，因顺客观。

又次，道家以"不争"的方式介入世事。其核心在于无私，甘心作为他人的垫脚石，为他人的成功搭台。老子的"不争"的特色在于隐忍、敛迹，其"道"或高于"万物"，稍稍包含着刻意追求的意味；而庄子的"不争"，基于"道通为一"，即以"万物"即"道"，"道"在"万物"；"莛与楹，厉与西施，恢恑憰怪"，即俗人眼中所谓丑陋的或有残缺的事物都是完美的，故完全没有任何刻意，与天地浑然一体。

本书以整个道家思想为解读对象，不局限于《老子》或《庄子》为对象，便于广大读者了解和认识道家思想。同时，紧密联系现实，借用现实之事和具体案例以阐发道家思想的现代意义。（何振中）

道家的管理之法

《道家的管理之法》，徐德凝著。大连：大连理工大学出版社，2013年9月第1版，32开，255千字。

徐德凝，1949年生，辽宁大连人。高级工程师，辽宁省社会科学院民俗学研究员，辽宁省作家协会会员等。主要著作有《行吟集》《走过红海滩》《儒家的管理之道》等。

本书除了序、大事年表、公益事业、附录之外，不分章节，由136个短篇构成；各篇均独立成章，包括四部分，即原典引用、白话诗解、相关案例及点评。主要包括：天之道，不争而善胜；得与失；本末不可倒置；吃亏是福；骄傲自满不能长久；先人后己；诚信是企业生存的基础；根据形势作出判断；求才贵在真诚；广泛采纳合理化建议；专注于提升企业的竞争力；善用能力比自己更强的人才；自满是成功者的大忌；一次只专注于一件事情；寻找战略转型点；真诚做人；想员工之所想，急员工之所急；逆向思维等。

本书的写作乃是基于以下的认知，即企业存在的问题，已经不单单是企业运营本身的问题，而是属于人自身的问题、人心的问题。因此，本书的主旨在于通过对道家经典的解读，领悟商道即人道；企业家的修为进入"道"的境界，法于自然，方能在商海中获得成功。其主要特色如下：其一，在研读道家文化经典的基础上，结合企业管理实践经验，以诗歌的形式从中悟出管理的智慧，融入时代精神的要求对道家文化相关思想加以新的阐释。其二，通过引证、讲述中外著名企业经营管理的故事，诠释道家文化经典所蕴涵的智慧，用以阐释企业的经营管理之道，以期有效地引领企业精神。其三，语言运用朴素平白，内容通俗简要。期望通过通俗的案例、浅易的解读，使得读者迅速地将传统文化及其人文精神的内蕴转化为自身的精神力量。

钟祥斌在序中认为，诗意或诗性思维的解读方式，是一条便利而且有效的路径，能够引导人们走进经典之门。道家的生存智慧可谓一剂大药，针对生态困境、世态矛盾、心态迷乱。道教文化的现代转换，道教经典的阐释和弘扬是道教文化发展的根本。这正是著者诗化教育的价值所在。（何振中）

2. 历代道家思想研究

魏晋南北老学志

《魏晋南北老学志》，李孟楚撰。北京：国家图书馆出版社，2018年12月第1版，系方勇主编《子藏·道家部·老子卷》之一种，据1930年排印本收录。

李孟楚（1898—1963），原名翘，字炜仪，别号错盦，曾名石，今浙江温州人。1956年受聘为省文史馆员。曾任天津交易所秘书，上海仓圣明智大学、厦门集美大学师范学院等校的教员，广州中山大学、安徽大学教授。新中国成立后，积极参加地方文献的搜集、整理工作。平生专攻老子学说，著有《屈宋方言考》《老子古注》等。

本书为撰辑魏晋南北朝时期的老学之书。有魏、晋、宋、齐、梁、陈、魏、北齐、周、隋、南北诸人、古注解家、附录一、附录二、附录三等篇目，分类对魏晋南北朝研究老学的人物和经典进行介绍。

著者认为汉文帝后，皆好老学，道家之说盛于汉初，到了魏晋时期，玄学盛行，老学复兴，至南北朝达到极盛状态。书前有自序，著者在其中说明编写缘由，认为"逸士达儒，莫不兼习易老庄子"，魏晋南北朝的儒士，必有授讲老庄者。本书正是撰辑老学之书。（冯静武）

先秦两汉道家思想研究

《先秦两汉道家思想研究》，张运华著。长春：吉林教育出版社，1998年12月第1版，32开，222千字，系"中国当代中青年学者学术精华书系"之一种。

张运华，湖南安乡人。现任五邑大学校长、教授、硕士生导师，曾获

"南粤优秀教育工作者"。主要研究领域是中国思想文化、宗教史、侨乡历史文化。

本书由著者在其博士论文基础上，对原有章节进行调适，对已有观点和内容进行修正、充实成书。全书内容架构，从道家思想的产生到道家向道教的演化，即包括道家在先秦两汉发展的全过程，这是纵的方面，横的方面则是阐述道家思想的自身流变及对外影响。如本书上篇讲先秦部分，将道家学术分为关列、杨朱、庄周、稷下四派，并分析其特点。对先秦诸子，则分别论述道家思想与儒、法、杂、兵各家的关系，特别在《易传》的理论体系中，怎样看待道家思想所起的作用，在学术界是有争议的问题，本书的观点应该更受到关注。

本书下篇是讲述两汉部分。重点解剖汉初黄老之学的《黄帝四经》，作为代表汉代道家理论的《淮南子》，还有标志着道家自然思想重大发挥的《老子指归》。另外道家思想所阐发的元气论和养生论，对汉代学术和道教的产生都有重大影响。总的来说，下篇全面论证了道家思想在两汉时期的地位和作用。

虽然全书的架构像是一部断代道家思想史，但论述的内容确是从拓宽和深入两方面下功夫的。现在学术界也出版有道家思想史和中国道教史等一类著作，对道家文化研究也发表有不少论文，这些论著当然是各有所长，本书著者也是注意汲取各方面营养，但本书作为一部系统的学术专著来说，可以说是博采众长，断以己意，在众多研究的基础上提出自己的见解，并表现出本书研究的特点。全书结构紧密、条理清楚，是一部史论结合和可读性较强的著作。（石建有）

先秦道家哲学研究

《先秦道家哲学研究》，朱哲著。上海：上海人民出版社，2000年9月第1版，32开，192千字，系"当代中国哲学丛书"之一种。

朱哲，1965年生，哲学博士。武汉理工大学马克思主义学院院长，湖北省跨世纪青年学科带头人，教育部新世纪优秀人才，湖北省教学名师。已发表论著多部。研究领域与方向：中国传统哲学与文化、马克思主义理论等。

本书是一部关于道家哲学的论著，全书分为六章。第一章介绍了先秦道家哲学的春秋战国时代背景和史官文化背景以及隐者的社会实践基础。第二至六章，著者分别选择了道家哲学中最关键的思想范畴：有无、天人、群己、生死、道言等进行系统和深入的研究。

关于先秦道家思想的起源，著者认为道家思想的源头是多而不是一，既有对古代文化传统的继承，亦有地域文化的深刻影响，当然与阶级出身、经济地位和史官身份等也有关联。关于有无，著者认为仅仅把无解释为有的未展开状态是不够的，老子所讲的无实际上是含有对立两方面因素的。只有这样才能更好地理解无何以是无限的生机、无限的创造性和可能性。关于天人，著者主张把道家诸子的天人之论作综合、整体的把握才能更准确地理解先秦道家天人之论，才能更好地揭示出道家天人论的积极意义和现代价值，孤立地仅从老或从庄来看，就难免出现矛盾和歧异。关于群己，著者认为人们只注意到道家哲学在群己观上强调"重己"，忽视了道家深体民情、关心他人，因而在评价上多语涉贬义，缺乏客观公正的评析。关于生死，著者觉得虽然人们都肯定道家生死智慧的价值和意义，但深入体会的研究论著还不多见，泛泛之论较多，这是尚待深入、改进的方面。关于道言，著者认为如果把道言问题转换为言意的关系问题，是把本来很有特色的道言问题变为一个毫无特色的中国文化中的一般问题，把一个道家哲学的问题变成了一个文艺理论中的一般的言意问题。如果把道言问题与西方的语言哲学问题相比较，借以凸显道家语言哲学的重要意义，的确有助于发掘道家语言哲学的深意，但由于所运用的知识背景主要是西学的，因而西学色彩较浓。

本书在掌握大量文献资料的基础上，从本体论、宇宙论及伦理学等方面对这些思想范畴加以多层次的研究、剖析，并与西方哲学中有关领域的理论加以比较。著者着力对以往理解中的含糊、错误之处作了澄清，提出自己的独特见解，力图向读者展示一条现代人深入理解道家哲学的途径。（石建有）

秦汉新道家

《秦汉新道家》，熊铁基著。上海：上海人民出版社，2001年3月第1版，32开，404千字。

熊铁基简介详见《秦汉道家与道教》提要。

本书是著者在《秦汉新道家略论稿》基础上撰写成的一部全面系统论述新道家形成、发展及历史作用与影响的专题著作。分为"历史""思想"两篇，"历史篇"主要阐述新道家主要特点、历史作用及其影响；"思想篇"主要论析先秦至魏晋新道家代表人物和著述的思想，包括政治理想、治国方略、处世哲学等。本书资料丰富、论述详赡，是秦汉学术思想研究中获学术界关注的力作。

"历史篇"计七章：从"稷下黄老"到"家人之言"——新道家问题的提出；《文子》《经法》及其他——黄老之学的著作；诸子"文篇俱在"与"秦圣"自谓"真人"——秦代的道教思潮；"学老子者则绌儒学"——汉初的儒道之争；从《吕氏春秋》到《淮南子》——论秦汉之际的新道家；从吕不韦到诸葛亮——新道家的发展；黄老·老庄·道教·玄学——道家名与实的演变。

"思想篇"则有12章：秦汉新道家与先秦道家思想之比较；《吕氏春秋》两论；陆贾是汉初新道家的突出代表；司马迁父子的道家思想；《淮南子》集黄老道论之大成；《淮南子》的政治思想及其与《吕氏春秋》的比较；严遵的《老子指归》；论扬雄的道家思想；《老子河上公章句》；略论刘秀为政的指导思想；"合黄老之义"的王充；秦汉新道家之"殿军"诸葛亮。书末又有附录一：范蠡其人其事及其思想；附录二：从"存天理，灭人欲"看朱熹的道家思想；附录三：关于古书目录中的"杂家"类。

"历史篇"和"思想篇"的设置，有意从纵向和横向两个角度说明秦汉时期道家思想的性质和面貌。通过本书的阅读，可以得到有关这一主题的接近全景式的历史文化知识。全书篇目设计，并不像有些著作为求结构完整，支撑其形式，不得不扩充一些内容。熊铁基的这部专著每一章节都独立成说，各有精论。这得益于本书是在著者20年前的著作《秦汉新道家略论稿》基础上反复锤炼、逐步深化而得来。

本书与原来的《略论稿》有哪些不同呢？篇目增加了一倍，字数超过了两倍，在论述的角度和深度上亦有较大的进展，在原有篇目的基础上进行了很大程度的修改，反映了著者认识的不断提升，也包括对少量看法甚至错误的纠正。总之，较以前更为全面。这主要表现在：首先，与《略论稿》相比，本书具备了比较完整严密的体系，分"历史"和"思想"两篇从纵横两方面进行论述，力求历史和逻辑相统一。其次，"思想篇"各章，有些内容虽然已经经过各家反复探讨，但在本书的整个新体系中，地位是很重要的。再次，三篇附录可算作笔者研究思考整个问题的副产，虽为副产，却带有思考的普遍意义。（石建有）

从魏晋玄学到初唐重玄学

《从魏晋玄学到初唐重玄学》，强昱著。上海：上海文化出版社，2002年5月第1版，32开，308千字，系"道家文化研究丛书"之一种。

强昱简介详见《成玄英评传》提要。

本书是在著者博士论文的基础上修改而成，保持着原有的基本思想与结构，在不影响原有建构下，进行了适当的修订与义理阐释的进一步增强。全书分为引言：对重玄学建立的历史过程的回顾。上篇四章：重玄学的一般线索；道教哲学的玄学化：重玄学的起步；三一论：玄学向重玄学过渡的中介；重玄学的建立。下篇两章：成玄英前期的重玄学思想；《庄子疏》：成玄英后期的重玄学思想。结语：成玄英重玄学的意义。附录一：引用道藏经籍表；附录二：敦煌写卷道籍引用表；附录三：镰田茂雄辑（敦煌本）《太玄真一本际经》（全本）序号。

回顾从魏晋玄学到重玄学的历史过程是必要的。在这里，扼要指出的问题是：一、道教是在什么条件下，产生出重玄学的思想体系；二、以重玄学为老庄学的第三期发展的根据何在；三、老庄学、玄学、重玄学具有什么关系；四、著者运用的研究方法和基本立场。本书是对特定的古典时期精神成长历史档案的分析，集中讨论了重玄学发生发展的逻辑演变过程及主要逻辑建构，而对社会政治经济关系等背景基本付诸阙如。这样的研究方法与结果，优点是展示了最主要的哲学观念的内容与得失，不足则是无法清晰表现社会环境与思想演变的关系。然而，本书本意不在于对社会历史背景花费时间精力，仅在纯哲学的方面考察重玄学的功绩与意义。因此，展现于读者面前的是力图对文本内涵予以客观探索的记录。（石建有）

有无之辨——魏晋玄学本体思想再解读

《有无之辨——魏晋玄学本体思想再解读》，康中乾著。北京：人民出版社，2003年5月第1版，32开，421千字，系"中国哲学青年学术文库"之一种。

康中乾，1958年生，陕西师范大学中国哲学史博士生导师。出版专著《中国古代哲学的本体论》《从庄子到郭象——〈庄子〉与〈庄子注〉比较研究》等。主要研究魏晋玄学及中国古代的形而上学问题。

本书分上中下三篇。上篇即第一章魏晋玄学概论。从什么是魏晋玄学、魏晋玄学研究的主要问题、魏晋玄学之逻辑发展、如何评价魏晋玄学、魏晋玄学研究的现状和问题五个方面对接下来本书讨论的核心问题进行铺垫。中篇即第二章有无之辨中的本体论问题。主要从王弼"无"论、裴頠"有"论、郭象"独化"论、张湛"至虚"论、僧肇"空"论，对有无之辨中的本体论问题展开分析讨论。下篇四章：有无之辨中的动静论问题、有无之辨中的认识论问题、有无之辨中的方法论问题、有无之辨中的价值论问题，试图将魏晋玄学中关于"有无""动静""认识论问题""方法论问题""价值论问题"统一起来考察。

本书名为再解读，看似对前人解读的重复，实则将前人的观点大大地向前推进了。其创新在于：第一，突破了"王弼首创中国哲学本体论"的成说，把中国哲学本体论上推到先秦时期。第二，通过"有无之辨"的历史考察深入揭示了玄学本体论的逻辑演变过程。第三，用现代西方现象学的理论对郭象"独化论"进行了新的创造性的诠释。在逻辑推演的同时运用了大量的历史文本材料为基础，逻辑的方法与历史的方法在这里真正达到了有机融合。不足之处在于：对"独化"所做的现象学诠释，仍有深化的空间。关于两汉经学到魏晋玄学的历史转变交代还不够详细，下篇的几个"问题"也没有充分展开论述。（石建有）

汉晋之际道家思想研究

《汉晋之际道家思想研究》，马良怀著。厦门：厦门大学出版社，2006年3月第1版，32开，160千字，系"南强丛书"之一种。

马良怀简介详见《中国老学史》提要。

本书分三个部分。第一章汉晋之际道家思想的复兴。从西汉时期儒家思想定于一尊，独霸天下，道家学说不绝如缕，顽强生存，到东汉末期天人感应神学崩溃，道教产生和道教经典著作《太平经》出现的道家思想复兴过程，分析了道家思想复兴的四个原因：汉晋之际是我国思想文化上的大变革时代、人的觉醒、政治上的动荡不安、庄园经济的兴起和发展。第二章汉晋之际道家思想的发展。先是交代了传统道家学说，亦即先秦时代的道家学说，这里主要指《老子》和《庄子》，在自然哲学、政治哲学、人生哲学、美学等方面呈现出的基本特征，为后续讨论道家学说的复兴和发展埋下伏笔。接着，重点讨论了正始玄学、竹林名士、郭象、张湛等这一时期道家思想发展重要的节点以及代表人物和流派，对道家思想的复兴和发展过程进行梳理。第三章汉晋之际道家思想的生存状态。主要从五个方面进行描述：在政治学说中的运用、在人生哲学上的体现、在道德重建中的作用、在宗教中的作用、在美学上的表现。

本书认为汉晋之际是道家思想大发展的时期，大致上可分为四个阶段：东汉后期为第一阶段，是道家思想挣脱压抑、走向复兴的时期。第二阶段为曹魏正始年间，是《老子》学说大发展的时期。第三阶段为魏末西晋之时，是《庄子》学说大发展的时期。第四阶段是东晋时期，道家思想进一步走进宗教和社会生活，为道教的成熟提供理论基础，为佛教的中国化提供契合点，在政治哲学、人生哲学、美学、庄园经济的发展等方面发挥着巨大作用。（石建有）

先秦道家的道德世界

《先秦道家的道德世界》，许建良著。北京：中国社会科学出版社，2006年12月第1版，32开，390千字。

许建良，1957年生，江苏宜兴人。哲学博士。现为日本伦理研究所会员，中国社会科学院应用伦理研究所客座研究员。主攻中国哲学、中国道德哲学、中国·西方·日本道德哲学比较、社会应用伦理研究等。已出版专著《魏晋玄学伦理思想研究》《现代化视野里的经营伦理——日本文化的背景》等，在海内外刊物上发表学术论文多篇。

本书分为四章：老子"孔德之容，惟道是从"的道德思想；《黄帝四经》"正以明德"的道德思想；庄子"道之所以亏，爱之所以成"的道德思想；《庄子》"德兼于道，道兼于天"的道德思想，线索明确，逻辑清晰，层次分明，论据充分，论证有力，论点独特，遵循原典—分析—结论这一人文科学研究的应有原则，以道家哲学的三个核心概念自然、万物、因循为线索，对先秦道家道德思想进行了系统的梳理。自然、万物和因循，三者并非孤立的存在，"自然"可以理解为规律自然、本性自然、方法自然。万物能也应该依顺于自己的自然本性而运作，由"自然"而知万物存在各依循自己之本性，并各有自己存在的价值。道家始终以"万物"为价值坐标的原点，平等对待万物，那么就应该尊重万物各自的特性，因此在方法论上就决定了道家的"因循"特征。自然—万物—因循的主线是走进先秦道家道德世界的中轴线，抓住这条主线是理解道家道德思想的枢机。

本书的创新在于：1.道家哲学标志性概念的确立。长期以来，学界几乎一致认为"道"是道家的标志性概念，著者在研究原典的基础上指出"自然""万物"也是道家本身所重视的概念，是道家之所以为道家的标志性概念。2.因循哲学思想的梳理和提炼。著者在对原典分析的基础上大胆为"因循"翻案，阐述了因循思想的合理性和当代价值。3.反驳道家否定道德的观点。认为老子道家否定的是异化了的道德，而对于合于大道精神的真正道德是肯定的。4.道家私欲的新解。"少私寡欲"和"少私须欲"，著者认为后者更接近老子思想的原貌。"须欲"对欲望表明的价值信息是肯定的，具有主动性的倾向。（石建有）

先秦两汉道家思维与实践

《先秦两汉道家思维与实践》，薛明生著。台北：文津出版社，2007年2月第1版，32开。

薛明生，祖籍江苏宿迁，现居于台湾桃园。曾任台北大学土地与环境规划研究中心博士后研究员、玉溪师范学院文学院客座教授。

本书首章主要说明先秦两汉道家思想在实践中即有因道、得道的记述；第二章则为先秦道的渊源、衍化与体现；第三章为秦汉道论之承传与流变；第四章为道论体现认识论方面之研究，以彰显道家思想的"有"与"无"之"形上"与"实践"的综合性把握；第五章为道论体现实例之研究，如轻徭薄赋、无为而治、修德炼；第六章为道论体现之反思，其主要论述道家思想的功能与价值。

本书研究的视角乃是从道家内圣之自我德性与外王化施救善两方面进行，并依此二视角作为契道、达道范畴的综合性诠释与依据，乃是把道的崇高性，透过对道的可行性分析与实践之理据研究。本书以理论与实务相互参照对举，并加以衔接现今理论与实务发展的景况，一者阐释道论思维与实践的发展困境，再者述明道论转圜之契机所在。透过对历史的关怀与认知，从而达到找出道论传续衍化下之现象与其法则及规律。再者，在对举比较中，不时以儒家思想或其他各家思想检试道论发展的变化。（熊品华）

先秦道家的礼乐观

《先秦道家的礼乐观》，林明照著。台北：五南图书出版公司，2007年9月初版，32开。

林明照，台湾大学哲学博士。曾任东吴大学哲学系助理教授、佛光人文社会学院哲学系助理教授。现为台湾师范大学国文学系助理教授。研究领域为道家哲学、魏晋玄学、中国当代哲学。

礼乐是周代文化的核心内涵。春秋晚期，"礼乐征伐自诸侯出"，导致所谓礼坏乐崩的局面。道家思想自老子始就对礼乐变迁、解体做出因应与反省，这一点在精神上和先秦儒家的礼乐反省是近似的。先秦的道家以道作为反思礼乐的理论标准，其诠释路径始终围绕于道。当老庄及黄老道家赋予道不同内涵时，也就赋予了礼乐不同面向的诠释。

本书指出老子对于礼乐的反省正表现出老子在社会制度、尊卑等级以及人性等面向的人文思索。庄子的礼乐思维正是隶属其生命哲学与实存反省的脉络中，从如何超越生死问题等生命实存面向来反省礼的内涵，同时赋予礼新的意义。另外，站在生命的面向上，从揭显生命本真与体现天地、宇宙秩序双重面向来赋予音乐独特的美学内涵。庄子将礼乐安置在生命实存的脉络中来讨论，开展出以生命关怀、艺术审美为本色的独特礼乐思想。至于战国黄老道家，在承继老学以道为价值归本下，先从维系社会的尊卑等级之序、修德养生、应时而变等面向来肯定及解释礼乐的作用及内涵，接着再通过形上之道为礼乐奠立客观合理的质性，黄老道家的礼乐思想涵盖了政治制度以及养生等层面。

学界关于整体论及先秦道家礼乐思想的研究专著尚不多见，类似研究成果多为期刊论文。故本书之价值有以下三点：首先，本书以整体性思维专论先秦道家的礼乐思想；其次，在顾及礼乐一体脉络的同时，又针对礼和乐进行分开论述，较之前人论述较为周延；最后，在阐述礼乐时，会贴紧礼乐，进而反省与其他哲学的关系。（熊品华）

先秦两汉道家科技思想研究

《先秦两汉道家科技思想研究》，谢清果著。北京：东方出版社，2007年11月第1版，精装，16开，442千字，系"国学新知文库"之一种。

谢清果简介详见《中国道家之精神》提要。

本书系著者在其博士学位论文《道家科技思想及其范畴研究》上篇基础上修订而成。它比较系统地考察了先秦两汉时期道家科技思想，界定了道家科技思想的科学内涵，探讨了道家思想与传统科学范式间的关系，阐述了道家科学思想的精神气质和方法基础，剖析了道家技术思想的运作模式。著者着重关注道家科技思想对当今克服科技异化的意义和价值；首次从自然技术、社会技术、自我技术三个方面深入剖析道家技术思想；努力勾勒道家科技思想在先秦两汉时期的发展脉络，进而开创性地探究道家科学共同体兴衰的原因及其历史启示。

"道家科技思想研究"这个题目，本身就有鲜明的中国文化特色，这个题目也因而可能引起某些学者非议。他们认为中国古代根本不存在现代意义上的科学，只有经验层次的技艺。事实上，科学思想和技术思想的内涵要比科学技术知识本身更为宽泛，凡是对科学技术发展在思想方法上有启发引导价值的观念、学说、理论，都应纳入科学思想和技术思想的视野。逻辑推理和科学实验也有其力所不及之处，科学发现和技术发明所需要的创意、对复杂系统的整体性把握、对科学技术与社会关系的协调也需要发挥直观体验思维的作用。

当然，讨论道家科技思想，是一项难度很大的研究工作。道家思想并不是按照现代科技知识体系的内在逻辑发展起来的。道家思想中的不少内容与现代科技知识的本质特征是相冲突的。将道家思想中对现代科技发展有启发意义的观点内容提炼出来，重新加以诠释，体现其现代意义和价值，有很大的意义。道家科技思想研究根植于中国文化的沃土，是一个充满希望的领域，值得大力开拓。（石建有）

当代新道家——多音复调与视域融合

《当代新道家——多音复调与视域融合》，赖锡三著。台北：台大出版中心，2011年8月初版，32开，系"台大哲学丛书"之一种。

赖锡三，1969年生，台湾宜兰人。"台湾清华大学"中国文学系博士，现任台湾中正大学中文系教授。另著有《庄子灵光的当代诠释》《丹道与易道：内丹的性命修炼与先天易学》等书。

本书可视为著者长年思考当代新道家的研究成果。著者关注牟宗三之后关于老庄之道的当代诠释，特别是那些具有典范性的诠释成果。著者特别考察了袁保新、刘笑敢、傅伟勋、陈荣灼、杨儒宾等诸位先生的论著，最后归纳出"后牟宗三时代"老庄之道的多元诠释可能：存有论、美学、神话学、冥契主义等四重道路。

本书七章基本围绕着存有论、美学、神话学、冥契主义四重道路上。第一章"后牟宗三时代对《老子》形上学诠释的评论与重塑——朝向存有论、美学、神话学、冥契主义的四重道路"，本章重新检视牟宗三之后，企图突破牟氏进路，展开新的诠释向度之重要学者与重要路标。经由本章的分析归纳、厘清重建后，约可区分为四重道路。第二章"牟宗三对道家形上学诠释的反省与转向——通向'存有论'与'美学'的整合道路"，本章企图回到道家文献上，细致检讨牟宗三诠释系统的限制，以及如何在超出牟宗三的主观境界说之后指点存有论与美学统合之路的具体方向。另外，本章企图缝合存有论与美学这两个诠释领域，进而凸显牟宗三主观境界形上学之心灵美学诠释之无根。换言之，牟宗三的道家诠释亦可视为另类的"存有遗忘"，其美学意蕴亦将不能充盈饱满。第三章"道家的逍遥美学与伦理关怀——与罗兰·巴特的'懒惰哲学'之对话"，本章特别从道家美学的逍遥自适角度和法国思想家罗兰·巴特的懒惰哲学对话，以期将道家的美学救赎放在当代生活世界的公共批判脉络中进行发挥；其次点出道家所隐含的另类伦理关怀。第四章"道家的自然体验与冥契主义——神秘·悖论·自然·伦理"，本章将道家的体道文献放在普世性的冥契主义脉络中来考察，并藉此厘清道家式的自然体验，是一种自然美学类型的冥契类型。在本章的结论上，也从冥契体验角度讨论道家的伦理关怀，达到存有、美学、冥契、伦理这些向度，产生视域融合。第五章"老庄的肉身之道与隐喻之道——神话·变形·冥契·隐喻"，本章处理道家的隐喻表述和神话思维、冥契体验的关系，企图透过道家的世界观，为隐喻提出一个更根本的奠基效果，使得诗性隐喻与存有开显位列同一层次。第六章"从《老子》的体道隐喻到《庄子》的体道叙事——由本雅明的说书人诠释庄周的寓言艺术"，本章除了说明道家对语言态度可从沉默、隐喻、叙事、概念这四重语言状态来考察外，如果从隐喻与叙事两个面向，可较细致地根据文献处理《老子》的各种隐喻意象和手法，并讨论了《庄子》除了继承隐喻的表述外，如何加入叙事的寓言手法，以更情境的方式来传达体道的历程和内涵。第七章"道家式自然乐园的一种落实——陶渊明《桃花源记》的神话、心理学诠释"，本章主要从陶氏诗文的神话意象分析着手，呼应了本书的神话学诠释面向。本章除了讨论陶渊明自然美学与道家关系外，亦分判了桃花源与乌托邦的差异，从中引申出陶渊明与道家对政治暴力的批判态度。

总言之，本书企图建立后牟宗三时代之新道家的诠释面向。著者归纳为存有论、美学、神话学、冥契主义等四重道路，建立当代新道家的新里程碑。

（郭正宜）

朱熹对道家评论之研究

《朱熹对道家评论之研究》，江右瑜著。新北：花木兰文化出版社，2011年9月初版，16开。

江右瑜，台湾彰化人，台湾暨南国际大学中文系硕士，彰化师范大学国文系博士，任教于台中教育大学专案助理教授。本书为其硕士论文。

著者指出，朱熹认为道家之所以为异端，其弊病即在于道体及工夫两方面。道家不识道德实理，是对道的误解。而成无德的格物功夫，更是道家主要的弊病。朱熹对于古籍的一贯态度是详考辨，他对道家经典也不偏废，对道家丹书颇有涉猎。大体来说，朱熹仍是以儒家的本位批评道家，以儒家仁义道德的内涵，作为评论道家之判准。

朱熹以《易》批《老》。著者认为其一方面预设老子所言道体之"生"只为直贯式的衍生义，一方面取《易传》的创生型态，来批评老子道论的创生作用与有无观。在工夫论的探讨上，朱熹批评道家有"只知一路""无格物功夫"两项弊病。前者指其道体上的谬误，后者则批评道家缺乏以道德为主体的修道功夫。朱熹认为所谓"功夫"必须以道德为主体，因此道家的"虚静无为""心斋坐忘"等养生方法，缺乏仁义道德的内涵，只能称为"修养"，而非"功夫"。

著者观察到，朱熹将道家的发展分为三大阶段。第一阶段是以思想的成形与发展为主，重在思想哲理上的论述，以老、庄二人为代表。第二阶段指两汉时期道家理论的实践，此时黄老之学虽于政治达到"小道易行，易见效"的成果，但终究不脱老子权诈之术的运用。第三阶段指广义的道教，是掺杂了巫祝行法之宗教色彩的道家后学。

在道家人物的评价上，朱熹批评老子在道论方面是"察理不精"，在伦理方面是"不见实理"，甚至几其"心最毒"。而其批评庄子，虽谓其有"无礼""无细密功夫"等弊病，但在道体的形容上则肯定庄子，甚至推测其可能承自孔门之徒，所谓"庄子承自子夏"之说。朱熹对于老子的批评明显较对庄子为严厉。

朱熹晚年久病求医，因此对《周易参同契》格外用心，他推崇该书中所蕴含的天机及阴阳之理，甚至为作《考异》。朱熹并未否定道教中的神仙长生之说，反而以气、形的观念，说明神仙乃气之所聚，气终即销蚀。若能养得清虚之气，亦可得以长生。而道教中默坐数息与炼丹等修行法，朱熹亦未排斥，部分甚至身体力行。朱熹固然称许道家的养生之法，但此部分仍只有消极的认可，而无积极的肯定。（林翠凤）

近现代的道家观：
对近现代道家思想研究的探析

《近现代的道家观：对近现代道家思想研究的探析》，林红著。济南：山东大学出版社，2012年12月第1版，32开，233千字，系"青年学术文库"之一种。

林红，1972年生，山东日照人。博士，副教授，现任山东大学马克思主义学院马克思主义基本原理教研室副主任，山东省高校马克思主义基本原理教学研究会副秘书长、常务理事。主要研究方向：思想政治教育、中国传统文化等，发表论著多部。

本书是著者对博士论文《近代的道家观——对近代道家思想研究的探析》的内容和观点进行修改、拓展而成。在博士论文的基础上，又撰写了五四运动到新中国成立阶段的"现代道家思想研究"部分。

全书共分八章，第一至四章是对近代学者道家思想研究探析，阐明了近代道家思想开展的背景、鸦片战争至戊戌变法前后——道家思想与经世致用的结合、戊戌变法至五四运动前——道家思想与西方观念的亲和，并对近代道家研究的成绩与不足作了解析。第五至八章则是对现代学者道家思想研究的探析，阐发了现代道家思想开展的背景、疑古思潮下20世纪二三十年代对老子年代问题的争论与反思、众多学者研究道家思想的多元方法以及马克思主义的传播与道家思想研究等问题。书的末尾，以"结语"的形式对近现代道家思想研究地位及影响作了概括和总结。

本书所指的"近现代"是从1840年鸦片战争爆发到1949年中华人民共和国成立前后的历史，所探析的资料也以这一时期为主。"近代"指1840年鸦片战争爆发到1919年五四运动前后的历史，这一时期学者对道家思想的研究包括两个阶段：鸦片战争至戊戌变法前后——道家思想与经世致用的结合、戊戌变法至五四运动前——道家思想与西方观念的亲和。"现代"指从五四运动至中华人民共和国成立前后的历史，这一时期学者对道家思想的研究包括三个阶段：20世纪二三十年代疑古思潮下对老子其人其书的争论、众多学者对道家思想研究的多元方法、马克思主义传播与道家思想研究。各个阶段的历史境况相异，所以每个阶段的研究所凸显的道家思想也各有偏重，对道家思想的政治价值、思想价值和文化价值三个层面的诠释也各有特点。著者把他们整合在一起，构成了中国近现代的道家观。

本书对近现代的道家思想研究的探析，虽然是以个案研究的形式展开的，但由于坚持了历史与逻辑相统一的原则，故其系统性、整体性还是清晰可见的，并在个案分析中亦不乏新意。当然，由于近现代道家思想研究的资料比较分散，加之近现代思想家、学人研究的领域比较广泛，道家思想研究在他们的研究体系中究竟占何种地位，也需要作审慎的定位，所以这也是本书难以达到面面圆融、合理，可能会存在这样或那样的不足的原因。（石建有）

3.老庄思想合论

老庄自然学案

《老庄自然学案》，刘仁航撰。北京：国家图书馆出版社，2018年12月第1版，系方勇主编《子藏·道家部·老子卷》之一种，据1926年上海中华书局排印《东方大同学案》本收录。

刘仁航（1884—1938），又名登瀛，字镜机，号灵华，别号坤化博士。江苏邳州人。曾任教于苏州、上海、南京等地。中年游印度探求佛学旨义并遍游佛教圣地。抗战时参与中国共产党领导的救亡活动，自1937年秋起在八路军武汉办事处工作。1938年于湖北嘉鱼县遭日机轰炸遇难。刘氏早年倾心康梁维新思想，宣扬大同社会主义，后奉佛。生平著作有《印度游记》《近世美学》《天下太平书》等。

全书分"无言篇第一""去害篇第二""建设内篇第三""建设外篇第四""殿军篇第五""退化篇第六""西方乐土与东方乐土通说第七"共七部分。卷末附《史记·老子列传》《史记·庄子列传》及《西儒评老庄》三篇。有如下特点：

一、本书系合论老庄之著。著者认为"老杨庄列所论，皆大同世社会家言"，而老庄实为大同之世学术思想之中坚。全书以老庄自然为旨要，分列各主题后，再具体阐明老庄自然之内涵，并广引中西诸子各家，借老庄以申明大同社会之要义。如《去害篇第二》，认为去害应该发挥老庄厌世让王精神，无知、去政治法令是大同世界应有之义，此外大同世界应贱机器、非礼乐仁义等等。

二、本书解老庄，有强烈的现实针对性。本书所论之主题源于著者对现实政治、社会的观察思考。每设一主题，则引老庄相关之言论，并与现实社会中之各类现象、问题对照，或批评讽刺之，或提出建议。如《无言篇第一》中，引《道德经》"道可道，非常道"及《庄子·知北游》"知者不言，言者不知"等，再引佛之无相、儒之默识、耶之默祷，以证老庄无言之教系普遍道理，最后则云："现在政府常常出告示通电辟谣言，却越辟越成事实了。""所以要改造，第一要非把妄语去了不成。"

三、本书以论老庄为主，但佛教思想相当浓厚。书中注解老庄处，表现出较为明显的以佛解老庄倾向。如书中称："老庄言'无圣'，与禅家言'无佛'差不多。老庄言'无法'，即同佛说'非法'。老庄言'无为'，犹佛言'空'言'涅槃'也。"此类解读比比皆是。因佛教思想浓厚，故一些观点主张似有牵强之处，如作者云："大同世厌世的道理顶要紧，可以发泄人戾气，消争杀，令人妄想有归宿，使天下太平。皇道帝道人生观结局都如此。"（周天庆）

老庄哲学研究

《老庄哲学研究》，贝琪撰。上海：上海图书馆，1932年，铅印本；1933年，线装排印本，16开。北京：国家图书馆出版社，2018年12月第1版，系方勇主编《子藏·道家部·老子卷》之一种，据1932年排印本收录。

贝琪（1915—1941），谱名贝聿琚，又名贝充，号仲琦，江苏苏州人。生而颖慧，少而好学。1931年前后旅学北平，后经金天羽引介进入国学会。曾从章太炎问学五载，专志于经史之学。1935年，经金天羽之荐，任教于云南大学，后返回苏州。抗战事起，辗转于南昌、汉口、桂林、贵阳、重庆、昆明等地，曾供职于军事委员会。贝琪英年早逝，却著述颇丰。

本书于1931年10月始作于北平，胡适为本书题写书名，结构上共分八篇，每篇又分为若干小题，每篇内容长短不一。首篇为引论，末篇为结论。此外，第二篇老庄考，下有（一）老庄之年代考，（二）老庄之著述考，（三）老庄学说之渊源考；第三篇老庄之宇宙哲学，下有（一）宇宙本体论，（二）宇宙组织论，（三）宇宙现象论；第四篇老庄之知识论；第五篇老庄之人生观，下有（一）齐物说，（二）定命论，（三）死生观；第六篇老庄之处世哲学，下有（一）本真论，（二）绝欲说，（三）守柔说，（四）修养论；第七篇老庄之政治哲学，下有（一）老庄时代的政治背景，（二）无治主张，（三）废法——

忘术，（四）非战——去兵，（五）老庄之理想国。

著者认为老子之说持之有故、言之成理，其说以"无"为体，以"有"为用，以"自然"为来源，以"反始守柔"为处世之方。认为释老皆曰"无"，但二者有本质的区别，释氏曰"无"乃是真无，老氏曰无"非真无也"，乃是讲"清静"。老氏关于人世间的一切社会现象，皆主张以自然为原则。他反对把老子的哲学称为消极的、出世的哲学，认为持此论者多为非"真知老子"的人。对于庄子，著者认为其绝非出世主义者，以实用主义的眼光去批判庄子的人，大多是以为其论立于"忘"字之上，然这些人并不真理解庄子的"忘"。"其所谓忘"者，乃是希冀养成一因任自然之真人，然后可以达到内圣外王，"忘"只是手段，不是目的。《庄子》全书的中心只在"依乎天理，因其固然"。著者认为老庄之最大特色在撇却卑下的物质生活，去追寻高尚的精神文化，在教人离开外生活已完成其内生活。

总之，著者学说承袭章太炎、梁启超、刘师培诸家论说，其《老庄哲学研究》篇幅虽短，但对老子、庄子之说，多发前人所未发，颇有学术价值。（冯静武）

老庄之互助学

《老庄之互助学》，邵乐安著。北京：国家图书馆出版社，2018年12月第1版，系方勇主编《子藏·道家部·老子卷》之一种，据1933年世界编译馆排印《互助》本收录。

著有受广义进化论影响，从"互助论"出发，在中国诸子之说中发现了丰富的"互助"思想和价值资源。

本书为《互助学在中国哲学上之研究》之第二篇，分别为第三章老子之互助学、第四章庄子之互助学两个部分。著者论老子之互助学，称老子不居仁义之名，而行仁义之实。是真仁义，是真互助。以老子之互助学，为形而上之互助学。并以老子之道不忘救人救世，引《孟子》、《朱子语类》、欧阳修笔记、钱大昕《潜研堂文集》、颜师古《道德篇》、李石曾《我之互助观》证老子的互助原则，又引"天之道，损有余而补不足"章，称老子互助学为法天道的自然互助学。以天道之张弓，喻人事之互助，与孔子"不患寡而患不均"有相同意义。以老子"无身"之语为无我助他，与孔孟之"舍己从人"、墨子"兼爱天下"、孟子"得道者多助"相通，以证老子与孔孟之学殊途同归。以"为人""为己""不害""不争"总结《老子》大义，以表现老子"互助"精神。后引《管子》之《枢言篇》《霸言篇》《五辅篇》，证管子得老子互助之原则，认为管子之有为正体现了老子"无为而无不为"之说。

其论庄子之互助学，将庄子与孟子对举，以庄子明老子之道之功与孟子抵排异端相同。引《史记》、成玄英、郭象、《晋阳秋》等说，以庄子承老子之说，力主"无己""无亲""平均"之道，与孔子相合；得老子"和平""互助"之真谛，志在兼善而非独善，与老子"以身为天下"相通。又认为，儒家"舍己从人"、道家"无身忘己"、释家"无人我相"，三家"无己"之说相同，其目的皆为破除"我"见。而后论《庄子》"天地虽大，其化均也"之无私与《墨子》兼爱相互参证。引欧阳修《朋党论》，证庄子"利合"之说。力陈互助为相友之道，以"公理"为互助之的。引《大宗师》"相濡以沫"，以证人与动物皆有"互助"之天性，而人未能"互助"的原因在于被后天的智识情欲所遮蔽。文末引柯伯坚《互助论》，希望人类依据"互助"原则扫除互利之私、互斗之害，如此则世界亦可大同。

总而言之，本书持"互助论"立场，力证中国古代哲学思想中已有互助之思想，从新的理论角度对老庄思想加以诠释，可谓以西化中，是西方学说与中国哲学思想交融而成的新说。（李利）

老庄哲学

《老庄哲学》，胡哲敷著。上海：中华书局，1935年2月版。

胡哲敷，1898年生，安徽合肥人。幼习老庄，师从蒋维乔习佛。1949年前曾任浙江大学中文系教授、国立浙江大学附属中学校长。曾随浙江大学西迁遵义、湄潭、永兴等。著有《史学概论》《曾国藩》《陆王哲学辨微》等。

本书以老子和庄子思想合论，包括蒋维乔序和自序，共17章。第一章绪言，首先分析老庄哲学具有生命力的原因，即以简御繁的一元论；言论透彻、言人所欲言的先人之见；参验社会人生、遍载天下万物之理的深切著明。次言研究老庄哲学应持的态度，即不可落于形器、不可囿于成见，明判修养与应用的分别、精神生活与物质生活的利弊。第二、三章简要介绍老庄其人其书的历史背景和老庄哲学的源流。第四至十三章，分别分析老庄哲学的宇宙观、人生观、知识论、方法论、实践道德论、政治论、养生论、命论、无为之事与不言之教、齐万物与一死生，第十四至十六章分别分析老庄哲学与道教、法家、儒家哲学的关系。第十七章结论总括全文，以老子"人法地，地法天，天法道，道法自然"的道本论相推演，主张万物一体，自然界涵摄万事万物，天地万物统一于自然界，认为老庄哲学的核心思想可一言以蔽之：自然就是真理。同时，关照于现实社会，重申重视精神生活，以无为无不为为路径，以改造现实、改造社会为旨归，充分发挥中国传统文化的现实意义。

本书旁征博引，资料详实，论证精当，要言不烦。著者结合佛学背景，以佛理参老庄道学，以老庄见道家的全体精神。立足于当时国内纷乱颓败、生灵涂炭的政象，中弱外强、欧美诸国以强凌弱、兵燹不断的时局，力求澄清当时人认为老庄学是权谋术数、放浪形骸、滑稽乱俗、无补于世、无济于民的偏见，还老庄济世安民、淡泊守真、为而不有、纯洁精神的本来面目，崇尚精神追求而抑制物质享受，不受物累，力图阐释旧题而振兴邦国。著者站在当时的历史语境，高扬老庄义理以图匡世救弊，这是本书写作的根本目的。

本书有些观点欠公允，著者在第十四章"老庄哲学与道教"中认为《道藏》没有独立的思想，除了几部道家书籍外，在中国学术方面不占地位，认为老庄哲学是东方（中国文化）精神的中坚。事实上，道家与儒家、佛教文化是构成中国传统文化的三大支柱。道家道教对中国传统文化影响至深，且道教文化是中国文化的根，如鲁迅在致许寿裳的信中所说："前曾言中国根柢全在道教，此说近颇广行。以此读史，有多种问题可以迎刃而解。"不可否认，道教文化是杂而多端，如同其他任何文化一样，都是糟粕与精华并存。站在今天的角度来看，道教文化确有不合时宜之处，但对于当今中国文化的构建，仍然具有重要的借鉴意义。（亥方明）

老庄派自然主义的人生观

《老庄派自然主义的人生观》，项委之撰。北京：国家图书馆出版社，2018年12月第1版，系方勇主编《子藏·道家部·老子卷》之一种，据1946

年石印本收录。1946年石印本，于1948年载《学原》第2卷第3期。石印本前有作者1946年5月19日所作弁言，《学原》本将弁言放入正文。

本书从"宇宙""道——天行""价值论"等三部分展开。在"宇宙"论部分，作者着重分析了宇宙的生成、先天成分、后天成分、命题、组织、渊源、趋势、演变等内容。认为宇宙间的先天之理本然存在，不因人之意识而转移或改变；自然之演变有其本身的因果关系，可称之为"机会性因果法则"；宇宙与宇宙内之事物皆是无目的的演变，并且宇宙之演变没有始终。在"道——天行"部分，作者着重分析了道之有为与无为、道法自然、道之二义、理之二义、体之二义、天道的性命、道与观念等内容。认为宇宙本身具有"动"的机能，它依据着"理"构成世界万物；自然有其本然产生之标准，是为"道法自然"；从经验而来的观念最不可靠，应该摆脱经验的观念去寻查事物背后之本相与常义。在"价值论"部分，作者着重分析了观念与价值、自然与价值、行为与价值等内容。认为"自我"作为一个有所局限的存在，并不是万能的，如果要摈弃"自我"的观念，那么就要先摈弃主观的知觉；时间与空间，从某种意义上说，不过是人类意识的观念，大自然的演进永续不断，它不在乎时间与空间；如果要得到真正的意义，那就要有真正的立场，而此立场存在于意识对象本身；世间万物之运行皆依照自然命运，并没有可以表率宇宙的道德意义。

本书较多使用西方哲学、科学的观念与概念来诠释中国道家的"自然主义"，此外也有一些佛学思辨特色，别有趣味。（赵海涛）

老庄哲学

《老庄哲学》，吴康著。台北：台北商务印书馆，1955年2月初版。

吴康简介详见《庄子衍义》提要。

本书正文分为老子哲学、庄子哲学及老庄自然主义，最后则有三篇附录，分别为老庄文说、老庄与道教、老庄书目。

本书的正文主要在分论老子和庄子的哲学思想，两篇论述之分章模式相似，均以序说、形上思想、知识论、人生哲学、政治哲学、结论的结构形式论析，引老庄原典章句，论析作为道家代表二人之主要思想论点。当时同时期知名史学家钱穆已先出版《老子辨》《先秦诸子系年》《庄子纂笺》等书，之后又写《庄老通辨》一书，以注译训诂及历史断代之研究方式，主张在年代上应"庄前老后"之观点而众所周知。但本书却认为依学术思想演进历程，仍以老子书为"与孔子同时期之老聃所作，而以庄子书为在其后"之思路论述，尤以其受过哲学严格训练之方法，将老庄哲学以西方哲学系统化之模式来分辨论析，并不时与西哲之思路比较其中异同，为台湾当时解析道家思想成哲学系统中，结构较为严谨且思路相对清晰者。（赖慧玲）

庄老通辨

《庄老通辨》，钱穆著。香港：新亚研究所，1957年10月初版。另有台北：三民书局，1971年版；台北：东大图书公司，1991年版；北京：生活·读书·新知三联书店，2002年9月版。

钱穆简介详见《庄子纂笺》提要。

在台北东大版《庄老通辨》的题记中，著者介绍了本书的缘由，大致汇辑了其自1923年至1960年的论文共18篇。在自序中，著者推崇一种兼采宋汉之学而超越之的治学思路，既重训诂考据，亦重义理思辨，认为"《老子》书尤当出庄子惠施公孙龙之后"而综汇贯通之。

正文由上卷、中卷之上、中卷之下、下卷四部分组成。上卷汇辑《中国道家思想之开山大宗师庄周》（1953年）、《中国古代传说中之博大真人老聃》（1953年）、《关于〈老子〉成书年代之一种考察》（1923年）、《再论〈老子〉成书年代》（1932年）、《三论〈老子〉成书年代》（1947年）共五篇论文，认为庄子是道家思想开创者，老子后于庄子，老子思想乃是从正反两方面综贯孔子、墨子、庄子、惠施、公孙龙等思想而来。

中卷之上汇辑《道家政治思想》（1953年）、《庄老的宇宙论》（1955年）、《释道家精神义》（1956年）、《〈庄子〉书言长生》（1960年）共四篇论文，就老庄宇宙观、政治思想之异同进行了比较研究，详细分析了《庄子》《老子》《管子》《吕氏春秋》《淮南子》、司马谈、刘向、《春秋繁露》《白虎通》《论衡》等书籍与思想家关于"精""神"概念的不同理解，同时分析了《庄子》书中的长生思想，认为不是庄子本人思想，而是后世之说。

中卷之下由《比论孟庄两家论人生修养》（1945年）、《〈庄子〉外杂篇言性义》（1956年）、《〈老子〉书晚出补证》（1957年）、《庄老太极无极义》（1955年）、《庄老与易庸》（1951年）共五篇论文组成，从人生修养角度考察孟子与庄子，认为二人"学术虽相异，而生世则同，故其议论意境，有相违，亦多相似"，从言性概念角度考察《庄子》外篇，认为外篇后于《庄子》和《老子》，受《老子》影响更深，同时比较讨论了《庄子》《老子》《易传》与《中庸》的异同。

下卷由《记魏晋玄学三宗》（1945年）、《王弼郭象注易老庄用理字条录》（1955年）、《王弼论体用》（1957年）、《郭象〈庄子注〉中之自然义》（1948年）四篇论文组成，讨论了魏晋时期王弼、郭象等思想家的玄学思想。

正如其自序所说，本书既重视考据训诂，又重视义理阐发，在考察《庄子》《老子》以及两书与先秦诸子的关系暨两书对秦汉魏晋思想的影响等方面均有灼见，成一家之言。（张永宏）

老庄研究

《老庄研究》，李泰棻著。北京：人民出版社，1958年12月第1版，32开，219千字。

李泰棻（1897—1972），字革痴，号痴庵，河北阳原县人。著名史学家、方志学家、教育家。曾任国立山西大学教授、北京大学教授、北京女子师范大学教授等。主要著作有《西洋大历史》《中国史纲》《方志学》等。

本书包括例言、序言，上卷《老子研究》共11章，下卷《庄子研究》共15章。上卷主要内容为：老子的生平事略、对老子和《老子》的考订、《老子》著者的时代背景和先行思想、矛盾转化观、道的本质、对有国者的告诫、条陈和极言以及对老子思想的批判。下卷主要内容包括：庄子的生平事迹考、庄子著作考、庄子的时代背景、学术渊源、辩证观、思想本质、齐物思想、养生、处世、内圣外王、庄子思想的进步性、庄子思想对中国思想的影响及其重要性等。著者以马克思主义唯物史观为指导，以佛解老解庄，对老庄所处的时代背景、生平事迹、哲学思想、政治思想等作了比较全面深入的解读和诠释。本书两卷分别收入胡道静主编的《十家论老》（上海：上海人民出版社，2006年）和《十家论庄》（上海：上海人民出版社，2008年）。

本书的特点和创新之处如下：

一是对《老子》《庄子》提出了一些创造性的见解。比如，通过比较《列子·杨朱》与《老子》，在崔浩、叶适、郭沫若等学者的研究基础上，认为老子是述而不作，《老子》不是老子的亲笔，是由老子的弟子杨朱在晚年所写。《老子》一书基本上是老聃的思想占主要地位，是老子学派的代表作。再如，著者认为老子的思想本质是"无为无不为"，以"无为"为手段，以"无为"为"无争"，以"无不为"为目的，通过"无为"以维持当时的社会秩序，巩固周王朝的统治。

二是著者以佛解老解庄，借助佛学佛教思想以比较和印证老庄学说。比如，著者援引佛教学者杨文会对《庄子·大宗师》中"杀生者不死，生生者不生"生死观的解释，以佛解庄，破解生死迷局。又如，以佛教的成、住、坏、空和"生住异灭"的生灭循环观比较庄子的生死气变论。

三是认为庄子是道儒合一，追求内圣外王。庄子基于对"方今之时，仅免刑焉"的研判，从而追求"天人合一，万物同体，死生双遣，物我两忘"的德充符境界。著者通过对《庄子》原文的考证和庄学与儒家思想的比较，认为庄子处于老子之道和孔子之政的过渡阶段，其思想是儒道合一，庄子以"不齐"为"齐"，以《大宗师》明内圣，以《应帝王》明外王，其实质是追求内圣外王之道，从而发展了对传统庄学的研究。（袁方明）

老庄思想与西方哲学

《老庄思想与西方哲学》，[西班牙]杜善牧著，宋稚青译。台北：三民书局股份有限公司，1968年12月初版。

宋稚青，1918年生，河北清苑人。西班牙马德里中央大学教育学博士，曾任台湾静宜大学及中兴大学教授。另著有《老庄思想分析》等书。

本书原为西班牙语《庄子》译本的导论，后另结成书，共分为18章，有：弁言、道家、道的自本自根、道的卓越性、道的无穷、道的单一性、道的无为、造物者、这是否天主、不和谐的声调、圣人、道的德、道家之神秘主义、死后的观念、物及其变化、天地、老庄思想总评、结论。

本书之书名虽说是《老庄思想与西方哲学》，其中所论是以《庄子》为主，旁及《老子》。该书特点有下列几项：一、由于本书原为《庄子》西班牙译文的导论，本写在译文前面，让读者了解庄子一些基础资料、翻译底本，不免须有所介绍；二、由于是导论，并且是写给西方人看，写作的旨趣并不是严格的学术论文，不免流于简单；三、承上，在描述老庄思想时，不免需要透过西方哲学概念来比较，如著者举柏拉图、亚里斯多德等相关概念作为比较的对象，但其论述并不是很严格的学术论述。换言之，本书的写作，比较流于通俗与简单，使读者易读易懂是其特色。（郭正宜）

老庄异同

《老庄异同》，龚乐群著。台北：幼狮文化事业公司，1974年2月初版。

龚乐群（1914—2008），祖籍湖南安化，毕业于黄埔军校第十六期。曾任教于台南一中、陆军官校、台湾大学中国文学系。著有《孟荀异同》《孔墨异同》《黄埔简史》等书。

本书目录前有著者自序，之后正文共分九章，分别为老庄列传补略、老庄的学说源流、老庄的宇宙观、老庄的人生观、老庄的养生观、老庄的知识论、老庄的道德论、老庄的政治论、老庄思想对后世的影响。其中第一章因认为《史记·老庄列传》原文有诸多不实之处，故重新为"老子传"及"庄子传"做了"补略"；第二章则认为道家思想萌芽最早、发展最快、影响最大，且老庄学说源流小异而大同；最后则总论老庄思想分别对后世政治、学术、宗教之影响；其余各章，则分别以"宇宙观""人生观""养生观""知识论""道德论""政治论"等主题，先后分论老子、庄子之观念及其异同处。

著者主要认为老庄思想之所同者，同于对宇宙之体认；所异者，在于对人生之观察不同。故老庄之"人生观"已如此背道而异趋，其"养生论"自必不能并驰而共向。所以老子之"养生论"仍有由抽象以趋具体之迹象，但庄子之"养生论"则不免累于物且只欲偷生苟活。故认为自魏晋以降我民族之所以积弱不振，甚至私而忘公之颓风形成，未尝非庄子之罪。又认为老子之"知识""道德""政治"诸论尚能前后贯通，但庄子所由则多非正道，实属欺世盗名者。著者甚至引亚里斯多德"柏拉图可爱，但真理却更可爱"之说，来肯定本书对庄子攻击之不遗余力。著者有严重"褒老贬庄"之倾向，虽定书名为"老庄异同"，实际全书中凡认为庄子不同于老子处，几乎全即是庄子之消极颓废误人处，故在学术论著中，屡以情绪激烈之语气批判庄子、甚至误读庄子之说者，亦属罕见特有之作。（赖慧玲）

老庄哲学与道学

《老庄哲学与道学》，郭为著。嘉义：兴国出版社，1977年9月初版。

郭为（1909—1986），字清寰，河北霸县（今河北霸州）人。1952年随军队播迁赴台，1955年任台湾地区海军军官学校文史系主任，并兼任成功大学中国哲学史、逻辑学教授。军职退伍后，改任海军军官学校文史系教授，并兼任高雄师院（高雄师范大学前身）国文学系教授，讲授哲学、理则学、荀子等课程。著有《说命》《中国哲学史引文注》《阴阳五行家思想之述评》等书。

本书分为《老庄的本体论》与《宋道学家之本体论》两篇，首篇由前言、老庄的本体论之气的部分、老子本体论中之理的部分、庄子本体论中之理的部分构成；次篇则由前言、周濂溪之本体论、张横渠之本体、二程的本体论之气的部分、二程本体论中之理的部分、朱子的本体构成。

至于本书何以将老庄哲学与宋代理学并列为两大主题，著者在首篇《前言》持论："宋之道学中，与老庄哲学最相似者，为道学中之理学派。而理学派中，与老庄哲学最相似者，为朱子。……其与老庄哲学相似之处，在于其所谓道，而道则是宋之道学家的一种共同观念，只是在论证上有详略深浅之不同。"且著者透过比较老子《道德经》与孔子《论语》对"无为""德"的界定，也明白确认了"道家与道学对于道之观念虽极相近似，然而此两家之任何派，仍有本质上之差异，即道家讲无为，道学家则仍继儒家之传统而讲有为。……故道学家之近于老庄处，只在于对道之观念"。则吾人亦可从中得知著者之理路倾向。

然而，本书在标目上皆以本体论行文，撰述时虽有间涉人性论的部分，但由本体下贯之日用工夫，则未有论及，就中国传统义理学思想方面而言，读之难免有所遗憾。且著者在次篇前言指出"宋之道学家，均主张理与气同为宇宙之本体，其理论系承道家而来，其重要观点，均是就道家所已述者而充实之"。将濂洛关闽一系皆视为理气同属本体、理论皆远溯道家者，此观点亦有可商榷处，盖周子未侈言理之重要性，张子出入佛老而归本六经，故此说法颇令人为之不安。然而，全书之论述仍有其理据之可观处。且本书在1973年马王堆帛书老子出土不久后撰成，虽未能引用新出土文献，但将先秦道家与宋代道学相比较，亦能成一家之言，其学术价值同样应给予肯定。（李建德）

老庄思想粹讲

《老庄思想粹讲》，陈知青编著。台北：顶渊文化事业有限公司，1989年3月初版，系"中国古典文学新刊"之一种。1990年8月再版。

陈知青，浙江上虞人。曾任台湾马公高中教师、澎湖县文献委员会委员。编有《中华名言集解》《中华名言汇集》等书。

本书分为《修身篇：修养完全的人格》《待人篇：尊重对方的尊严》与《处世篇：创造自然的环境》3篇，每篇12节，各节以12字短语为题（如修身篇的"吾身何患：身为天下，可寄天下"、待人篇的"寡言守中：多言数穷，不如守中"、处世篇的"功成身退：事告段落，急流勇退"等），文中先节录《道德经》或《南华经》之短篇章句，再引证古今中外的史事或日常生活中的实例、故事，加以白话说明，文末并附所引用之《道德经》或《南华经》章句原典，以及引证古代史事之解释。例如修身篇第2节"行以柔弱：弱能胜强，柔能克刚"引用《道德经》第78章，并举柔道比赛与伊索寓言中的《北风与太阳》为例，说明柔弱胜刚强之理；修身篇第5节"无用则久：有用则暂，无用则久"引用《南华经·人间世》，并举书局编辑、部属公事相处间的道理，以及《南华经·人间世》"匠石之齐，至于曲辕，见栎社树"的寓言，说明"无用之用"的道理。

由于本书行文浅白，且能引证古今实证、生活小品，因而在1992年1月通过台北市政府新闻处遴选之专家学者评选，将本书列为"青少年优良读物"，予以公开推介。透过本书，的确可使年轻学子了解《道德经》《南华经》的基本思想，并将之推廓到日常生活之中，就先秦道家思想在当代社会的价值再衡定层面而言，具有一定价值，值得吾人肯定。（李建德）

孔孟老庄思想的平等精神

《孔孟老庄思想的平等精神》，傅武光著。台北：台湾文津出版社，1990年3月第1版，系"文史哲大系丛书"之一种。

傅武光，1944年生，台湾新竹人。台湾师范大学国文系博士。曾任台湾师范大学国文系讲师、副教授，《国文天地》月刊总编辑。现任台湾师范大学国文系兼任教授。著有《中国思想史论集》等。

本书是以现代的平等观念研究中国文化的一本学术专著，凡六章，第一章为绪论，第二、三章合论孔、孟思想的平等精神（分为上、下两章），第四章论述老子思想的平等精神，第五章论述庄子思想的平等精神，第六章为结论。

著者认为，政治民主化是当今社会的必然趋势，而政治民主化必然要通过历史文化和学术思想这一关。中国的历史文化和学术思想，其根源在于先秦的孔、孟、老、庄思想。本书以现代民主的基本观念——平等，作为检验孔孟老庄思想的衡石，藉以沟通古今，经过一番考察后，得出结论：中国古代虽没有"平等"的名词，但孔孟老庄的思想里有平等的意识。这表示中国具备了民主政治的理论基础。

本书在论述孔孟思想的平等精神时，在教育、政治、经济、社会、法律、军事等各方面都有所考察，体现了从多层面、多角度着眼的特点。在考察老、庄思想中的平等精神时，则着力于研究其哲学思想，论述较为透彻。本书可以为研究中国政治思想提供新的视角，对先秦诸子思想的研究等也具有一定的参考价值。（殷国涵）

逆境中的老庄思想

《逆境中的老庄思想》，庄汉宗著。台北：汉欣文化事业有限公司，1990年版，32开。

庄汉宗，另著有《不败的最高境界》《中国智慧语录》《古典的智慧》等书。

本书的体例，主要以老庄思想与儒家思想相比较，以五个章节展开论述，进而凸显出老庄思想的价值。就本书的开展论述而言，分为五章：老庄母系社会与儒家男性体系的抗争，儒家的"有"与道家的"无"，儒、道两极哲学的论点，儒、道二家的政治思想，儒、道的宇宙观。本书的特色在于批判当代社会一味地追求"进步"与"想征服自然的进步主义"，推崇以无为作为标榜生活在自然法则中的老庄思想。同时，在于思考深层的问题时，不可避免地会与我们身处的现代社会有所交集与联想，进而连接这之间的时空差距。并希望读者能够从本书摸索如何使人快意生存的法则，创造出更具规模的思想体系，疏远顽强的儒教主张，转化为宇宙的人道主义与得到新的生活方式。

本书通过老庄思想与儒家思想的对比，凸显老庄思想在当代社会的价值，确有见地。但在论述的主张方面，仍有所不足。第一，著者在论述的过程中不免过度压抑儒家思想价值，进而过度张扬老庄思想。忽略了诸子百家相反相成，互补互成的关联性，一味地推崇老庄思想，未能呈现其论述的圆融性。换句话说，即过度地抑宾而扬主，造成论述过度地倾斜。第二，著者在论述逻辑上，则失之周延。第三，著者在论述过程中，在援引理据方面，不免有所失当。

总而言之，本书以老庄思想与儒家思想相比较，能凸显老庄思想不同于儒家思想的价值，诚如著者的《前言》中所说的：能够在当代相对竞争社会中，在老庄思想中，寻得新的立足点，得到新的生活方式，确为有见。（郭正宜）

老庄新论

《老庄新论》，陈鼓应著。上海：上海古籍出版社，1992年8月第1版，32开，263千字。另有北京：商务印书馆，2008年1月修订版，32开，360千字，系"中国文库哲学社会科学类"之一种；北京：商务印书馆，2008年5月修订版，32开，系"道家研究书系"之一种。

陈鼓应简介详见《老子今注今译及评介》提要。

本书的内容分为序、香港版序、主体四个部分和附录。第一部分"老子论述"包括老子哲学系统的形成、老学先于孔学、老子与孔子思想的比较、老子的朴素思想及其入世方式、帛书《老子》研究心得、老子与先秦道家各流派的关系。第二部分"《庄子》解说"，包括《庄子·内篇》发微，论说《庄子》。第三部分"《易传》与老、庄"包括《象传》与老庄的关系、《易传·系辞》分别所受老庄思想的影响、《易传》与楚学齐学的关联。第四部分"道家主干说"，包括道儒墨法诸家多元互补、道家在中国哲学史上的主干地位。

本书是著者研究老庄思想的力作。著者深受西方存在主义思潮的影响，其研究方法与学术观点较为新颖，且多有独到之处：1.认为老庄所创始的道家是中国哲学的主干，就抽象的哲学思维而言，道家的贡献要远远超过儒家；2.中国传统哲学的主要概念和范畴多渊源于道家，《易传》是以道家为主体且融汇了阴阳、儒、墨、法各家学派的思想；3.老学先于孔学，老子与孔子属于师友关系；4.老子是中国第一位哲学家，在中国哲学史上第一个建立了完整的形上学体系和思辨哲学。老子的思想视野和哲学深度远胜于孔子，老子的思想对先秦各学派的影响远大于孔子的思想；5.从中国哲学史看，中国很多被认为是儒家的思想家其实是外儒内道，儒道两家分别是官方思想和民间思想的代言者；6.庄子思想表面是出世（避世），其实是入世（游世），他不能舍弃这个世界，以出世的精神入世。庄子的思想可以扩大人的思想视野，提升人的精神境界，把人的生命安放到广大的天地中去寻找意义，将人的精神从现实世界提升到高度的艺术境界。

本书提出道、儒、墨、法互补与文化多元化、道家是中国哲学的主干的核心观点，即中国哲学史是以道家思想为主干，道、儒、墨、法各家互补互融的历史，在学术界引起很大的反响，一反传统旧说。本书包含著者多年研治老庄学说的心得及见解，有较高的学术水平，对研究中国传统文化有较大的参考价值。（袁方明）

道家双峰——老庄思想合论

《道家双峰——老庄思想合论》，安继民、高秀昌、王守国著。开封：河南大学出版社，2001年8月第1版，32开，243千字。

安继民，1955年生，河南焦作人。1983年从兰州大学历史系毕业，就职于河南省社会科学院，任哲学与宗教研究所研究员，主要从事中国哲学研究。

代表著作有《秩序与自由：儒道互补初论》《荀子》《庄子》等，主要论文有《儒道两家理论起点的逻辑分析》《宇宙起源问题的逻辑考察：神创论和自然论》《冯友兰境界说的人生意义追思》等。

高秀昌，1962年生，河南邓州人。南开大学哲学博士。曾任河南省社会科学院哲学与宗教研究所副所长、中国哲学史学会理事、中国现代哲学专业委员会理事、冯友兰学术研究会理事、河南省墨子学会秘书长。现为西南大学哲学系教授、博士生导师。主要著作有《哲人的智慧——〈老子〉与中国文化》《易通老子》《墨子》等，主要论文有《〈老子〉"无为而治"思想阐释》《道家与道教生死观的异同》等。

王守国，1961年生，河南鹿邑人。郑州大学商学院理学博士。曾任河南社科院文学所副所长，《大河报》副总编辑，郑州大学、河南大学兼职教授，河南省文艺评论家协会主席等。著有《酒文化与艺术精神》等。

本书有序、后记，正文共12章，分为上篇和下篇，上篇一至六章，主要论述老子思想，下篇七至十二章，主要论述庄子思想。安继民主撰庄子思想部分，高秀昌主撰老子思想部分，王守国主撰庄子美学思想部分，全书由崔大华审阅定稿。本书上篇主要阐述老子思想的核心——"道"，"无为而治"的政治思想，"圣人"的理性人格，"反者道之动"的辩证法思想和"知常""同道"的认识论思想；下篇主要阐述庄子的社会思想、人生哲学、自然哲学、认识论和美学思想。

本书将老子、庄子思想合而论之，以先秦道家之"道"一以贯之。特点如下：一是著者大量援引并吸取前人的研究成果，广采诸家学说，力求成一家之言，比如大量援引任继愈、张岱年、张立文、庞朴、张松如、吕思勉等注老释庄之言，以及黑格尔、马克思、恩格斯、雅思贝尔斯、爱因斯坦、李约瑟、弗洛伊德等国外著名学者的相关观点进行论证阐释；二是将真切的人生体验和独特的生命体悟融入对老庄思想的理解中。结合当下的时代特征，对老庄思想进行新的阐释，对老子思想的保守性和辩证法的不彻底性、对庄子思想对自然科学的阻碍和对宗教的抑制以及容易产生游戏人生、消极倦怠心理，对相对主义的诡辩性进行理性的批判和较为精辟的论述。三是站在当代学术视角，运用现代思想观念、理论框架来诠释老庄思想，显示出新的理论眼光，比如，用普朗克量子论、爱因斯坦相对论和质能转换来解释庄子的气论思想，运用现象学美学、禅宗美学、格式塔心理学、通感、移情学说对庄子美学思想进行了对比分析，表现出与时俱进、博采众长的学术理论品格。

本书的不尽之处在于，难以支撑对老庄庞大思想的阐述架构，如果仅就老庄思想的其中一部分（比如道本论、人性论、自然论、美学思想）进行专题论述，似可更深入。（袁方明）

老庄学新探

《老庄学新探》，王葆玹著。上海：上海文化出版社，2002年5月第1版，32开，288千字，系"道家文化研究丛书"之一种。

王葆玹，1946年生，北京人。中国社会科学院哲学硕士，日本东京大学文学博士。曾任中国社会科学院哲学所研究员，中国社会科学院研究生院教授、博士生导师，兼任中国政法大学国际儒学院教授，德国海德堡大学客座教授，日本东京大学教授等。主要研究领域是经学、道家、魏晋玄学。主要著作有《正始玄学》《今古文经学新论》《玄学通论》等，主要学术论文有《〈谷梁传疏〉所引王弼〈周易大演论〉佚文考释》《试论孔子学说中的鬼神与禘祀问题》等。

本书包括引论、正文七章、余论、后记。第一章《老子》的初传和早期的老子学派，著者根据马王堆帛书《老子》和郭店楚简《老子》等新出土文献、结合传统文献典籍，对范蠡学派、庄子学派、关尹学派、黄老学派、《黄帝四经》做了相关史实考证和学理分析。第二章《老子》郭店竹简本的出土和老子思想的再解释，分析帛书本《老子》和楚简本《老子》的关系，从上述两个版本对《老子》的道德仁义、复归、清浊等思想做了重新解读。第三章庄子其人其书的时代与国属，主要考证了庄子故里及其国属、《庄子》成书的上下限，论证《齐物论》的著者等问题。第四章从一新角度看《庄子》内外杂篇及其予例的问题，著者从先秦古书序、例的角度，在前人研究的基础上，进一步论证《庄子·天下》篇是战国晚期庄子学派的作品，是《庄子》的后序，《寓言》篇是《庄子》的例言等。第五章庄子学派的哲学思想，著者从惠施"大一""小一"的命题引发并论证庄子对宇宙发生论的否定和对宇宙构成论的超越；从惠施"日方中方睨，物方生方死"的命题引发并论说庄子贵阴乐死的生死观。第六章汉魏老庄之学，著者分别考证分析刘安《淮南子》、严遵《老子指归》《黄帝四经》、古文经学、夏侯玄、何晏"易老庄"、王弼《老子注》《老子指略例》等与老庄思想的关系及其影响。第七章竹林庄学，著者考证分析竹林庄学"老庄易"对早期老庄学尤其是庄学的新的阐释和发展。

《老庄学新探》之"新"在于提出了一些新的观点或者在前人的基础上进行了新的发挥。比如，对传统的儒道同源论进行了新的阐释，从儒家和道家都重视丧礼的角度，认为儒道两家都起源于夏商周三代的宗教观念。又如，将先秦道家分为南方道家和北方道家，认为南方道家主张贵阴，北方道家主张贵阳，具体而言，流行于齐、燕、赵、卫等北方列国的黄老之学崇尚阳刚，流行于楚、越等列国的老庄之学崇尚阴柔。再如，著者从哲学源于惊奇诧异的角度，认为庄子在老子贵阴思想的基础上主张贵阴乐死，"以生死为一条"，高扬超越精神，其实质是将生死观念落实在"安时处顺"的态度上。这种生死观为世人提供了一种对待生死的新的维度，引发重新审视生死，同时也丰富了中国的生死学说。（袁方明）

老庄人性思想的现代诠释与重构

《老庄人性思想的现代诠释与重构》，唐雄山著。广州：中山大学出版社，2005年10月第1版，32开，250千字。

唐雄山，1964年生，湖南祁阳人。中山大学哲学博士。曾执教于青海师范大学，现为佛山科学技术学院教授、硕士生导师。专著有《贾谊礼治思想研究》《湛若水的治国之道》等。

本书内容包括导言、正文、结语、附录、参考文献和后记。

本书站在新的历史起点上，以当代学术视野，采用现代哲学（人性论）的分析方式，从老子"道生之，德畜之，物形之，势成之"的世界生成图式入手，由老庄的世界生成图式进入到人性演化图式，将老庄的人性图式分为道性、形性、势性三个层次，同时分析性与心、情、命四者之间的内在关联及其相互关系，以及人性与物形的同一性和差异性，最后将老庄的人性价值导向分为人性回归、人性超越和全生安命三个方面，旨在为个人的安身立命和人类的社会治理提供一条可能性的路径。

本书以承认老庄学说里有人性思想并且老庄人性思想可以做现代的诠释

与重构为逻辑起点。本书认为老庄的世界图式摧毁了神创世界的学说，对中国文化的非宗教化起到了不可替代的作用。同时认为，在中国哲学史上，老庄对人性问题的论述最系统、最深刻，老庄的人性图式为我们提供了剖析人性的重要方法，对研究人类文化现象提供了重要启示，具有现代管理学的意义。此外，本书指出老庄的人性思想智慧充满了个人情感，具有严重的反文化、反进步、反科技的学理倾向，庄子关于"命"与"安命"的理论也会成为不思进取者的借口，对社会和个人的发展构成精神性的障碍；在老庄对现实问题的解决方法上，同时指出老庄思想中历史必然性与主观愿望之间的矛盾。

总体而言，本书将老庄的人性图式判分为道性、形性、势性三个层次，在论证过程中，引用《列子》《文子》《淮南子》等道家思想典籍和曹础基、钱穆、蒙培元、陈鼓应、张立文、崔大华等现当代学者的注老释庄观点，通过旁征博引和逻辑论证，基本上能够自圆其说。（袁方明）

骆玉明老庄随谈

《骆玉明老庄随谈》，骆玉明著。上海：复旦大学出版社，2007年4月第1版，16开，136千字。

骆玉明，1951年生，江苏建湖人。毕业于复旦大学，现为复旦大学中国语言文学系教授、博士生导师，兼任《辞海》编委，中国古典文学分科主编。主要论著有：《徐文长评传》（与贺圣遂合作）、《南北朝文学》（与张宗原合作）等，与他人合作翻译《中国诗史》《宋元明诗概说》《中国文学史》等多部著作，并负责各书之最后校订。发表论文数十篇，其他各类文章数百篇。

本书由39个小章构成，以随笔漫谈的形式，解析了老庄哲学中的主要理念。既阐释了"道""德""阴阳"等总领性的核心概念，也论述了"虚静""坐忘""物化"等理想人生境界和生存状态，还探讨了庄子之"游""天籁"等观点的审美意趣。著者指出：老庄思想强调世界的本质是不确定的、富于变化的和具有无限可能性的；这有助于瓦解人为建立的、陈旧的秩序和价值观，促使人打破名教思想的束缚，摆脱僵化的理念，返回到自然的、真实的世界。

本书以孔孟儒家和老庄道家的互境为线索，通过比较两家思想对社会秩序和价值观体系截然不同的态度，深入浅出地分析了老庄思想的主要特征，对其哲学价值、社会价值和历史价值进行了恰如其分的评价。重点说明了道家思想和儒家思想之间存在一种既对立又互补的关系，两者相互借鉴并且彼此渗透，共同构成了我国传统文化的主体组成部分。（彭博）

老庄与现代技术批判

《老庄与现代技术批判》，邓联合著。北京：中央编译出版社，2009年9月第1版，16开，230千字。

邓联合，1969年生，江苏徐州人。北京大学博士。曾供职于徐州市广播电视局、南京师范大学出版社、中国矿业大学文法学院、山东大学哲学与社会发展学院。现任中山大学哲学系教授、博士生导师。

本书共八章，其中绪论两章，正文六章，正文又分为两部分。绪论主要讨论了作为背景的技术思想，指出道家思想在当代技术批判与技术范导领域应有使命承担。正文第一部分讨论老子的技术思想，第二部分讨论庄子的技术思想。本书希望融通老庄哲学与现代西方的技术批判思潮，借助老子和庄子的道家视域展开对现代技术的研判，在揭显人类技术生存困境之真相的同时，尝试着为解决现代技术所催生的诸多问题提供某些启示性的方向或答案。

本书认为，现代技术生存困境的实质是人类在处置自身与技术关系中的自然、自由和人本之丧失。而老庄道家所申明的人的存在之限和能力之限，则有助于自然和人类应有本位的回归。此外，以"自然""无为"为要旨，道家追求的个体生命理想是人的自然自由本性的保持和张扬，其社会理想是建立一种如同和谐完美的自然界那样的所有个体生命皆可得到自由伸展、自主生长的政治秩序。这些都可以成为人类克服当下技术生存困境的深邃而独特的思想资源。

此外，关于老庄技术哲学思想的不同理路、老子"双向度"的技术观念、庄子的"涵道于技"思想以及他对技术反向塑造人性的批判等问题，著者也进行了饶有兴味的讨论，提出了一些个人见解。（殷国涵）

自然与自由——老庄生命哲学研究

《自然与自由——老庄生命哲学研究》，付粉鸽著。北京：人民出版社，2010年2月第1版，16开，306千字。

付粉鸽，1976年生，陕西兴平人。西北大学副教授，硕士生导师。主要研究方向为中国哲学、道家哲学及中国伦理思想。出版专著《中华传统文化经典语录》之卷三《生生不息》，发表学术论文多篇。

本书由著者在其博士学位论文基础上修订而成。著者从广义的生命哲学概念出发，分老庄生命哲学形成的原因、老庄的生命本质论、生命价值论、生命过程论、生命境界论等五个部分，对老庄哲学包含的基本问题进行了较为清晰全面的论述。

在对老庄生命哲学形成原因的追溯中，本书第一章指出，生存危机是老庄生命哲学形成的社会政治经济基础，而学术争鸣与"士"的勃兴则是其形成的思想文化背景，此外，老庄二人所在的区域文化背景、他们各自的身份家世，以及彼时农业技术与医学的发展，也对老庄生命哲学的形成产生了重要影响。在第二章论老庄哲学的生命本质中，著者对老庄生命哲学中的形上根据"道"、个体落实"德"、形下质料"气"、人性规定"自然"进行了系统论述。第三章论老庄哲学的生命价值，著者通过分析老庄生命价值的三种本质体现：真、善、美，以及它们的实现方式，对老庄特殊的文本表达与其生命主题之间的内在联系进行了探讨。著者提出，庄子的神话、寓言、梦等特殊表达方式，均是为其生命哲学服务的。离开了生命这一主题，神话、寓言、梦等都将流于空洞的形式。

此外，在探讨生命哲学问题无法回避的生死问题上，著者指出，老庄对生死问题认识独特。精神生命的无限性，是老庄生命哲学的一个重要目标。生即死，死即生，生生死死，死死生生，不生不死，方死方生，便入逍遥自由之境。由此，著者引出老庄在实践层面形成的养生思想：养形、养气、养神，以及在此基础上确立的生命三境界：功利之境、全生之境、自由之境，并于最后对于生命理想境界的人格化表征，即老子的"圣人"，庄子的"至人""真人"进行了深入分析。（王波）

老庄论道

《老庄论道》，罗安宪著。沈阳：沈阳出版社，2012年3月第1版，32开，160千字。

罗安宪简介详见《虚静与逍遥——道家心性论研究》提要。

本书内容分为上部《老子论道》共八章，下部《庄子论道》共八章，以及附录一《史记·老子传》、附录二《史记·庄子传》。上部《老子论道》包括老子其人其书、老子之道、老子论自然、论无为、论无为无不为、论贵柔处弱、老子的影响、老子之道的现代意义。围绕老子思想中的道、自然、无为、无为而无不为、贵柔处弱等基本观念，深入浅出地分析老子的哲学思想。认为道是天地万物的起源、本根、主宰和灵魂，最后从人与自然、人与人、领导和下属、个人的精神状态入手，分析老子之道的现代意义，认为一直生活在现代，生活在我们当中，对于当代社会生活仍然具有重要的指导意义。提倡儒道互补，以儒家的精神和道家的情怀，成就健全的人格。下部《庄子论道》包括庄子其人其书、庄子哲学的基本课题、庄子之道、庄子论人性、论人生、论天命、论生死、论齐物等内容。认为庄子通过"齐物"的方法，对功名利禄、生死、天命、是非的超越，到达自然、自在、自由、自性的人生状态。

本书最大特点是语言通俗，属于中国传统道家文化普及性的著作。（袁方明）

近代中国老庄学

《近代中国老庄学》，刘固盛、刘韶军、肖海燕著。福州：福建人民出版社，2014年1月第1版，16开，602千字。

刘固盛简介详见《道教老学史》提要。

刘韶军简介详见《中国老学史》提要。

肖海燕，1981年生，湖北天门人。华中师范大学历史文化学院博士研究生。毕业后留校任教，主要从事历史文献学、中国思想史、老庄学与道家道教文化研究。

本书正文共分两编二十四章，章下分节，另有前言、后记各一篇。两编分别为"综论编""分论编"，其中"分论编"又以老学、庄学细分。"综论编"部分以历史文献与哲学分析相结合的方法，梳理老庄学发展的时代背景，突出老庄学研究与中国近代思想史的相互联系，试图从宏观、整体上把握近代老庄学的基本内容与思想精神。"分论编"部分则聚焦老学、庄学研究个案，探讨其理论贡献，老学个案包括魏源、严复、徐绍桢、梁启超、许啸天、蒋锡昌、陈柱、张纯一、高亨，庄学个案包括马其昶、章太炎、马叙伦、钱基博、郎擎霄、闻一多、刘文典、张默生、王叔岷。

本书在研究思路上尤其注重学术史与思想史的结合，强调要从思想史高度重新认识分析近代老庄学，尤其注重分析近代思潮对老庄学发展的深刻影响；在研究对象上，致力于整体性与全面性，在个案研究中不光考察了部分至今仍未为人熟知的学者，对其成果进行总结论析；还搜集到一批未公开出版的抄本，扩大了该领域的研究视野。

熊铁基认为本书的突出特点是用综论六章的篇幅进行理论性的概括和梳理，全面深入地反映了近代老庄学的时代特色，分论各章的个案研究则具体丰实了时代特色的内容。（亓尹）

老庄思想

《老庄思想》，许雅乔著。台北：文津出版社，2015年8月初版，系"文史哲大系"之一种。

许雅乔，台湾台北人。中国文化大学哲学研究所博士。目前任教于台湾观光学院专案副教授兼系主任。研究专长有生命关怀与专业服务、老庄哲学等。主要有《庄子丧葬及生死思想》等著作，公开发表多篇学术论文。

本书由著者关于老子思想与庄子思想的多篇论文组成，分为上下篇，上篇论述老子思想，下篇论述庄子思想。上篇由关于老子研究的三篇论文组成。首先论述了老子欲望思想之研究，旨在藉由老子的哲学智慧，对治现代人心灵过多的欲望，帮助现代人培养崇高的心灵与生活态度，进而使社会文化达到真善美的境界。其次，介绍了徐复观诠释老子思想的研究。论述了徐复观从人性论的工夫去诠释老子的思想，启迪人们重新省思人性论的课题，从中开展道德心，并将之运用在生活中，进而找到安身立命的根源，成为这个时代真正需要的人。最后，从《易经》的辩证思想去探究老子"反者道之动"的意涵。就《易经》和《老子》论述两者的辩证法，期能了解东方特有的辩证思维，并透过辩证思想反省人生及此法之困难，以确立东方和谐化的辩证思想之独特性。

下篇由关于庄子研究的四篇论文组成。首先论述了庄子的美容哲学，通过介绍庄子"才全"与"德不形"的哲学美容思维，使人从中认识最内在的真正自我。其次，论述庄子"两行"思想对友善校园的启示。试图理清庄子"两行"思想的意涵及其对友善校园的启示，尤其旨在强化友善校园的哲学意涵，以供关心友善校园理念的推行及教育者参考。再次，从笛卡尔的"梦幻论证"去探究"庄周梦蝶"的哲学意涵。借助这两个例子去谈论认识论问题，从中可见对梦独特的见解与人生真理，不仅可达到中西文化的互补与差异，并能给予我们深刻省思现代人的思维迷思。最后，论述了东方意象式的诠释哲学，并以庄子"莫若以明"作为诠释的对象进行了具体的解释。试图在诠释东方古典文化时，借用诠释学的方法来建立对于解释、理解与沟通理论的现代意义，进而让古典文化能重新运用于现代生活。

本书透过古典新诠的概念，传达老庄哲思对现代诸多议题的启迪与影响，这不仅可再次证明老庄思想对中国文化影响的深远及价值，同时开启现代人以开放的心灵观照整体，为所有人事物的差异找到一个既普遍又深刻的融通路途，并将之落实在生活中，或可使我们对人生许多观念和心态有所改善和收益，并能开启乐活人生之论。（李梓亭）

老庄易"三玄"浅解

《老庄易"三玄"浅解》，李振纲著。北京：人民出版社，2016年3月第1版，16开，550千字。

李振纲，1956年生，河北邢台人。哲学博士。现为河北大学哲学系教授、博士生导师。李振纲教授长期从事中国哲学研究，近年来尤其在道家哲学、儒道生命哲学研究领域取得巨大进展。出版著作《证人之境——刘宗周哲学的宗旨》《中国古代哲学史论》等，发表学术论文多篇。

　　本书分上中下三编，分别为《老子》浅解、《庄子》内篇浅解、《周易》浅解。在著者看来，《老子》《庄子》《周易》三部言道之书，玄言分殊而理一，相辅相成，共同熔铸了儒道互补的中华文化精神及天地人和谐共生的大生命世界观。

　　在上篇《老子》浅解中，著者以通行的魏初王弼注本《老子》为据讨论老子哲学。著者坦言，老子对文明异化、价值分裂的认识和批判有助于启迪人们深刻认识历史发展的辩证法。不过，由于老子将历史和文明异化的原因归罪于"智慧"，做出了彻底否定文明以复归自然状态的价值取向，这就等于否定了"历史"本身，否定了历史"辩证扬弃"的可能性。

　　在中篇《庄子》内篇浅解中，著者认为，庄子思想之美、人格个性之美，形成了《庄子》文章之美。反之，《庄子》文章之美，也流淌出庄子生命和思想个性之美。这当中，既有庄子思想的通达、冷峻，也有庄子语言的奇特、流动。之后，中篇以《庄子》内七篇为序分章进行解读，揭示了庄子敬畏自然和感悟生命的哲学意蕴。

　　在下篇《周易》浅解中，著者在对《易经》《易传》的文本进行深入浅出的解读之余，又对《周易》研究的几个主要问题进行了集中探讨，包括《周易》的名称与性质、《周易》中的"数"原理、《周易》的主要体例、《周易》的思维方法与价值原则、《周易》"时"的观念、《周易》的"圣人"境界等。其中，针对易老哲学的融通问题，著者以《周易》中体现谦下、减损、知止、节制的《谦》《损》《艮》《节》四卦为例，肯定了《周易》哲学与《老子》哲学的兼容性。（王波）